Sandra M.

Bernd Schmid / Christiane Gérard

Systemische Beratung jenseits von Tools und Methoden

EHP – HANDBUCH SYSTEMISCHE PROFESSIONALITÄT UND BERATUNG

Hg. Bernd Schmid

Autor und Autorin:

BERND SCHMID, Dr. phil., (Jg. 1946), studierte Wirtschaftswissenschaften (Universität Mannheim) und promovierte in Erziehungswissenschaften und Psychologie; Gründer und Leiter des ISB-Wiesloch; Ehrenmitglied der Systemischen Gesellschaft; Preisträger des *Eric Berne Memorial Award 2007* der Internationalen TA-Gesellschaft ITAA und des *Wissenschaftspreises 1988 der Europäischen TA-Gesellschaft EATA;* Mitgründer und Vorsitzender des Präsidiums des Deutschen Bundesverband Coaching DBVC; Beirat und Kolumnist der Zeitschrift *Konfliktdynamik*; Mitbegründer der Zeitschrift *Profile. Internationale Zeitschrift für Veränderung, Lernen, Dialog / International Journal for Change, Learning, Dialogue*; Autor und Herausgeber zahlreicher Bücher; Texte, Audios und Videos zum kostenlosen Download: www.isb-w.de; Blog: www.blog.bernd-schmid.com; www.bernd-schmid.com.

CHRISTIANE GÉRARD, Jg. 1948, hat als Verhaltenstherapeutin, Transaktionsanalytikerin und Neuropsychologin 25 Jahre in einem neuropädiatrischen Krankenhaus gearbeitet. Als ehemalige Ausbildungsschülerin von Bernd Schmid hat sie eine systemische Sichtweise von Hirnschädigung entwickelt und dazu mehrfach veröffentlicht.

Bernd Schmid / Christiane Gérard

Systemische Beratung jenseits von Tools und Methoden

Mein Beruf, meine Organisation und ich

EHP
- 2012 -

www.ehp-koeln.com

Redaktion: Ingeborg Weidner

Bibliografische Information der Deutschen Nationalbibliothek
Die Deutsche Nationalbibliothek verzeichnet diese Publikation in der Deutschen Nationalbibliografie; detaillierte bibliografische Daten sind im Internet über http://dnb.d-nb.de abrufbar.

Umschlagentwurf: Gerd Struwe
– unter Verwendung eines Bildes von Peter Schmid (1984-2001): ›o. T. V.‹ –
Satz: MarktTransparenz Uwe Giese, Berlin
Gedruckt in der EU

ISBN 978-3-89797-089-2

Inhalt

Vorwort

Nun erscheint der Band über »Professionalität« vor dem angekündigten Band über »systemische Lernkultur«. Für beide liegen schon länger Rohmanuskripte vor. Doch will gut Ding eben Weile haben. Diesen Band konnten wir erst jetzt rund machen, da Christiane Gérard ihr Berufsleben abgeschlossen und Bernd Schmid – nun 65-jährig – wesentliche Funktionen in die Hände anderer gegeben hat, um sich auf neue Horizonte hin auszurichten.

Der Band über systemische Lernkultur wird nach weiterer Reifung folgen.

Zu den Themen, die uns am Herzen liegen, gibt es viel mehr wertvolle Veröffentlichungen anderer als wir berücksichtigen konnten. Für mehr hat die Kraft nicht gereicht. Wir bitten, uns das nachzusehen. Doch haben wir nach bestem Wissen deutlich gemacht, was wir von anderen übernommen haben. Dass wir viele Querverweise auf eigene Schriften machen, hat weniger mit Eitelkeit zu tun als mit dem Versuch aufzuzeigen, wie die jeweiligen Ausführungen mit anderen Zweigen der sich vielfältig entwickelnden Kultur des Wieslocher Instituts in Beziehung stehen.

Wir danken dem Verleger Andreas Kohlhage für seine Geduld und sein unvermindertes Engagement auch anspruchsvollen Vorhaben gegenüber. Unser Dank gilt auch allen Mitwirkenden im ISB-Wiesloch, die erst den Freiraum geschaffen haben, in dem gemeinsame Reflexionen zu Texten werden konnten. Insbesondere danken wir Ingeborg Weidner, die seit Jahren unsere Schriften betreut und auch diesmal Text, Fußnoten und Literaturhinweise in eine verlagstaugliche Form gebracht hat.

Bernd Schmid / Christiane Gérard
Wiesloch im Dezember 2011

1. Einleitung

Hinter jedem Beruf beziehungsweise jeder beruflichen Tätigkeit steht ein Verständnis von Professionalität. Ebenso hinter jeder Rolle bzw. jeder Funktion in einer Organisation. Typischerweise werden zur Beschreibung professioneller Positionierungen und Vorgehensweisen zunächst Attribute gewählt, die etwas mit den Zielen der Tätigkeit, den bevorzugten Inhalten, den dabei verwendeten Konzepten und Methoden, den bevorzugten Settings und Inszenierungsweisen und so weiter zu tun haben. Diese Themen wurden in den ersten Bänden des *EHP-Handbuchs Systemische Professionalität und Beratung* ausführlich behandelt. Dieser Band hingegen fokussiert vermehrt übergeordnete Beschreibungen und Ausleuchtungen von Hintergründen.

Oft bietet erst das Abtasten solcher Hintergründe die Chance auf ein umfassendes Verständnis von Professionalität, eingewoben in vielschichtige Zusammenhänge und Sinnerzählungen. Dafür brauchen wir Betrachtungsperspektiven – metaphorisch gesprochen: Scheinwerfer – mit deren Hilfe wir Innen- und Außenwelten, gesellschaftliche und geistige Sphären ausleuchten können. An solchen Ausleuchtungen haben fast alle Professionellen im Laufe ihrer Entwicklung immer wieder Interesse, wenn sie mit einem Erkenne-dich-Selbst verbunden sind. Da sich viele Professionen aber auch mit dem Verstehen und Entwickeln der Professionalität anderer befassen, brauchen sie solche Scheinwerfer auch für das Ausleuchten der Hintergründe ihres Gegenübers beziehungsweise der Zusammenhänge, in denen die Arbeit stattfindet.

Solche Scheinwerfer richten sich auf die handelnden Menschen, ihre Biografien, ihre Eigenarten und Bestimmungen, auf die Milieus, denen sie entstammen und in denen sie sich bewegen. Sie beleuchten die Bedürfnisse nach einem Sinn, die auch im Berufsleben gestillt werden sollen, und Identitäten und Kulturzugehörigkeiten, die helfen, sich zu positionieren. Sie erfassen Entwicklungen, zu denen man umgekehrt selbst beiträgt, wenn auch nur in bescheidenem Maße. In den Blick kommen Zugehörigkeiten zu Schulen, professionellen Gemeinschaften und die dort repräsentierten Wirklichkeitsverständnisse und Betrachtungsweisen. Da es nach Adorno kein richtiges Leben im falschen gibt, erfordern solche Betrachtungen auch eine Auseinandersetzung mit aktuellen gesellschaftlichen Entwicklungen, mit Märkten, Organisationen, Strömungen im Zeitgeist und mit den Formen von Wirtschaften, mit denen jede Lebensführung unauflösbar zusammenhängt.

Wie also kann mit Menschen für Menschen gewirtschaftet werden? Wie können Organisationen dafür gestaltet werden? Wie können Menschen als Professionelle und in Organisationsfunktionen sinnvoll handeln? Welche Haltungen und Kompetenzen braucht es dafür? Wer muss was wie lernen und wie soll Lernkultur sein, dass sie zu einer humanen Organisations-, Professions- und Wirtschaftskultur beiträgt? Da kann einem schon schwindlig werden, wenn man erkennt, wie vielschichtig und vielfältig die Zusammenhänge und Betrachtungsweisen sind, die zu einer geläuterten Professionalität gehören. Sich mit dem allem auseinanderzusetzen ist ein lebenslanger Prozess.

Die meisten Leser kennen vermutlich den magischen Würfel, ein Geduldsspiel, bei dem man durch das Drehen verschiedener Reihen oder Spalten jede Würfelseite so verändern soll, dass am Ende jede Seite eine einheitliche Farbe hat. Bei jeder Drehbewegung auf der einen Seite werden gleichzeitig die Muster der anderen Seiten mitverstellt. Um die Seiten also aufeinander abzustimmen, muss man immer wieder seine Perspektiven verändern. Der Hintergrund wird zum Vordergrund gemacht, oben wird mit unten getauscht, die linke Seite wird zur rechten und umgekehrt, so lange, bis man eben ein stimmiges Muster über alle Dimensionen hinweg bilden kann. Und so ähnlich arbeiten wir in diesem Buch. Stand beispielsweise soeben die Organisation im Vordergrund, so behalten wir das Gesagte im Hinterkopf, drehen aber den Würfel und blicken nun auf den Vorgang der professionellen Individuation.

Über allem steht die Frage, wie Menschen im Beruf und in ihrer Organisation die einzigartige Persönlichkeit verwirklichen können, die in ihnen steckt. Dies gilt zumindest für Berufe und Tätigkeiten mit hohem kreativem Anteil. Nicht immer stammen die illustrierenden Beispiele aus den jeweils vertrauten Berufsbereichen der Leser. Doch glauben wir, dass sich die jeweiligen Betrachtungen auf Beratung und Entwicklung von Professionalität allgemein anwenden lassen. Professionalität und Ansichten über Professionalität haben neben allen fachlichen und gesellschaftlichen Perspektiven eben auch mit den Wesenszügen des jeweiligen Menschen und mit Aspekten seiner ganz persönlichen Lebensgeschichte zu tun. Zumindest scheinen diese als Hintergründe immer durch und entscheiden oft, ob sich die Seele für das berufliche Tun interessiert, ob man Bereicherung erlebt oder nicht.

Zur Einstimmung geben wir den Lesern zunächst die Möglichkeit zur persönlichen Begegnung mit uns, den Autoren. Sonst bietet dieser Band Streiflichter aus unseren Welten, um die Leser zu inspirieren und um die Möglichkeit zu eröffnen, sich – über die wichtigen Vordergründe hinaus – mit ihren hintergründigen Fragen an Professionalität auseinanderzusetzen. Fangen wir also im folgenden Kapitel mit einem eher persönlichen Gespräch zwischen den Autoren an. »Programmatischer« geht es dann ab Kapitel 3 weiter.

2. »Unter uns«

2.1 Vorbemerkung

Ich, Christiane Gérard, kenne Bernd Schmid nunmehr seit 25 Jahren, seit ich 1984 meine Transaktionsanalyse-Ausbildung in seinem Institut begonnen habe. Auch nach meinem klinischen TA-Examen 1989 blieben wir durch gemeinsame Interessen und Neigungen bis heute miteinander verbunden.

Wir blicken beide auf jeweils mindestens 30 Jahre Berufstätigkeit in den Bereichen Beratung und Psychotherapie und dazugehörender Erwachsenenbildung zurück. Wir befinden uns beide in einer Lebensphase, in der das Bedürfnis wächst, die Essenz der vergangenen Berufsjahre zu überdenken und anderen zum Nachdenken anzubieten. Dabei passen unsere Reflexions- und Erzählweisen in vielerlei Hinsicht zusammen oder ergänzen sich.

Wir sind uns bewusst, dass die Arbeitsbedingungen und Arbeitslebensweisen der Leser sich von den unseren stark unterscheiden können. Dennoch sind wir zuversichtlich, dass sie von unseren Anregungen profitieren können. Und auch wir Autoren unterscheiden uns trotz aller Übereinstimmungen in mancher Hinsicht und bilden damit selbst eine Spanne möglicher Betätigungsfelder und persönlicher und institutioneller Voraussetzungen ab:

Bernd Schmid arbeitete bzw. arbeitet vorwiegend freiberuflich in vielfältigen Rollen als Erwachsenenbildner, Supervisor, Berater, Unternehmer und Leiter seines eigenen Weiterbildungsinstituts in Wiesloch, Orientierungsgeber, Gesprächspartner für seine MitarbeiterInnen, Buchautor, Vortragender auf Kongressen und ist aktiv in Hochschulen und Verbänden. Ich war dagegen immer angestellt und arbeitete zuletzt 25 Jahre lang als Neuropsychologin und Psychotherapeutin in einer Kinderklinik – halbtags.

Wir beide haben recht unterschiedliche Lebensinszenierungen, denen unterschiedliche Lebensentwürfe zugrunde liegen. Lebensentwürfe sind geprägt

- von der Wesensart,
- von Talenten und Ambitionen,
- von Ausstattungen und Aufträgen durch die Familie,
- vom Lebensgefühl und von den Lebensstilen der Milieus, in denen man aufgewachsen ist und in denen man sich später bewegt,

- durch prägende Lebenserfahrungen, die oft in Schlüsselerlebnissen und inneren Bildern verdichtet sind. (Schmid 2008d)

Auch wenn sich Menschen oberflächlich betrachtet in gleichen Berufen oder Funktionen bewegen und sich z. B. als Psychotherapeuten, Berater, Bildungsfachleute, Führungskräfte oder Unternehmer bezeichnen, so stecken hinter diesen Titeln doch oft sehr unterschiedliche Lebensinszenierungen. Das trifft bei uns beiden Autoren ebenso zu. Das folgende Gespräch zwischen uns – spontan aufgezeichnet, stark gekürzt, bearbeitet und ergänzt – soll die Leser zu ähnlicher Selbstreflexion einladen. Wir stellen uns Fragen, die uns, manchmal unterschiedlich stark, während unseres Werdegangs und jetzt in der Lebensphase des bilanzierenden Rückblickens beschäftigt und/oder die wir häufig als Fragestellungen bei Kollegen und Kolleginnen vernommen haben.

2.2 Dialog zwischen den Autoren

Christiane Gérard: Wir beide schauen auf eine lange und reiche Berufszeit zurück. Angenommen, du könntest noch einmal darüber entscheiden: Würdest du diesen Berufsweg wieder so einschlagen oder würdest du etwas anders machen, und wenn ja, was?

Bernd Schmid: (...) Ursprünglich wollte ich ja mal Lehrer werden. Aber nach meinem ersten Schulpraktikum wurde mir klar, dass ich nicht Schullehrer werden wollte. Und zwar nicht wegen der Schüler, sondern weil ich im Praktikum das Lehrerkollegium wie eine Versammlung Untoter erlebt habe. Und da habe ich entschieden: Ich will nicht mit solchen Zombies in einem solchen Raum sitzen. Also war für mich klar, dass ich nicht in die Schule gehe. Lehrer wollte ich aber gerne werden. Die Alternative war dann Hochschullehrer. Ich war ja schon früh Assistent an einem Lehrstuhl für Volkswirtschaftslehre. Diese Alternative war dann aber deswegen wiederum nicht möglich, weil ich für diese zumindest damals sehr traditionelle Disziplin mit meinen psychologischen Interessen ein zu »bunter Hund« war. Ich wurde über viele eigene Bewegungen und Wechselfälle des Schicksals (Schmid 1992, 2001c) das, was ich geworden bin, und heute wüsste ich nicht, was ich beruflich ändern sollte. Im Nachhinein schien sich alles zu fügen.

CG: Du sagst also, das bin ich, das war ich und das will ich auch weiter sein.

B.: Ja, ich habe ja immer alles mit großem Engagement gemacht, war damit sehr identifiziert und habe daraus auch immer viel Kraft geschöpft. Auf der anderen Seite gab es auch Bereiche, in denen ich mich versucht habe, die mal besser und mal schlechter gingen, letztlich aber nicht wirklich gepasst haben, wie z. B. Vortragsreden vor einem größeren, mir unbekanntem Publikum.

CG: Du hast mal erzählt, dass du als Kind gerne als Zauberer oder Zirkusdirektor das Publikum zum Staunen bringen wolltest. Ich hätte daher erwartet, dass dir Auftritte vor einem Publikum liegen. Was hat da nicht gepasst?

BS: In kleinerer Manege ist mir das meist gut gelungen. Doch wäre ich auch gerne in großer Manege besser zur Geltung gekommen. Aber dafür war ich vielleicht nicht extravertiert genug. Während befreundete Kollegen auf der Bühne erst richtig in Fahrt kommen und den Stecker in der Steckdose zu haben scheinen, haben solche Auftritte meinen Akku strapaziert. Ich habe mich auch oft zu mehr Extraversion genötigt als wirklich für mich gestimmt hat. Dieses Bemühen hat zwar meine Persönlichkeit erweitert, aber ich bin heute ganz froh, dass ich jetzt mehr Introversion leben kann und nicht so oft auf die Bühne gehe. Wenn meine Institutskollegen in der Gruppe oder beim Kunden präsentieren, kann ich an meinen Schreibtisch gehen und trotzdem eine Rolle in dem Zirkus haben.

CG: Du meinst in deinem Institut? Und dort hast du die Mitwirkenden ausgebildet, betreust sie und stärkst das Kraftfeld mehr hinter den Kulissen?

BS: Genau, ich bin jetzt mit allem eng verbunden, bin wichtig und bringe meine Erfahrung und meine Kreativität ein, muss aber nicht mehr Auditorien bei Laune halten.

CG: Wie meinst du das?

BS: Als Lehrtrainer muss man neben hoher Fachlichkeit dafür sorgen, dass sich eine Gruppe wohl und gut unterhalten fühlt, weil das fürs Lernen wichtig ist. Da wir von der Gunst eines anspruchsvollen Publikums leben, geht das nicht ohne. Ich war aber eher ein Entwickler, der anderen seine neuen Entwicklungen erläutern wollte, als ein Lehrer, der neue Generationen mit bekannten Inhalten immer wieder neu beseelt.

CG: Das heißt, du hast dir ein breiteres Repertoire entwickelt, um aufzubauen, was heute eine Institution geworden ist, konzentrierst dich aber jetzt wieder auf bevorzugte Funktionen.

BS: Richtig. Ich habe über viele Jahre die Organisation so entwickelt, dass alle Funktionen gut ausgefüllt sind und ineinander greifen. Ich kann jetzt an all dem partizipieren, was mir wichtig ist, ohne selbst zu Dimensionen beitragen zu müssen, die ich zwar kann, aber lieber anderen überlasse.

CG: Ja, das klingt, als seiest du da sehr im Reinen mit dir.

BS: Ja, viele sehen das so, melden mir dies zurück und nehmen auch für sich daran Maß. Es ist gelungen, eine Kultur zu schaffen, in der ich und andere, mit denen die Passung gestimmt hat, gute Rollen finden können. Auch bin ich irgendwie meiner ursprünglichen Berufung als Hochschuldidaktiker treu geblieben. Ich habe nun »meine eigene Hochschule«. Und da wir nie öffentliche Finanzierung in Anspruch genommen haben, bestand auch die Notwendigkeit, geistig anspruchsvolle mit wirtschaftlich tauglichen Angeboten zu kombinieren. Wir stellen uns damit einem manchmal verdrängten Zusammenhang, dass Kultur ohne eine leistungsfähige Wirtschaft geringe Chancen hat. Diese Kombination aus humanistischem Bildungsideal und marktwirtschaftlichem Verantwortungsprinzip hat uns immer gezwungen, gute Kompromisse zwischen gesellschaftstauglichen Anforderungen und eigenen Wertevorstellungen zu finden. Das hätte uns eine öffentlich finanzierte Hochschule nicht so konsequent abverlangt.

CG: Du warst aber auch im Hochschulrat einer Bildungshochschule tätig.

BS: Ja, das war eine ganz eigene Erfahrung. Dort wird gerne das Humboldt'sche Bildungsideal beschworen – doch nicht immer in überzeugenden Begründungszusammenhängen. Wilhelm von Humboldt hat seine Schulreform in 18 Monaten autoritär durchgezogen. Wer nicht mitspielte, war draußen. Das ist heute nicht möglich und vielleicht in einer Demokratie auch nicht wünschenswert. Aber es gibt Momente, in denen ich das bedauere.

Aber erzähl du doch mal! Wie ergeht es denn dir mit deinem Beruf? Würdest du ihn noch einmal wählen?

CG: Ich würde möglicherweise nicht noch einmal Psychologin werden wollen? Also, es gibt schon Bereiche in meiner Arbeit, in denen ich mich wieder finde: das Kreative, das Experimentieren, das Problemlösen! Vieles mache ich immer noch sehr gerne. Aber ich fand es entsetzlich langweilig immer dann, wenn ich dachte zu wissen, wie eine Lösung aussehen könnte, dann diesen ganzen, manchmal mühseligen Prozess der Therapie selbst zu begleiten. Sicher muss man dabei bedenken, dass meine Arbeit mit Hirnverletzten bzw. mit den von diesem oft plötzlichen Schicksal betroffenen Familien auch besonders kräftezehrend war. Andererseits war es auch eine echte Herausforderung, sich in das Denken, Fühlen und Erleben von Menschen, deren Hirnorganisation sich von unserer unterscheidet, hineinzuversetzen. Das war der kreative und sehr spannende Teil. Andererseits würde ich heute wahrscheinlich eher direkt etwas Kreatives machen und dann schauen, dass ich mein Kontaktbedürfnis zu Menschen privat befriedige.

BS: Kreativ im Sinne von künstlerisch? Im klassischen Sinne: malen, schreiben, bildhauern, Musik machen …?

CG: Ja auch, aber mehr im Sinne von Etwas erfinden! Oder aber, was ich schon immer als Kind toll fand: Verhaltensbeobachtung! Du beobachtest einfach nur und gibst den andern mit, was du siehst, ohne dass du selbst was machen musst …

BS: Also nicht das Gestalterische, sondern eine andere Form des Wirkens. Ist es das, was Michael Endes Momo kann? So zuzuhören, dass etwas anders wird, ohne einen Ratschlag geben zu müssen?

Ja, das verstehe ich gut. Ja, ich hab das Gefühl, je älter ich werde, desto mehr erlaube ich mir, einfach nur zuzuhören und zu beobachten ohne einzugreifen.

CG: (…) wobei ich nicht weiß, ob mir dann nicht wieder etwas fehlen würde.

BS: Ja, da ist was dran. Auch ich erlebe dabei einen Verlust.

CG: Wovon?

BS: Mir ist ein Stück weit die »Werkel-Lust« verloren gegangen. Ich empfinde es auch als sehr segensreich, wenn Menschen einfach Lust haben, die Ärmel hochzukrempeln, und wirklich etwas zu gestalten.

Also insofern habe ich Verständnis für deine Idee. Ich weiß aber jetzt nicht, ob das nicht einfach ein aufgestautes Bedürfnis bei dir ist, was bisher zu kurz kam, oder ob du das wirklich damals schon anders hättest machen wollen.

CG: Ja, das weiß ich natürlich auch nicht. Ich habe mich aber eigentlich nie wirklich als Psychotherapeutin gefühlt. Das war etwas Fremdes, was ich machen musste, was ich auch gut gemacht habe, aber ich habe mich nie dazu berufen gefühlt. Von daher denke ich, würde ich den Beruf mit dem Wissen, das ich heute habe, nicht mehr ausüben.

BS: Psychotherapeutin. Gibt es irgendeine Konkretisierung dieses Berufslebensweges oder ist es einfach die Nennung einer Kategorie?

CG: Als ich damals zu dir in die Ausbildung kam, hatte ich mir überlegt, ob ich eine Schreinerlehre mache oder bei dir in die Lehre gehe. Letzteres passte dann sehr gut, weil ich auch bei dir ein Kunsthandwerk gelernt habe, die systemische TA. Und ich wollte wirklich ein Handwerk lernen. Ich habe immer die Berufsgruppen beneidet, die mit konkreten Werkzeugen in der Hand durch die Gegend liefen und wussten, was sie womit anpacken sollten. Schreinern wäre etwas gewesen, was ich sehr gerne gemacht hätte. Selbst Möbel erfinden und zusammensetzen. Es ist etwas Heiles, etwas Gesundes …

BS: Ja, und man kann etwas anfassen … also ich verstehe die Dimension. Ob das ein heilerer Berufslebensweg gewesen wäre, das ist noch einmal eine andere Frage.

CG: Es hätte mir dann vielleicht etwas anderes gefehlt …

BS: Ja und es zeigt einfach, dass deine tatsächliche Berufslebensentwicklung doch Dimensionen unterversorgt gelassen hat.

CG: Lass uns noch auf die andere Seite schauen: die Schattenseiten dieses Berufs.

Mir selbst fallen zwei Aspekte ein, die mich gestört haben. Das ist einmal das Image des Berufs in der Öffentlichkeit. Im Krankenhaus, in dem die Leute ja nicht freiwillig zu mir kamen, sondern geschickt wurden, brachten diese oft auch viele Vorurteile gegenüber meiner Rolle mit. Ich musste erst einmal dagegen anarbeiten, um guten Kontakt herzustellen. Das war nicht entscheidend, aber dieses Image der Psychotherapeutin oder der Beraterin in der Öffentlichkeit hat mich auch im Privaten gestört. Dort hatte ich das Gefühl, dass Leute oft Privates und Berufliches vermischten. Etwa so: Wenn du Sorgen hast, dann kannst du halt zur Christiane gehen, auch privat, sie ist ja Psychotherapeutin. Am Anfang meiner Berufsjahre habe ich diese Tendenz sicher auch selbst gefördert. Das war ja auch eine Einfluss verheißende Rolle: Man konnte damit wichtig sein und wurde gebraucht. Später aber empfand ich diese Erwartungen dann eher als lästig. Ich fand es deswegen manchmal schwierig, privat neue Kontakte zu knüpfen, weil ich misstrauisch war, ob ich nicht wieder »ausgenutzt« oder nur deswegen gemocht werden würde, weil man ja immer so »anständig« zuhört und nett ist und so. Das fand ich schade … Wie ist es dir gegangen?

BS: Bei mir war das ganz anders … Ich war immer froh, wenn jemand Interesse an meiner Kreativität hatte und ich aktiv sein konnte. Ich habe mich mit meiner Kreativität identifiziert und mich daher bei Wünschen nach Unterstützung persönlich gemeint gefühlt. Dazu kommt noch mein anderer institutioneller Kontext. Ich war Freiberufler. Leute sind zu mir gekommen, weil sie zu mir wollten und ich konnte sie mir dann auch mehr oder weniger aussuchen.

CG: Aber du hast doch auch deinen privaten Umkreis?

BS: Ja, vorwiegend über die Familie. Sonstige private Beziehungspflege war nicht mein Heimspiel. Die meisten Privatbeziehungen sind im Berufsfeld entstanden. Dort habe ich Arbeitsformen gefunden, die für mich auch viele private Begegnungsmöglichkeiten und vertrauensvolle Beziehungen ermöglichten, für die ich sonst nicht die Motivation und die Verhaltensweisen gehabt hätte.

Wir haben in unserem Institut einen Rahmen entwickelt, in dem privatpersönliche und berufliche Kontakte fließend ineinander übergehen. Meistens sind auch meine Mitarbeiter und Lehrtrainer Menschen, die gerne menschliche Begegnungen mit dem Beruf kombinieren, wie ich das auch tue.

Für meine Lehrtrainer und Mitarbeiter bin und war ich auch immer ein bisschen der Mentor und Seelsorger und bin das gerne. Umgekehrt haben sie auch Anteil an unserem Leben genommen. Das haben wir intensiv erlebt, als unser Sohn Peter gestorben ist. Die liebevolle Zuwendung, die uns zuteil geworden ist, hat mich sehr berührt. Von daher habe ich diese Beziehungen als einen sehr lebendigen und gegenseitigen Austausch erlebt.

Und mir fällt es leichter, Beziehungen zu gestalten, wenn ein Lebensvollzug – sei es beruflich oder privat – miteinander möglich ist.

CG: Das passt ja auch wieder zu dem Beziehungstyp, als den du dich beschreibst, als den Ich-Es-Typen, für den es wichtig ist, sich über ein Thema auf den anderen beziehen zu können.

BS: Ja, das müssen keine großen Themen sein. Heute Mittag zum Beispiel habe ich für alle Mitarbeiter im Wok Gemüse gekocht. Es geht auch um konkrete Tätigkeiten, über die ich in Beziehung sein kann.

CG: Das ist schon auch etwas Ungewöhnliches: diese Kombination von Lebens- und Arbeitsform.

BS: Ja, wir achten im Institut drauf, dass Leben und Arbeiten im Zusammenhang bleibt. Wenn jemand z. B. mit uns kooperieren will, dann lade ich ihn zum Gespräch ein. Wir reden erst. Dann nimmt er an unserem Mittagessen teil und kann sehen, wo er ist. Und wir sehen, wer er ist in dieser Runde. Und dies hilft uns, über mögliche Kooperationen zu entscheiden.

CG: Da bist du schon eine Ausnahme. Ich denke, viele Kollegen und Kolleginnen, die ich kenne, die möchten wirklich so eine Trennung haben. Also: »Nach der Arbeit möchte ich keinen Patienten und möglichst auch keine Probleme mehr sehen. Hier bin ich privat«.

BS: Ja klar. Es gibt auch diese *déformation professionelle*: In der Regel habe auch ich keinen großen Hunger auf Kontakt, weil ich davon eher zu viel habe als zu wenig. Bei privaten Begegnungen wie bei Festen treffe ich auf interessante und wertvolle Menschen, will sie aber meistens nicht näher kennen lernen, weil ich keinen Platz in meiner Seele habe.

CG: Ja, das geht wohl vielen älteren Kollegen so und ich höre von vielen, dass sie eigentlich »psychotherapiemüde« sind.

BS: Ich habe nach 20 Jahren Psychotherapie das Gefühl gehabt, ich habe es durch. Und dann habe ich etwas anderes gemacht.

CG: So ging es mir auch. Wenn ich irgendetwas konnte oder kannte, dann wurde es mir langweilig, dann wollte ich auch nicht mehr dort weitermachen.

Passung

BS: Das ist auch ein Kreuz in unserer Gesellschaft: Wir haben viel zu starre Berufe und institutionelle Funktionsbilder. Daran hängen dann viele Menschen fest, obwohl es sich überlebt hat. Nur für ganz wenige Menschen bleiben ihre Berufe Lebensberufe. Hier wären mehr Beweglichkeit und immer wieder neue Ausrichtung gesünder und kompetenter. Wir beschäftigen uns am ISB intensiv mit diesem sogenannten Passungsthema. Also: Wie passe ich zur Organisation und zur Rolle und wie passen die Institution und Rolle zu mir? Es finden ja Veränderungen auf beiden Seiten statt, sowohl gesellschaftlicher wie persönlicher Art. So können sich ehemals erfüllende Tätigkeiten für den Rolleninhaber erschöpfen oder so verändern, dass sie nicht mehr zur Person passen. Eigentlich gehört zu einer gehobenen Professionalität und zu einer Organisationskultur, dass man immer wieder einen Passungsdialog – wie wir das nennen – durchführt. Das heißt, man schaut, ob Person, Institution, Organisation, Rolle usw. noch zusammenpassen. Und wenn man merkt, es passt bald nicht mehr zusammen, kann man frühzeitig etwas am Rollenportfolio ändern oder man kann die Funktion in der Organisation umgestalten. Und wenn das nicht möglich ist, muss man sich fragen, wie man in einer anderen Organisation zu neuer seelischer Lebendigkeit gelangen kann. Die Erhaltung von Leistungsfähigkeit hat viel mit Lebendigkeit und daher viel mit einem kompetenten Passungsdialog zu tun …

CG: Dann wäre ich vielleicht doch Psychologin geblieben …

BS: … wenn du einfach mehr Möglichkeiten gesehen hättest, als Psychologin in anderen Funktionen und Rollen tätig zu werden?

CG: Als ich zum Beispiel eine Weile zusätzlich Marketingaufgaben hatte, fand ich das super. Ja, ich hätte wohl mehr Gestaltungsfreiraum für meine Ideen gebraucht.

BS: Ja eben, von daher ist es vielleicht weniger die Profession, die nicht deine wäre, sondern es waren die Organisationsfunktionen, die zu eng oder zu unbeweglich blieben.

CG: Ja, das stimmt. Insofern müsste ich in einem »neuen« Leben eher darüber nachdenken, welcher institutionelle und organisatorische Rahmen besser zu meinen Neigungen und Potenzialen passen würde.

BS: Wann bin ich eigentlich schon Psychotherapeut, Berater oder was mir als Identität vorschwebt? Diese Frage treibt einen jungen Menschen durchaus um.

CG: Welche Herausforderungen sind die richtigen? Wir beide haben ja schon öfter festgestellt, dass wir uns aufgrund unserer verschiedenen Persönlichkeitsstrukturen recht unterschiedlich an Herausforderungen heranwagen. Mich haben die ersten Berufsjahre sehr verunsichert. Das Studium selbst bereitet dich ja wenig auf den direkten Kontakt mit zukünftiger Klientel vor. Ich habe mich lange gefragt, woran ich mich eigentlich bei meiner Arbeit orientieren kann und soll. Du selbst beschreibst dich dagegen als einen Menschen, der eher gerne an die eigene Kompetenz geglaubt hat. Dennoch hast du vor über 20 Jahren eine Wirksamkeitsstudie (1988a, 1988b) zu deinen Intensivseminaren durchgeführt? Das passt für mich gar nicht zu dem wenig selbstzweiflerischen Eindruck, den du auf mich machst.

BS: Dafür gab es vor allem zwei Gründe: Zum einen konnte ich mich in den bestehenden Psychotherapie-Schulen schlecht beheimaten. Ein ganz typisches Muster für mich ist, dass ich, sobald ich an Dogmen und Schemata stoße, sofort deren Begrenzungen aufzeigen möchte. In einem Fall können Menschenbilder sinnvoll sein, aber im anderen Fall käme es einem Götzendienst gleich, wenn man sie als Wahrheiten erstarren ließe. Ich glaube, dass ein gebildeter Mensch bei jeder Frage aufgerufen ist, in seiner Weise, aus seiner Zeit, aus seinem Kontext, aus seinem Milieu kommend mit seiner Biografie stimmig neue Antworten zu finden. Insofern fühlte ich mich immer als eine Art Wilderer, der sich zwar der Konzepte und Ideen aus den üblichen Schulen bedient, sich aber den Dogmen nie unterworfen hat. Diese Freiheit hatte auch ihren Preis. Ich hatte immer das Problem, meine Identität zu definieren: Wer bin ich, wenn ich mich in keinen festen Rahmen, der mir eine Autorisierung oder eine gesicherte Identität verleiht, einfügen mag? Ich hatte und akzeptierte also identitätsbildende Rahmen um mich in nur geringem Maße und musste mir eine eigene Heimat sowie meine eigene Arbeitsweise und Struktur schaffen, wie z. B. diese Intensiv-Seminare mit einem mir gemäßen Stil.

Selbstwertzweifel oder Selbstkompetenzzweifel machten mir damals Sorgen, ohne dass mir ein traditioneller Rahmen den Rücken gestärkt hätte oder ich den jeweiligen Moden nachgegeben hätte. Ich wurde in der sehr emotionsintensiven, alternativen Psychotherapieszene manchmal mit kritischen Infragestellungen konfrontiert. Mein eher kognitiv orientierter Stil wurde verdächtigt, eine Folge von eigenen frühen Störungen zu sein, weshalb ich mich emotionalen Dingen nicht in dieser Intensität widmen könne, die damals üblich war. Um mir dazu ein etwas objektiveres Bild zu machen, habe ich alle meine Klienten schriftlich befragt.

CG: Ja, die Untersuchung wurde 1988 durchgeführt. Das war die Zeit, in der es »en vogue« war, möglichst viele Gefühle in der Therapie zum Ausdruck zu bringen. Und du fielst aus dieser Schablone heraus.

BS: Genau. Man war sich in meinen Kreisen relativ einig: Wo die Gefühle sind, da geht es lang, und je mehr eine gegenwärtige Situation auf einen früheren

Konflikt oder ein früheres Erlebnis, am besten noch vorsprachlich, zurückgeführt werden kann, um so elementarere Arbeit leistet man und desto mehr gelangt man an die Wurzeln des Übels. Störungen hat man durch Fehlentwicklungen in der Kindheit bedingt verstanden und fast ausschließlich entwicklungspsychologisch beschrieben. Mir persönlich lag dieses schematische Verständnis von Störungen als auch der daraus abgeleitete Therapiestil nicht sehr. Obwohl ich durchaus gelernt hatte, mit Gefühlen umzugehen und die hinter der Gegenwart liegende, belastete Vergangenheit aufzuspüren. Empathie wurde damals ganz stark als Eingehen auf intensive Gefühle verstanden. Der Exklusivanspruch des Emotionalen, ja der Motivpsychologie überhaupt, war mir persönlich immer zu kultisch. Und bei uns ging es eben nicht so expressiv und schon gar nicht so stark kindheitsorientiert zu.

Und ich habe mich gefragt, ob ich trotzdem wertvolle Persönlichkeitsarbeit mache, und ob sich die Leute verstanden und emotional angesprochen fühlen, auch wenn ich selbst mich hauptsächlich kognitiv gesteuert habe. Am meisten hat mich beschäftigt, ob meine Art verständlich ist und Auswirkungen auf das hat, was anderen wichtig ist.

Dass es mir an emotionaler Schwingungsfähigkeit fehlte, das habe ich immer auch gespürt. Und wenn mich Leute in der Hinsicht als gestört dargestellt haben, habe ich mich durchaus darin wiedergefunden. Was mich störte bzw. zunächst verunsicherte, war die Pathologisierung meiner Persönlichkeitsausprägung. Später haben mich Lehrer wie z. B. Theodor Seifert, der Jungianer, oder andere Autoritäten, die diese Pathologisierung nicht mitgemacht haben, eher be- und gestärkt, weiter meinen Weg zu gehen. Dieser Weg war natürlich nicht nur durch Einseitigkeiten, sondern auch durch viele Kompetenzen geprägt. Ich habe dadurch im Laufe der Jahre zu einem Okay-Gefühl gefunden. Wenn ich auch heute noch manchmal Defizite feststelle und merke, da fehlen mir Dinge, die andere Menschen haben, bedauere ich das, weil ich gerne diese menschliche Dimension mehr erleben würde. Aber es ist keine Frage mehr eines Okay-Seins und Nicht-okay-Seins.

CG: Du konntest also die Nicht-okay-Gefühle loslassen und hast damit auch persönlich von der Auseinandersetzung mit deiner Berufsrolle profitiert. Und die Evaluationsstudie war eine der Möglichkeiten, die Frage deiner professionellen Wirksamkeit zu überprüfen.

BS: Genau … Insgesamt haben sich meine Hoffnungen, dass ich durch die Art und Weise, wie ich arbeite, auch Menschen ganz verschiedenen Typs erreiche und etwas Relevantes für ihre Lebensentwicklung beitragen kann, durch diese

Arbeit – soweit man dies auf diese Weise erforschen kann – sehr bestätigt. Ich habe mir, wenn man so will, mit dieser Untersuchung das Plazet der relevanten anderen geholt. Und damit war die Diskussion für mich eigentlich abgeschlossen.

Resonanz und Wirkung waren gut bei dem ungewöhnlich geringen Ressourceneinsatz dieser Arbeitsform. Die meisten der TeilnehmerInnen haben die Seminare nur ein-, höchstens zweimal besucht. Und sie sind nicht deswegen nicht wiedergekommen, weil es ihnen nicht gefallen hat, sondern weil ihnen die vier intensiven Tage ausgereicht haben. Diese Ökonomie entspricht auch meiner ganzen Haltung, dass Menschen in ihrer Aufmerksamkeits- und Energiebesetzung durch Therapie und Beratung möglichst wenig aus ihren Lebenszusammenhängen abgezogen werden sollen. Vielmehr sehe ich beide Arbeitsformen als einen Boxenstopp, bei dem Klienten einen Kick bekommen, ansonsten aber in ihrem Leben bleiben, sodass Therapie und Beratung nicht zu Ersatzbühnen werden.

CG: Nun sind ja die Ergebnisse solcher Evaluationsstudien – zumal wenn sie vom Behandler selbst durchgeführt werden – an sich kein objektiver Beweis und können strengen wissenschaftlichen Kriterien nicht genügen.

BS: Nein, natürlich nicht. Aber damals war ich mir unsicher, ob das, was mir persönlich plausibel war, auch für die betroffenen Menschen über den Augenblick hinaus relevant war. Man bildet sich ja gerne was ein und findet um sich herum dann auch die Menschen, die einen darin bestätigen, und darum ist man immer in Gefahr eine Sekte zu werden. Und deswegen habe ich Fragen, die mich bewegt haben, in einem Fragebogen gestellt, wie z. B.: Fühlen Sie sich emotional angenommen? Fühlen Sie sich richtig verstanden? Hat es Ihnen gut getan? Hat es Wirkungen auf ihren Alltag? usw. Dies waren die Fragen, vor denen meine Arbeit Bestand haben sollte.

Heute brauche ich diese Absicherung in der Weiterbildung von kompetenten Professionellen nicht mehr. Unsere Teilnehmer sind erfolgreiche Professionelle, im Durchschnitt ca. 40 Jahre alt und in vielerlei Hinsicht ganz unterschiedlich (Rollen, Vorbildungen, Branchen, Organisationstypen, Zuständigkeiten und so weiter). Wenn Leute, die im Leben auf vielen Bühnen in der Bewährung stehen, öfter wiederkommen, obwohl sie stattdessen ihr beachtliches Ein- und Fortkommen mehren könnten, und wenn sie ihre Freunde, Partner, Mitarbeiter und Vorgesetzte schicken oder durch ihre Empfehlung das Vertrauen in ihre Urteilskraft riskieren, dann gibt es für mich heute keine bessere Bestätigung dafür, dass wir auf einem guten Weg sind.

Resümee

CG: Mein Resümee des Bisherigen ist: Im Grunde genommen geht es immer wieder um die Frage der Auseinandersetzung mit dem eigenen Werdegang und der Passung. Passungsklärung ist keine einmalige Aufgabe, sondern ein kontinuierlicher Prozess, in dem ein lebendiges und labiles System immer wieder ausbalanciert werden muss. Antworten auf Passungsfragen werden daher immer situations- und kontextbezogen bleiben. Sie ändern sich mit den Bedingungen: ein Halbtagsjob mag solange erfüllen, solange man in der anderen Hälfte des Tages durch andere Aufgaben gefordert ist. Fallen diese weg, ändert sich möglicherweise auch die Passung. Ein bisher eher schüchtern auftretender Mensch, der seine dominante Seite entdeckt, wird in seiner Firma vielleicht eine andere Funktion wahrnehmen wollen. Die Lebensform eines Freiberuflers, die bisher *gepasst* hat, kann ihren Reiz durch private Veränderungen verlieren usw. Die Variationsmöglichkeiten, die zu einer *Unpässlichkeit* führen, sind komplex und vielfältig, die Anzahl möglicher Passungen jedoch begrenzt: Ich kann mich nicht überall an*passen*, ohne meine seelische Lebendigkeit zu verlieren, und institutionelle und organisatorische Bedingungen haben ebenfalls ihre begrenzte Veränderungskapazität. Das Spielfeld dazwischen jedoch erscheint mir recht groß. Um die Spielräume wahrnehmen zu können, scheint es mir wichtig zu sein, mich selbst wesentlich wahrnehmen zu können. Dazu brauche ich relevante andere, die mich spiegeln, mir notfalls dysfunktionale An*passungen* aufzeigen, mir aber auch neue Passungsmöglichkeiten aufzeigen.

Und ich brauche den Mut, Veränderungen vorzunehmen, wenn ich spüre, dass mir als Zeichen mangelnder Passung meine seelische Lebendigkeit abhanden zu kommen droht.

2.3 Und Sie? Ein Fragebogen zur persönlichen Orientierung

1. Wie denken Sie gewöhnlich am Sonntagabend an die bevorstehende Woche? Wie ist es am Freitag?
2. Haben Sie das Gefühl, Ihre Aufgaben nach den fachlichen Erfordernissen, nach den Erwartungen der Umwelt und nach eigenen Wertmaßstäben ausfüllen zu können? Können Sie darüber offen sprechen?
3. Haben Sie das Gefühl, im Beruf als Mensch in Ihren Eigenarten wahrgenommen und gefördert zu werden? Von wem erwarten Sie das?

4. Können Sie den Menschen, mit denen Sie zusammenarbeiten, so viel Aufmerksamkeit schenken, wie es notwendig oder gut wäre? Was müsste sich dafür ändern?
5. Wie viel Aufmerksamkeit wäre für Sie erforderlich? Von wem und in welcher Art? Was würde sich dadurch ändern?
6. Wann haben Sie im Unternehmen das letzte Mal gelacht? Mit wem? Worüber? Wie war Ihnen danach?
7. Fühlen Sie sich Ihrem Arbeitsfeld innerlich zugehörig? Stehen Sie gern mit Ihrem Namen für das ein, was Sie tun, und für die Folgen, die es hat?
8. Wurden (oder werden) Sie als jüngerer Mensch im Unternehmen gewürdigt? Erwarten Sie auch als älterer Mensch im Unternehmen gewürdigt zu werden?
9. Wie behandeln Sie selbst die Älteren, wie die Jüngeren? Wozu führt das?
10. Haben Sie die Freiheit, das was wesentlich ist, vorrangig zu tun? Nutzen Sie diese?
11. Angenommen, Sie hätten diese Freiheit, wüssten Sie, was zu tun ist? Hätten Sie die Qualifikation und Gestaltungskraft dazu? Hat das seinen Preis?
12. Sind Sie dem, was Ihnen wertvoll ist, in den letzten Wochen näher gekommen? Wen machen Sie dafür verantwortlich?
13. Haben Sie das Gefühl, Privatleben und Beruf nach den Erfordernissen der verschiedenen Lebensphasen in befriedigenden Einklang bringen zu können? Glauben das Ihr Lebenspartner, Ihre Eltern, Ihre Freunde auch?
14. An welche Glücksmomente in Ihrer beruflichen Laufbahn erinnern Sie sich? Was haben andere dazu beigetragen? Tun Sie das auch?
15. Was soll von Ihnen bleiben, wenn Sie das Unternehmen verlassen? Was sollen Ihre Kinder, Ihre Enkel über Ihr Berufsleben sagen?

3. Mensch und Beruf – ein Überblick

Haben Sie schon einmal einen größeren französischen Supermarché besucht? Es gibt fast alles, aber Sie finden nichts. Ähnlich mag es Ungeübten ergehen, wenn sie sich im Berufsleben zu orientieren versuchen. Welche Betrachtungen sind für eine geklärte Professionalität von Belang? Augenfällig sind Fachkenntnisse aller Art. Aber wie viele Professionelle (z. B. Lehrer) scheitern an fehlenden Fachkenntnissen? In einer breit angelegten Studie zu Coaching-Weiterbildung scheinen Inhalte nur zu ungefähr zehn Prozent deren Qualität auszumachen. Schwerer beschreibbare sonstige Kulturkomponenten solcher Weiterbildungen sind viel entscheidender. Für Professionalität sind die Komponenten, die traditionell als hintergründig angesehen werden, so entscheidend wie Ober- und Untertöne für Musik. Sie bestimmen den unverwechselbaren Sound, der charakteristisch bleibt, auch wenn Melodien wechseln. Wie in der Einleitung beschrieben, sind die zu einer geläuterten Professionalität gehörenden Hintergründe vielschichtig und vielfältig. Sich mit ihnen auseinanderzusetzen ist ein lebenslanger Prozess und letztlich viel spannender als Inhalte.

Wir werden jetzt einen kleinen Überblick geben, aus welchen unterschiedlichen Wirklichkeitsbereichen (Denk-)Angebote in diesem Buch zu finden sind.

3.1 Menschen im Beruf

Es geht um den Menschen, der im Beruf nicht nur einen Job oder eine Einnahmequelle sieht, sondern der sich in einem Berufsleben mit seiner professionellen Persönlichkeit, mit seinen Talenten und seiner Wertorientierung verwirklichen möchte.

Es geht um den Menschen, der sich im professionellen Selbstverständnis selbst erfahren, sich in seinem gesellschaftlichen Engagement selbst verwirklichen will. Es geht also um den Menschen, der die Gestaltung seines Berufslebens als wesentlichen Bestandteil seiner Lebensgestaltung begreift.

3.2 Menschen in Organisationen

Es geht um den Menschen in Organisationsfunktionen, da Berufstätigkeit in der Regel mit Zugehörigkeiten zu und Funktionen in Organisationen verbunden ist. Die dort vorgefundene Organisationskultur berührt unmittelbar die Lebenskultur der darin wirkenden Menschen. Professionelle Persönlichkeitsentwicklung und Organisationskulturentwicklung stehen daher in einem engen Zusammenhang. Im Funktionsträger treffen Professionskultur und Organisationskultur aufeinander. Sie können sich im kritischen Dialog bereichern oder zu schwer erträglichen Konflikten führen. Beide können als eigene Dimensionen beschrieben werden: die Charakteristika des Berufsfeldes wie die Eigenschaften einer Organisation in ihren Umwelten.

3.3 Professionelle Persönlichkeitsentwicklung

Zur Funktion kommt die Individualität des Menschen hinzu. Sie kann auch unabhängig von Beruf und Organisation beschrieben werden, da sie sich auch in anderen Bereichen in ihrer Unverwechselbarkeit zeigt. In jedem Fall betrachten wir Persönlichkeit immer im Zusammenhang mit konkreten Welten und Lebensvollzügen darin. Daher kann professionelle Persönlichkeitsentwicklung tiefer gehend nicht losgelöst von der Entwicklung der Professionen selbst, den professionellen Gemeinschaften und der Organisationen verstanden werden. Wer also den Menschen und seine Entwicklung im Beruf und in der Organisation verstehen will, muss sich um ein Verständnis von Professions- und Organisationswelten bemühen.

3.4 Kernfragen der Ökonomie

Die Professionen und die sie vertretenden Gemeinschaften wiederum können kaum ohne die Entwicklung der Märkte für Arbeits- und Dienstleistungen verstanden werden. Und diese sind wiederum mit anderen wirtschaftlichen und gesellschaftlichen Entwicklungen auf schwer durchschaubare Weise vernetzt.

Es muss also heute in der persönlichen und beruflichen Selbstverwirklichung eine Komplexität berücksichtigt werden, die privat unmittelbar einfühlbare Perspektiven überfordert. Wer mithalten will, muss lernen, irgendwie damit umzugehen. Mangelnde Kompetenz im Umgang mit dieser Komplexität führt zu Misserfolgen, die wiederum die professionelle Entwicklung, die Lebensgestaltung und das Lebensgefühl erheblich beeinträchtigen.

Wer sich als Spielball der Entwicklungen blind und ohnmächtig fühlt, reagiert auf Dauer mit seelischen und sonstigen gesundheitlichen Belastungen. Fachleute beobachten eine dramatische Zunahme depressiver Erscheinungsbilder. Man kann sich leicht vorstellen, dass dies auch mit den erschwerten Anforderungen an berufliche Lebensgestaltung zu tun hat.

3.5 Integrierende Perspektiven

Es geht damit auch um das Leben auf privaten und sonstigen gesellschaftlichen Bühnen. Entsteht Entwicklungsbedarf, stellt sich auch die Frage, welche Verfahren (z. B. Psychotherapie) oder multidisziplinäre Ansätze eher geeignet sind, Menschen bei ihrer Lebensgestaltung und ihrer persönlichen und beruflichen Selbstverwirklichung in einem derartig komplexen Bedingungsgeflecht zu unterstützen.

Zwar lassen sich berufsbedingte psychische Störungen treffend in psychotherapeutischen Dimensionen beschreiben, jedoch ist Psychotherapie gesellschaftlich gesehen keine Lösung. Davon haben uns viele Jahre als Praktiker und Lehrer auf dem Gebiet der Psychotherapie überzeugt. Durch die Einseitigkeit der Ansätze dort, bei gleichzeitigem Anspruch auf umfassende Erklärung menschlicher Schicksale, sind Wirksamkeit und Anschlussfähigkeit der Psychotherapie begrenzt. Trotz einiger weiterführender Ansätze wird meist versucht, die individuelle Lebensgestaltung der Menschen auch im beruflichen und gesellschaftlichen Bereich aus der privaten Lebensentwicklung heraus zu verstehen und zu verändern. Die konkreten beruflichen und gesellschaftlichen Lebenswelten müssten in der Psychotherapie wesentlich mehr und besser berücksichtigt werden. Dies ist ohne eine umfassende Veränderung der Perspektiven, der Konzepte und Methoden der Psychotherapie kaum möglich.

Wahrscheinlich funktioniert es umgekehrt: Eine gelungene multidisziplinäre Auseinandersetzung mit der Berufs- und Organisationswelt stellt den entscheidenden Beitrag auch zur Gesundheit des Einzelnen und der Gesellschaft dar. Für das Berufsleben und ein kompetentes Ausfüllen von Organisationsfunktionen sind psychotherapeutische Betrachtungen nur eine und oft nicht die entscheidende Perspektive. Dort, wo diese hilfreich sind, sind sie willkommen, sollten aber in Konzepten und Methoden kompetent mit den vielen anderen Perspektiven der Berufs- und Organisationswelt integriert werden.

Warum unterscheiden wir zwischen Menschen im Beruf und Menschen in Organisationen?

Menschen mit beruflichen Kompetenzen können in bestimmten Organisationen dennoch wenig erfolgreich sein beziehungsweise wenig Zufriedenheit erfahren. Dies kann damit zu tun haben, dass sie die Welt dieser Organisation nicht hinreichend verstehen oder nicht zu ihr passen. Umgekehrt gibt es Menschen, die in bestimmten Funktionen und Organisationen groß geworden sind, die jedoch kein eigenes professionelles Selbstverständnis entwickelt und sich in keiner professionellen Gemeinschaft beheimatet haben. Sie wissen dann oft nicht, wer sie beruflich sind, und geraten völlig aus dem Lot, wenn sie sich plötzlich auf dem Arbeitsmarkt neu orientieren müssen. Daher unterscheiden wir den beruflichen Lebensweg einerseits und bestimmte Funktionen in bzw. die Zugehörigkeit zu Organisationen andererseits. Die Perspektiven zu unterscheiden, schafft die Voraussetzung für getrennte Betrachtungen und für Fragen der Passung der Entwicklungen in beiden Sphären.

3.6 Passung

Viele Menschen geraten in berufliche Tätigkeiten und Organisationsfunktionen, die sie nicht befriedigen und ausfüllen können. Das ist gar nicht so selten, wird jedoch oft eher unterschwellig empfunden. Sich dies einzugestehen, ist häufig mit Scham behaftet und wird leicht ausgeblendet, zum Beispiel wenn es nicht zum gewünschten Selbstbild passt. Unzureichende Passung wird dann als diffuses Unbehagen erlebt. Manchmal schwelt im Hintergrund stumme Verzweifelung (Berne 1964, Schmid 1989). Wenn man damit zu tun hat, ist es nicht einfach, angemessen zu beschreiben, wo die Diskrepanzen liegen und was zu tun wäre, um Abhilfe zu schaffen. Dazu bedarf es feinsinniger Gespräche.

Kompetenz und Bereitschaft zu gemeinsamen Klärungen solcher Fragen sind in professionellen Gemeinschaften und Organisationen meist nicht sonderlich ausgeprägt. Daher leben die Menschen und die Organisationen oft viele Jahre mit Minderleistungen und persönlichen Belastungen. Diese könnten durchaus vermieden werden, wenn die differenzierte Klärung solcher Passungs-Fragen selbstverständlicher Bestandteil professioneller Kompetenz und Organisationskultur wäre. Hierzu bedarf es, neben Gesprächstechniken, eines differenzierten Verständnisses von Persönlichkeit bezogen auf Berufslebenswege und Organisationsfunktionen. Diese sind heute in komplexer gewordene Welten eingebettet und können immer weniger losgelöst von einer umfassenderen gesellschaftlichen Umwelt verstanden werden. Daher geht es um den Menschen als Mittelpunkt einer persönlichen Biografie und gleichzeitig als Mitglied einer sich zunehmend globalisierenden Gesellschaft.

3.7 Umgang mit Überkomplexität

Stehen wir also wie David vor dem Goliath der Überkomplexität, mit der wir irgendwie zurechtkommen müssen? Antworten finden wir meist nicht mehr dadurch, dass wir uns auf einige Beschreibungen und Steuerungsebenen konzentrieren und die eigene Kompetenz dort perfektionieren. Dies käme einem Versuch der illusionären Beherrschung der Aufgabenstellungen gleich. Hingegen ist *Der flexible Mensch* (Sennett 1998; orig.: *The Corrosion of Character*) heute der Mensch, der lebenslang an möglichst kompetenten Varianten der prinzipiellen Unwissenheit arbeitet.

Es geht also um Selbstverständnisse und Kompetenzen an den Knotenpunkten zwischen Persönlichkeitskultur, Professionskultur, Organisationskultur und der Kultur des Wirtschaftens unserer Gesellschaft.

3.8 Unternehmen und Organisationen

Die starke Betonung des Menschen könnte den Eindruck erwecken, dass hier von einem Gegensatz zwischen der Wohlfahrt des Menschen und den Bedürfnissen von Organisationen ausgegangen wird. Dies ist aber natürlich nicht notwendig der Fall. Im Gegenteil sind wir davon überzeugt, dass es keine nachhaltige Entwicklung für die einzelnen Menschen gibt, wenn sich die Gesellschaft nicht in dafür geeigneter Weise entwickelt. Auch wird hier kein Gegensatz zwischen Wirtschaft und Gesellschaft proklamiert, sondern wir folgen dem Verständnis von Luhmann (1988), nach dem Wirtschaft und Gesellschaft nicht zwei verschiedene Bereiche sind, sondern Wirtschaften eine wichtige Dimension von Gesellschaft und der Lebensvollzüge darin ist. Von daher ist Wirtschaftskultur ein Bestandteil von Gesellschaftskultur. Gesellschaftskultur ohne oder gar gegen Wirtschaftkultur entwickeln zu wollen, wäre genauso, als wenn man die Lebenskultur einer Familie ohne den Umgang mit Zeit, Geld, dem Können, dem Engagement ihrer Mitglieder – also der Ökonomie der Familie – bestimmen wollte.

3.9 Kulturentwicklung in Organisationen

Darüber hinaus sind wir überzeugt davon, dass größere soziale Systeme, also auch Unternehmen und Organisationen, ohne eine geeignete Kultur überhaupt nicht steuerbar sind (Schmid/Meyer 2010). Sie sind so komplex, dass der Versuch, alle Prozesse technisch kontrollierbar und lenkbar zu machen, die verfügbare Steuerungskompetenz und -kapazität um Dimension überschreiten würde. Größere soziale Systeme sind nur dadurch steuerbar, dass die handelnden Menschen verstehen, worauf es ankommt, wie Leistungen zu erbringen sind, wie man dabei mit sich und anderen umgehen soll, was zum Stil dieses Unternehmens gehört und was nicht. Dies klingt vielleicht wie ein Anspruch, ist aber eine Tatsache – auch wenn sie oft ausgeblendet wird.

Menschen gestalten Unternehmensprozesse – im Guten wie im Schlechten – mehr oder weniger bewusst in Selbststeuerung. Sie tun dies aus ihrem mehr oder weniger gepflegten Kulturverständnis heraus. Daher sehen wir in der Organisationskulturentwicklung eine entscheidende Dimension der Organisationsentwicklung. Erfahrungsgemäß sind Organisations- und Personalentwicklungsmaßnahmen nur dann hilfreich, wenn sie explizit oder implizit nachhaltig positive Wirkungen auf die Organisationskultur und über diese auf die Selbststeuerung der Menschen haben.

3.10 Die systemische Perspektive

Der Begriff »systemisch« markiert ein Wirklichkeitsverständnis und eine Haltung, aus der heraus Fragen gestellt und beantwortet werden. (Die vielfältigen Dimensionen des Begriffs »systemisch« sind an anderer Stelle abgehandelt, z. B. einführend von Klein/Kannicht 2007, Schmidt 2004.)

Hierzu gehören Grundannahmen, wie die grundsätzliche Überkomplexität und Unergründlichkeit beziehungsweise die letztendliche Unberechenbarkeit lebendiger Prozesse. Hierzu gehört die Metaperspektive, aus der Wirklichkeit nicht objektiv existiert, sondern diejenige des Betrachters ist und somit eine mehr oder weniger gemeinsam gestaltete Wirklichkeit der beteiligten Systeme darstellt. Auch wenn Fakten im Spiel sind, sind doch die Bedeutungsgebungen für die Selbststeuerung entscheidend. Daher sind Wirklichkeit und Wirksamkeit ohne die Lebenskultur der beteiligten Systeme nicht zu verstehen.

Systemische Betrachtungen machen immer wieder Klärungen notwendig, welche Aspekte der möglichen Wirklichkeiten wie einbezogen werden sollen, damit für die beteiligten Systeme sinnvolle Wirkungen entfaltet werden können. Man spricht von Rekursivität und Kybernetik verschiedener Ordnungen. Dies ist nicht ohne eine gewisse geistige Disziplin möglich. Dennoch darf das Gefühl für Konkretes und Lebendiges nicht verloren gehen.

Nicht zuletzt steht »systemisch« für Haltungen, die dem Leben und dem professionellen Handeln zugrunde gelegt werden, wie etwa Lösungsorientierung, Ressourcenorientierung, Offenheit gegenüber Unerwartetem und Würdigung der Vielfalt des Lebendigen. Daraus erwachsen schöpferische Gestaltungslust, Verantwortungsbereitschaft und beherztes Handeln gepaart mit professioneller Demut und Würdigung alles Lebendigen.

3.11 Persönliche Orientierung

Wie gerade beschrieben, geht es uns in diesem Buch vor allem um unser Selbstverständnis und unsere Kompetenzen an den Knotenpunkten zwischen Persönlichkeitskultur, Professionskultur, Organisationskultur und der Kultur des Wirtschaftens in unserer Gesellschaft. Dabei ist es uns ein Anliegen, die Zusammenhänge in ihrer Komplexität zu beschreiben.

Sie haben erfolgreich unseren Überblick durchstreift und wollen vielleicht nicht nur nebenbei, sondern ausdrücklich die aufgeworfenen Fragen auf sich selbst anwenden.

Daher möchten wir Sie einladen, mithilfe unserer Fragen herauszufinden, wo Sie sich selbst positionieren und welche der im Folgenden abgehandelten Dimensionen Sie im Augenblick mehr oder weniger beschäftigen und Fragen von Veränderungen aufwerfen könnten. Vielleicht gelangen Sie dadurch auch zu einem erweiterten Verständnis der Gesamtzusammenhänge.

Orientierungsfragen 1: Mein Traumberuf

Nehmen Sie sich ein wenig Zeit, machen Sie es sich bequem und lassen Sie sich von Ihren Wunschträumen leiten: Wie sehen für Sie traumhafte Bedingungen für Ihr Berufsleben aus?

- Welchen Beruf würden Sie ausüben?
- Welche Ihrer Talente könnten Sie dort verwirklichen?
- Entspräche dieser Beruf Ihrer Werteorientierung?
- Welchen Beitrag würde Ihre Arbeit für die Gemeinschaft leisten?

- Wie würde Ihr so gedachter Traumberuf in Ihre Lebensgestaltung eingebunden sein?
- Wie sähen äußere Bedingungen aus (Nähe zum Wohnort, Größe des Unternehmens, Arbeitszeit, Kinderbetreuung, Sicherheiten, Gehalt ...) und wie wichtig wären diese Bedingungen für Sie und Ihren Traum?
- Wie würde er zu Ihrem Lebensentwurf und der Art, Ihr Leben zu inszenieren, passen?
- Wie würden Sie Ihre Leistungen erbringen?
- Hätten Sie Kollegen, Vorgesetzte und wie würden Sie miteinander umgehen?
- Mit wem sonst hätten Sie zu tun, würden gemeinsam Zeit verbringen, gemeinsam in Erscheinung treten?
- Wie würden Sie die Kultur Ihres Unternehmens empfinden und wie beschreiben?
- Wie und wodurch könnten Sie sich mit dem Unternehmen, seinem Stil und seiner Kultur identifizieren?
- Wodurch würden Sie in die Lage versetzt, der Vielfalt der sich ändernden Anforderungen der Arbeitswelt gerecht zu werden?
- Woher und auf welche Weise bekämen Sie Unterstützung, wenn Sie die eine oder andere Frage Ihrer beruflichen Lebensgestaltung klären möchten?
- Wie würden Sie den optimalen ökonomischen Wert Ihrer Arbeit bemessen (Ressourcen, Energie, gesellschaftlichen Nutzen ...)?

Orientierungsfragen 2: Die berufliche Wirklichkeit

Wenn Sie auf diese Weise Ihre beruflichen Traumbedingungen beschrieben haben, vergleichen Sie diese mit Ihrem beruflichen Ist-Zustand. Überlegen Sie nun, welchen der verschiedenen Regler Sie verstellen müssten und wohin, um sich Ihren Wunschbedingungen annähern zu können.

- Persönlichkeitskultur
- Professionskultur

- Organisationskultur und
- Kultur des Wirtschaftens

Achten Sie dabei auch darauf, ob nicht die Verstellung des einen Reglers automatisch auch andere verstellen würde.

Über die Feinabstufungen innerhalb der einzelnen Regler bzw. Dimensionen und deren Zusammenhänge untereinander werden die weiteren Kapitel informieren. Wo es möglich ist, werden wir Ihnen dort weitere Fragen zur eigenen inneren (Probe-) Abstimmung mitgeben.

4. Mensch und Professionalität

4.1 Der Beruf als Unternehmen

Hatte man früher hierzulande einen Beruf erlernt, so konnte man diesen, wenn es gut ging, bis zum Ruhestand auf seine bewährte Art ausüben. Heute jedoch müssen sich die Menschen auf ein viel flexibleres Berufsleben einstellen als noch vor einigen Jahrzehnten.

Ständig gehen Berufe und Tätigkeitsbilder unter, auf der anderen Seite entstehen neue Berufe bzw. Funktionen in Organisationen, die mit klassischen Berufsbezeichnungen kaum noch erklärt werden können. Auch das Studium einer bestimmten Fachrichtung gibt heute meist wenig Auskunft darüber, als was man sich danach beruflich verstehen und womit man sein Geld verdienen kann. Hier geben meist erst tätigkeitsbezogene Erfahrungen und Fortbildungen ein deutlicheres Verständnis davon, welche Qualifikationen man mitbringt und wie die Position auf dem Arbeitsmarkt eingestuft werden.

Wer auf eine langfristige Zugehörigkeit zu einem Unternehmen oder einer sonstigen Organisation setzt, ist derzeit schlecht beraten. Und es ist fraglich, ob man mit der alleinigen Verantwortung des arbeitgebenden Unternehmens, für eine nachhaltige berufliche Entwicklung seiner Mitarbeiter gesorgt hat. Selbst wenn sich bei einzelnen Arbeitgebern entsprechende Haltungen zeigen, muss man zumindest bei kapitalmarktgesteuerten Unternehmen zweifeln, ob solche Haltungen zur Geltung kommen und ob die Partner solcher Verabredungen überhaupt noch im Amt sind, wenn es darauf ankommt.

Deshalb sollte man in jedem Fall selbst dafür sorgen, dass man eine berufliche Identität unabhängig von aktuellen Beschäftigungsverhältnissen entwickelt, durch angemessene Qualifikationen die eigene Arbeitsmarkttauglichkeit herstellt und durch Anpassungen auf dem Laufenden hält. Zudem nehmen die Zugehörigkeiten zu Organisationen immer öfter Eigenschaften freiberuflicher Beziehungsverhältnisse an, auch wenn man sich in »fester Stellung« wähnt.

Von daher wird die Beruf-Lebens-Gestaltung zunehmend zu einer unternehmerischen Aufgabe: Ich bin der Chef in meinem Unternehmen Beruf und als solcher auch verantwortlich für den florierenden Betrieb, für nachhaltige Entwicklung und meine Zufriedenheit sowie die »Bodenpflege« meines Berufs- und Tätigkeitsfeldes. Wie soll das gehen?

4.2 Neue Professionen

Professionen zeichnen sich dadurch aus, dass sie auf zentrale existenzielle Bezüge des Menschen ausgerichtet sind. Dies wird insbesondere deutlich an althergebrachten Professionen, denen die klassischen Universitätsfakultäten zugeordnet sind.

- Priester, Seelsorger: Beziehung zu Gott (Theologische Fakultät),
- Arzt: Beziehung zu sich selbst mit Leib und Seele (Medizinische Fakultät),
- Jurist: Beziehung zu anderen Menschen (Juristische Fakultät),
- Lehrer: Beziehung zur Kultur (Philosophische Fakultät).

Diese Professionen verfügen jeweils über ein Wissenssystem, das einen zentralen Aspekt des menschlichen Lebens in der Gesellschaft betrifft und eine hohe Allgemeingültigkeit beansprucht. (vgl. Schmidt-Lellek 2007)

Nun gibt es immer wieder Bemühungen, neue Professionsbildungen aktiv zu betreiben. Dabei geht es um gesellschaftliche und kulturelle Anliegen, aber auch um neue Berufs- und Erwerbsmöglichkeiten der Akteure. Einer der neuen existenziellen Bezüge, um die sich vielfältige Professionalisierungsbemühungen ranken, könnte so umschrieben werden: Mensch und Beruf, Mensch und Organisation sowie Mensch und Wirtschaft.

Derzeit scheint es für diese integrierenden Perspektiven noch keine eigenen akademischen Disziplinen zu geben. Deshalb müssen wir von einem interdisziplinären Ansatz ausgehen. Klassische Disziplineinteilungen eignen sich unseres Erachtens auch gar nicht, einen Vorrang auf diesem Gebiet zu erlangen.

Offen ist, wie viele und welche der vielfältigen neuen Tätigkeitsbilder und Bezeichnungen wie z. B. Coach, systemische Berater, Change Manager oder Teamentwickler in den Rang einer Profession erhoben werden und welche anderen eher als Unterformen oder spezielle Varianten betrachtet werden sollen. Hierum befinden sich Dutzende von Hochschulfakultäten sowie Berufs- und Fachverbände in einem intensiven Wettstreit.

Gleichzeitig befinden sich die klassischen Professionen selbst in einer Krise, da die bisher Sicherheit bietenden Professionsstrukturen sich verändern oder auflösen (vgl. Beck 1986).

Fraglich ist auch, inwieweit die genannten Professionsbezeichnungen wie z. B. Coach usw. sich überhaupt als Leitbegriffe eignen, um die genannten existenziellen Bezüge zu repräsentieren. Uns scheint es, dass der Bezug Mensch – Beruf besser durch eine Bezeichnung wie *systemische Professionalität* repräsentiert wäre.

»Die systemische Perspektive lädt dazu ein, sich in einem übergeordneten Verständnis von Professionalität zu verankern. Inhaltskonzepte, Methoden, Rollen und berufliche Szenarien können als beispielhafte Konkretisierungen von Prinzipien der Professionalität begriffen werden. Wirklichkeit und Beziehungen, professionelles Handeln und Sinnbezüge können so situativ, spezifisch und mit aktueller Lebendigkeit für jede Situation neu entworfen werden.« (Schmid 2003, 13)

Identitäten und Tätigkeitsbilder wie Coach, Teamentwickler, systemischer Berater, Change Manager könnten dann als zeit- und kontextgebundene Varianten systemischer Professionalität verstanden werden.

Der Nachteil einer solchen Bezeichnung wie *systemische Professionalität* ist, dass sie eher abstrakt wirkt. Wenn Menschen gegenwärtig eine professionelle Identität ausweisen und ihre Produkte anbieten wollen, fällt es nach wie vor leichter, wenn sie auf die damit verbundenen beruflichen Tätigkeiten – wie zum Beispiel Coaching – hinweisen. Auch Weiterbildungseinrichtungen müssen sich an diese Marktgewohnheit anschließen und dafür geeignete Zertifikate vergeben. Am Institut für systemische Beratung (ISB) in Wiesloch behelfen wir uns mit Titeln wie *systemischer Berater in Organisation* oder *systemischer Coach in Organisationen*. Titel dieser Art befriedigen das Bedürfnis, eine erkennbare Berufs- und Tätigkeitsbezeichnung vorweisen zu können. Sie verweisen gleichzeitig auf die übergeordnete Perspektive, für die der Begriff *systemische Professionalität* steht.

4.3 Professionalisieren

Im allgemeinen Verständnis meint Professionalität das Zuhause-Sein in einer Profession. Etwas professionell zu tun heißt von daher, es aus einem Berufsverständnis und einer beruflichen Identität heraus zu tun.

Das Wort »professionell« wird allerdings auch oft verwendet, wenn zum Ausdruck gebracht werden soll, dass jemand eine Sache kompetent macht. Streng genommen wäre hier das Wort »qualifiziert« besser. Ein Familienangehöriger kann als Pfleger qualifiziert tätig sein, ohne professionell zu sein. Er kann dann mit Zeit, Engagement, körperlicher Belastung etc. besser umgehen als jemand, der langjährig als Pfleger arbeitet und seinen Lebensunterhalt damit bestreiten muss.

Oft wird auch berufliche Qualifizierung und Professionalisierung synonym verwendet. Doch wäre auch hier zu differenzieren. Wenn im Vordergrund einer Fortbildung steht, weitere Fertigkeiten und Kenntnisse zu erwerben, um den

Beruf kompetenter auszuüben, müsste man unserer Unterscheidung folgend von Qualifizierung sprechen und nicht von Professionalisierung.

Von Professionalisierung sprechen wir, wenn im Zentrum einer Weiterbildung das Verstehen eines Berufsbildes und der Erwerb einer beruflichen Identität stehen oder wenn jemand dabei sein bestehendes Berufsbild weiterentwickelt und seine professionelle Identität an die Entwicklungen der Umwelt und der eigenen Persönlichkeit anpasst. Hierbei werden zwar auch neue Kenntnisse und Kompetenzen erworben, doch steht dieser Neuerwerb nicht unbedingt im Vordergrund.

Je erfahrener und kompetenter Teilnehmer von Professionalisierungen sind, umso mehr gilt es, vorhandene Kompetenzen in verfügbaren Berufsbildern zu identifizieren, sie zu transformieren und in neue Berufsbilder zu integrieren. Dies ist z. B. der Fall, wenn eine erfahrene Führungskraft ein Coaching-Curriculum absolviert. Sie muss dabei verstehen lernen, was professionelle Identität als Coach mit den dazugehörigen Rollenverständnissen und Beziehungsvorstellungen bedeutet. Sie muss einige für den Beruf des Coaches zusätzlich nötigen Konzepte, Vorgehensweisen und Verhaltensweisen erlernen. Bedeutsamer ist aber oft, das Repertoire der längst in anderen Berufsverständnissen gewachsenen Kompetenzen unter der Flagge Coaching neu zu konfigurieren. Dazu gehören z. B. das Zur-Verfügung-Stellen von Erfahrungen oder die Konfrontation mit Anforderungen, ohne für deren Übernahme durch den Klienten oder die Erreichung bestimmter Ziele des Gegenübers Verantwortung zu übernehmen.

Natürlich sind die Übergänge zwischen Qualifizieren und Professionalisieren fließend. Es macht jedoch schon einen Unterschied, ob jemand für eine bestimmte Tätigkeit qualifiziert oder umfassender professionalisiert wurde. Im ersten Fall kommt jemand aus einer Weiterbildung heraus, der sich jetzt Coach nennt und damit bestimmte Rollenvorstellungen, einem bestimmten Repertoire an Konzepten und Methoden und mit festen Vorstellungen von Settings, in denen ein Coach arbeitet, verbindet. Im zweiten Fall kommt jemand heraus, der sich im Bereich Coaching professionalisiert hat und jetzt mit alten und neuen Kompetenzen zwar auch als Coach tätig sein kann, doch mit Coaching eine umfassende Perspektive und Kompetenz in Bezug auf Menschen im Beruf und Menschen in Organisationen verbindet (DBVC 2007, 2008; Schmid/Messmer 2005, Kap. 11). Letzterer kann dann z. B. auch als Coach-Pool-Manager tätig werden oder die Coaching-Perspektiven in allen Unternehmensprozessen vertreten, ohne auf das klassische Repertoire eines Beraters zugreifen zu müssen, um sich als Coach zu fühlen. Eine solche professionelle Identität ist universeller und nicht an bestimmte Konkretisierungsformen gebunden.

4.4 Systemische Professionalität

Von *systemischer Professionalität* sprechen wir, wenn bei einer Professionalisierung nicht nur ein konventionelles Berufsbild mit einem bestimmten Repertoire an Konzepten und Methoden erworben wird, sondern auch die damit verbundenen Prozesse bewusst durchlebt und parallel dazu von einem Meta-Standpunkt aus verstanden werden. Bei diesem umfassenden Lernvorgang werden dann vielfältige Kompetenzen erworben, mit denen man sich selbst und andere Menschen in Professionalisierungsprozessen unterstützen kann.

Es ist damit zu rechnen, dass immer mehr Menschen im Laufe ihres Berufslebens mehrere professionelle Neuorientierungen durchlaufen müssen. Daher wäre es wünschenswert, wenn die Lernprozesse bei ersten Professionalisierungen so gestaltet werden, dass sie möglichst umfassend und kreativ auf künftige übertragen werden könnten. Zusätzlich müssen immer mehr Professionelle andere Menschen bei professionellen Neuorientierungen unterstützen beziehungsweise in Organisationen entsprechende Prozesse mitgestalten. Daher ist der Erwerb von Professionalisierungskompetenzen über das Erlernen eines bestimmten Berufes hinaus ein wichtiger Zusatznutzen, manchmal sogar der entscheidende Lerngewinn.

Es genügt eben heutzutage nicht mehr, dass beispielsweise ein Bäcker es versteht, nur Brezeln zu backen. Er muss auch bedenken, wer seine Kunden sind und wie und womit neue dazu gewinnen kann und was ihre Bedürfnisse sind. Seine hervorragend schmeckenden, knusprigen Brötchen und Brezeln sowie seine leckeren Sahnetorten nützen ihm nichts, wenn sich sein Geschäft gegenüber einer großen Seniorenanlage befindet. Hier wären für Gebissträger und Diabetiker geeignete, weiche Backwaren wahrscheinlich eher ein Gewinn als wenn sich das Geschäft gegenüber einem großen Schulzentrum befände. Unser professioneller Bäcker würde wahrscheinlich ebenfalls den Markt beobachten, sich evtl. mit anderen zusammenschließen und mit seinen bissgerechten Backwaren außerdem Krankenhäuser beliefern. Dafür muss er Kontakte herstellen und überzeugen können. Er muss berechnen, ob sich der neue Aufwand personell und finanziell lohnt. Vielleicht braucht er eine gewisse Kreativität, um durch Originalität aufzufallen. Er muss spüren, was andere wünschen usw. Und vielleicht wird ihn die Bäckerinnung aufgrund seiner vielfältigen Erfahrungen und Fähigkeiten zum Aus- oder Fortbilder weniger erfolgreicher Bäcker machen.

Professionalisierung bedeutet aus systemischer Sicht also mehr als nur Kompetenzerwerb in der Ausübung eines bestimmten Berufs. Systemische Professionalisierung umfasst alle Lernprozesse, die Menschen in die Lage versetzen, ihre fachlichen und persönlichen Kompetenzen zu immer wieder neuen beruflichen Identitäten und neuen Varianten beruflicher Praxis zusammenzufügen und damit immer wieder neu im Unternehmen oder auf den Arbeitsmärkten erfolgreich zu sein.

Systemische Professionalisierung beinhaltet die Bereitschaft und Kompetenz, sich selbst und andere in die Lage zu versetzen, sich beruflich immer wieder neu zu finden. Hierzu gehören Klärungen vielfältiger Fragen, von denen wir wieder einige zum Reflektieren Ihres eigenen Unternehmens Beruf anbieten:

- Welches sind derzeit meine Hauptprodukte (Dienstleistungen, Rollen, Tätigkeiten)?
- Welches sind derzeit meine Hauptkunden (Abnehmer, Auftraggeber)?
- Auf welchen Märkten will ich präsent sein (wo womit sichtbar werden)?
- Wer sind meine wichtigsten Fachkollegen und Kooperationspartner?
- Welchen professionellen Gemeinschaften (und dort welchen Gruppierungen) fühle ich mich zugehörig (Welche gestalte ich mit)?
- Wo finde ich für die Weiterentwicklung meiner persönlichen Professionalität, für die Pflege der eigenen professionellen Produkte und für deren Vermarktung einen angemessenen Rahmen?
- Welches sind die Lebensthemen, die mich derzeit am meisten bewegen?
- Mit welchen Themen und welchen Botschaften an die Welt bin ich derzeit unterwegs?
- Wie dient meine professionelle Entwicklung einer zu meiner Persönlichkeit passenden Selbstverwirklichung?
- Wie lassen sich Lebenswege und Engagement auf den verschiedenen Lebensbühnen koordinieren und integrieren?

Vielleicht erfordern diese Fragen etwas Übersetzungsarbeit, weil beispielsweise Lehrer ihre Schüler nicht unbedingt als Kunden und ihren Unterricht nicht als Produkte verstehen. Wir haben bewusst eine unternehmerische Sprache gewählt, da sie unternehmerisches Denken und unternehmerische Verantwortung für unser Berufsleben nahe legt. Außerdem haben wir Fragen der eigenen Lebensphilosophie formuliert. Beide Bereiche gehören eben zusammen. Denn systemische Professionalität bedeutet auch, diese Zusammenhänge zu gestalten.

4.5 Beruf als Lebensform

Die Zeiten, in denen ein Beruf ein sowohl qualitativ als auch quantitativ gut abgegrenzter Lebensbereich bleiben konnte, sind für die meisten Professionellen vorbei. Man mag die erhöhten Anforderungen und die oft damit einhergehende Leistungsverdichtung beklagen, doch müssen Professionelle auf absehbare Zeit lernen, damit umzugehen, und ein möglichst abgeklärtes und verantwortetes Verhältnis dazu finden.

4.5.1 Gestiegene Anforderungen

In den meisten Märkten ist ein Angebotsüberschuss zu verzeichnen. Daher ist es kaum möglich, sich dort ohne ein enormes Engagement zu bewähren. Andererseits erwarten auch Unternehmen von ihren außertariflichen Mitarbeitern volles Engagement. Hier sind 60 bis 70 Stunden Arbeitszeit pro Woche keine Seltenheit. Hinzu kommen die gestiegenen Belastungen durch gesteigerte Dynamik, Tätigkeitsmenge und Tätigkeitsvielfalt sowie das vermehrte Mitwirken in Teams und Prozessen und den hier wechselnden Rollen als dies früher der Fall war. Oft müssen noch Anforderungen an Mobilität, internationale Reisetätigkeit, Sprachkompetenzen und interkulturelle Kooperation hinzugerechnet werden.

4.5.2 Einstieg ins Berufsleben

Gleichzeitig müssen sich junge Menschen schon sehr viel früher als noch vor wenigen Jahrzehnten mit ihrem künftigen professionellen Profil und ihrem Erfolg in der Wirtschaft und auf dem Arbeitsmarkt auseinandersetzen. Hierfür leisten Schule und Hochschule bislang wenig Hilfestellung. Dies hat neben den reformbedürftigen Strukturen und Kulturen wohl auch damit zu tun, dass die Handelnden in diesen Institutionen selbst oft nicht gelernt haben, sich diesen Thematiken zu stellen.

Aus vielen Gründen scheinen die Entscheidungsnöte bezüglich der richtigen Studien- und Berufswahl bei jungen Menschen sehr viel größer geworden zu sein. Das Damoklesschwert, zum Heer der Nutzlosen in unserer Gesellschaft zu gehören, bereitet untergründig Angst und Unruhe. Wer sich hier Zeit lassen will für eine Berufung, für ein interessantes Studium, für Lehrer, denen man sich anvertrauen will und für alle anderen Lebensinteressen, bekommt Druck. Andere absolvieren währenddessen zielstrebig praxis- und abschlussorientierte Studiengänge, machen Praktika, erwerben Zusatzqualifikationen und vertiefen Sprach- und Kulturkenntnisse bei Auslandsaufenthalten. Wo bleibt da der Raum, um mit guten Gefühlen tastende Schritte ins Leben zu machen und sich dabei womöglich noch ohne unmittelbare Verwertungsinteressen gemeinnützig oder kulturell zu engagieren?

4.5.3 Orientierungshilfen

Unternehmen legen zwar mittlerweile durchaus Wert auf ein Engagement außerhalb von Schule und Studium und auf eine gewisse Breite der Persönlichkeitsbildung, möchten aber gleichzeitig möglichst junge, vielfältig erfahrene, einsatzbereite und zielstrebige Mitarbeiter einstellen. Hier muss man auf neue Positionierungen der Zuständigen hoffen, dass die Last solcher Balanceakte nicht ganz auf die jungen Menschen verschoben wird.

Wünschenswert wäre auch, dass die dafür zuständigen Institutionen lernen, angemessene Bildung anzubieten, die sowohl die betroffenen Menschen, wie auch die organisationsintern Zuständigen für all diese Herausforderungen frühzeitig kompetent macht. Der Versuch, jungen Menschen in Konkurrenz zu ihren Mitlernenden immer größere Mengen an Wissen einzutrichtern, anstatt ihnen Kooperation, kollegiales Lernen und Urteilsfähigkeit für die wesentlichen Dinge sowie Lebenskunst beizubringen, führt zu Überlastungen und in Sackgassen. Fortschritte in Lernkultur und Didaktik könnten helfen, unnötige Belastungen junger Menschen wegen Orientierungslosigkeit und Beurteilungsnotstände zu minimieren. Viele Gleichgewichtsstörungen und Krisen der mittleren Lebensjahre haben mit Versäumnissen auf diesem Gebiet zu tun und die entsprechenden Lernbedürfnisse müssen vermutlich noch auf längere Zeit im Bereich der Erwachsenenbildung verspätet versorgt werden.

4.5.4 Jenseits der Lebensmitte

Auf der anderen Seite des Lebensbogens entstehen neue Herausforderungen, Voraussetzungen und Bedürfnisse bei den Menschen jenseits der Lebensmitte. Weil damit zu rechnen ist, dass Menschen auch in akademischen Berufen künftig sehr viel länger arbeiten müssen, wird auch für sie immer dringlicher, sich von Zeit zu Zeit weiterzuqualifizieren und neu zu professionalisieren. Viele werden dies in Eigenverantwortung tun wollen, um ihre Weiterbeschäftigung an hochwertigen Arbeitsplätzen zu sichern und um sich Befriedigung und Schaffensfreude bei der Arbeit zu erhalten.

Aber auch die Organisationen werden sich hier engagieren müssen, weil sie sich unzufriedene und leistungsunfähige Mitarbeiter nicht mehr leisten können, andere aber nicht zu bekommen sind. Aus den Unternehmen wird berichtet, dass es oft an der privaten Lebensführung liegt, wenn die Leistungs- und Lernfähigkeit älterer Mitarbeiter gering ist. Aus dem Lot geratene Familienverhältnisse, fehlendes Gesundheitsverhalten etc. würden mehr Verschleiß verursachen als stressige Arbeitsplätze. Man wird hier vertieft diskutieren müssen, was Ursache und was Folge ist.

Dabei ist zu beachten, dass die Kulturgewohnheiten, die später Schaden verursachen, in jungen Jahren entstehen und von Organisationen gefördert und gerne genutzt werden. Die Folgen von Ausbeutung und Selbstausbeutung treten erst viel später auf, wenn der alternde Organismus die Kosten dafür nicht mehr aufbringen, die Belastungen nicht mehr kompensieren kann. Doch dann sind Kursänderungen schwieriger als in jungen Jahren. Wichtig ist daher, dass gemeinsam neu für die Zusammenhänge Verantwortung übernommen wird.

Es kann auf Dauer nicht so bleiben, dass Menschen bis zu einem bestimmten Alter um jeden Preis auf Hochtouren im Hamsterrad laufen und dann von heute auf morgen in die Leere eines sogenannten Ruhestands entlassen werden.

4.5.5 Seniorexperten

Irgendwann werden voraussichtlich lebensphasenorientierte Personalarbeit, echte Altersteilzeitmodelle und weiteres professionelles wie gesellschaftliches Engagement bis ins hohe Alter nach dem Ausscheiden aus einer hauptberuflichen Tätigkeit durchzusetzen sein. Allerdings hat die Erfahrung auch gezeigt, dass erhebliche Anstrengungen notwendig sind, das dafür notwendige Umdenken bei den Betroffenen auch in den Unternehmen zu bewirken.

So arbeiten wir am ISB zusammen mit interessierten Fachleuten und Unternehmen an Konzepten mit der Frage, wie reife Professionelle nach dem Ausscheiden aus ihren hauptberuflichen Funktionen neben dem neuen Privatleben in neuen altersgemäßen Rollen professionell aktiv bleiben können. Sie können zum Beispiel als Mentoren oder Senior-Experten jüngere Menschen unterstützen oder mit ihnen in Projekten zusammenarbeiten, für die Augenmaß und Geduld erforderlich sind. Dies kann in Kooperationsformen zwischen Unternehmen einer Region oder als Form der Mittelstandsförderung organisiert werden oder als Engagement für nichtkommerzielle Gesellschaftsbereiche im Auftrag von Unternehmen. Außer dem unmittelbaren Nutzen für alle Beteiligten kann darin ein wertvoller Beitrag zum gesellschaftsübergreifenden Generationendialog gesehen werden.

4.5.6 Beruf als Lebensinhalt

Hier soll nicht der Eindruck erweckt werden, dass man moralinsauer einem Moloch-Beruf andere Werte und Lebensqualitäten entgegenhalten muss. Für viele schaffensfreudige Menschen kann das Berufsleben phasenweise oder lebenslang zum Hauptlebensinhalt werden.

Da heute bereits mehr als fünfzig Prozent der Frauen mit Hochschulabschluss keine eigenen Kinder mehr haben, entfällt auch für viele Paare die Notwendigkeit, familiengeeignete Lebensformen zur Verfügung zu stellen. Mann/Frau kann (oder muss) sich ein Leben allein und zu zweit vorstellen, in dem Selbstverwirklichung im Beruf zum Hauptinhalt und zur Hauptquelle von Lebensbefriedigung gewählt werden. Gute Konzepte hierfür gehören zu den Anliegen einer guten Professions- und Organisationskultur.

4.6 Professionelle Kompetenzen

In vielen Professionen haben die für einen Markterfolg erforderlichen Kompetenzen erheblich zugenommen. Zum einen aufgrund der Zunahme an Komplexität der Aufgaben und Funktionen, zum anderen aufgrund der höheren Konkurrenz der Anwärter auf hochwertige Tätigkeiten. Immer mehr ausgebildete Menschen konkurrieren um immer anspruchsvollere Funktionen. Dadurch steigt für alle die Notwendigkeit, mit mehr Kompetenzen und mehr Erfahrungen aufzuwarten, ohne dass das unbedingt zu Beschäftigungssicherheit, zu besonders interessanten Tätigkeiten oder zu hoher Entlohnung führt. Durch das Erfüllen hoher Ansprüche wird das Anspruchsniveau höher getrieben (Schmid 1996a, 2007b). Wenn dabei ein vernünftiges Maß verloren geht, ist allerdings fraglich, ob dabei im Ganzen mehr Qualität und Leistung herauskommen kann. Für den Einzelnen ist es auf jeden Fall schwer, sich solchen Dynamiken zu entziehen. Denn irgendwie muss jeder überzeugen.

In den 1970er-Jahren konnten sich z. B. Beraterausbildungen neben der Selbsterfahrung auf das vertiefte Verständnis einiger Konzepte und die Beherrschung eines bestimmten Repertoires von Beratungstechniken konzentrieren und hatten dafür zumindest im therapeutischen Bereich reichlich Zeit. Dabei leistete man sich einerseits Ruhe zur Vertiefung und Reifung, andererseits allerdings auch manche Ineffektivität und Fehlgewichtung. Gleichzeitig meinte man, auf andere Feld- und Fachkompetenzen weitgehend verzichten zu können. Mängel und Selbstüberschätzung blieben oft unerkannt, weil sie von einseitigen Schulenvorstellungen gedeckt und von Kunden toleriert wurden.

Man war in einseitigen Welterklärungen und Eigengesetzlichkeiten verhaftet und erhob sie anderen gegenüber zum Maßstab. Man hatte vielleicht ein Ganzheitlichkeitsverständnis gemäß der eigenen Schule. Doch Ganzheitlichkeit im Sinne von Einbettung eigener Beiträge in die unternehmerische und gesellschaftliche Gesamtverantwortung und Integrationsfähigkeit in die dort täglichen Steuerungsbelange war meist weniger gefragt. Kritik auf Kundenseite wurde eher als Widerstand gegen Fortschrittlichkeit gedeutet, denn als berechtigte Ansprüche auf passgenaue Zulieferung.

Wie sehr sich seit dieser Zeit die Situation verändert hat, bringt die folgende Übung aus heutiger Zeit zum Ausdruck (vgl. Schmid et al. 2010, 26 ff.).

4.7 Beratermarktübung

In einer *Beratermarktübung* in Untergruppen (4 Personen: A, B, C, D) stellt A eine Problemstellung aus seiner beruflichen Tätigkeit vor. Dazu hat er einige Minuten Zeit. B, C und D haben die Aufgabe, sich ein Bild vom Problem und insbesondere vom Steuerungsproblem von A zu machen und eine beraterische Dienstleistung zu konzipieren, durch die hier geholfen wäre. B, C und D dürfen je ein oder zwei kurze Fragen stellen, um für sie wesentliche Aspekte zu erhellen.

Dann geben B, C und D jeweils kurz ein Angebot ab. Dies beinhaltet ihr Problem- und Lösungsverständnis und was sie in einer anschließenden halbstündigen Beratung mit A tun und erreichen wollen. A wählt ohne Diskussion einen Anbieter aus.

Nehmen wir an, B erhält den Zuschlag, dann ist es seine Aufgabe, die mit A anstehende Beratung durchzuführen. Dafür stehen ihm C und D als Supervisoren zur Verfügung. C und D müssen sich also vom konkurrierenden Anbieter darauf umstellen, ihrem Ex-Konkurrenten Dienstleister zu sein. Gütekriterium ist für B, A gut zu beraten und für C und D, B gut zu supervidieren. B führt Regie und muss mit A das Vorgehen in der Beratung und mit C und D die Art der Supervision vereinbaren und im Prozess realisieren.

Dann findet die Beratung von A mit strikter Zeitbegrenzung statt. B kann die Dienste von C und D während Unterbrechungen und/oder in der abschließenden Auswertung abrufen. Auch dafür gibt es ein Zeitkontingent.

Nach Abschluss der Beratung und deren Auswertung bzw. dem Feedback für B geht die Aufmerksamkeit auf die anfängliche Marktsituation zurück. A gibt B, C und D Feedback, wie ihr Angebot gewirkt hat bzw. warum es angenommen wurde oder nicht. Die jeweils anderen ergänzen das Feedback über das Marktverhalten in dieser Situation. Insbesondere erfährt B, ob Markterfolg und erbrachte Leistung zusammenpassen. Manche können sich gut vermarkten, erfüllen aber die Versprechungen nicht. Andere könnten dies ganz gut, kommen aber nicht zum Zug, weil sie den Kunden nicht für sich gewinnen.

Dann bekommt A Feedback hinsichtlich seines Auswahlverhaltens und darüber, ob er Angebot und zu erwartende bzw. erbrachte Leistungen richtig eingeschätzt hat. Es geht dabei darum, wie er sich als Bewerter von relevantem Bedarf und Leistung gezeigt hat, also um seine Kompetenz als Einkäufer und Vermittler von Dienstleistungen.

Dann begeben sich alle auf eine Metaebene zur bisher abgelaufenen Übung und sprechen über ihre Erfahrungen im Prozess und ihr inneres Erleben.

Auch wenn an dieser Stelle nicht weiter auf diese Übung eingegangen wird, ist unmittelbar zu spüren, dass sie ein ganzes Spektrum von Arbeitsebenen und Lernfragestellungen integriert. Die vielfältigen Betrachtungsweisen und Arbeitsebenen erfordern Flexibilität und Disziplin, ein effektives Zusammenspiel in wechselnden professionellen Rollen, Praxisbezug und einen ökonomischen Umgang mit Ressourcen. Inhalte des Beratungsanliegens und die einzelnen Beratungsfiguren, die früher ausführlich und oft ausschließlich Thema waren, sind in einen komplexen, ganzheitlichen und praxisrelevanten Zusammenhang eingebettet.

Im Folgenden werden einige Aspekte heutiger Anforderungen an professionelle Kompetenz näher erläutert.

4.8 Kompetenzperspektiven

Manche werden diese Erfahrung noch aus der Schulzeit kennen: Man hat viel gelernt, weiß viel und fühlt sich fit. Man kommt dran, kann seine Leistung schlecht vermitteln und wird aus eigener Sicht zu Unrecht als nicht kompetent eingeschätzt. Doch was kompetent ist, entscheidet der Beobachter. Kompetenz ist also auch eine Frage der Perspektive. Über Kompetenz, die zu Markte getragen werden muss, entscheiden die Marktteilnehmer. Wo dies der Fall ist, geht die Bedeutung von rein fachlichen Kompetenzbeurteilern zurück bzw. es behalten nur diejenigen Autorität, die sich an die relevanten Märkte ankoppeln können. Das hat sein Gutes, weil sich dann die Fachorganisationen ihrer gesellschaftlichen Relevanz versichern müssen. Auf der anderen Seite müssen substanzielle fachliche Entwicklungen vor unsinnigen Auswüchsen der Märkte geschützt werden. Davon später mehr.

Am auffälligsten für den einzelnen Anbieter ist, dass professionelle Kompetenz weniger an optimierten Teilkompetenzen gemessen wird, sondern daran, ob verschiedene Komponenten immer wieder neu situationsspezifisch zu einer Gesamtkompetenz zusammengefügt werden können. Die jeweilige Orchestrierung der eigenen Kompetenzen muss zudem ökonomisch und persönlich überzeugend sein.

Niemand kann heute mehr erwarten, dass er das gesamte Programm seiner Kompetenzen und Produkte vorstellen kann, um zu überzeugen. Wenige Kostproben müssen überzeugen. Sie müssen suggerieren, dass Professionelle in der Lage sind, einen originellen und in vielen Dimensionen passenden Beitrag zu leisten. Gelingt dies, sind finanzielle Fragen oft eher zweitrangig.

Jemand, der zwar in Teilaspekten als kompetent eingeschätzt wird, aber erst durch Führung von außen zu einem integrierten Beitrag bewegt werden muss, wird leicht als Belastung für ohnehin belastete Auftraggeber angesehen. Erweckt er jedoch den Eindruck, schnell, selbst organisiert und kooperativ nützlich werden zu können, dann verspricht sich der Auftraggeber Leistung gepaart mit Entlastung.

Auch diese Anforderungen bringen Gutes und Schlechtes mit sich. Einerseits können durch solche »Präsentations-Quickies« Blender eingeladen werden, deren beste Leistung eben solche Präsentationen sind, ohne dass dann wirklich Qualität nachfolgt. Andererseits ist jeder Bewerber gefordert, auf den Punkt zu kommen und Wesentliches zu vermitteln.

Eine Art »verschärftes Eisbergprinzip« verlangt, eine Kostprobe für Kompetenz an der Oberfläche geben zu können, die von den richtigen Qualitäten dahinter überzeugt. Das wechselseitige Ansprechen von Intuitionen über die dahinter stehenden Wirklichkeitsvorstellungen und Kompetenzen entscheidet immer häufiger darüber, ob man überhaupt weitere Chancen bekommt.

4.8.1 Fachkompetenz

Heute ist man sich einig, dass Fachkompetenzen allein nur in wenigen Funktionen ausreichen. Überall entscheidet das Aufbereiten, das Auftreten, das Zusammenspiel mit anderen mit darüber, ob Fachkenntnisse zur Geltung kommen oder nicht. Soziale Faktoren – die sogenannten Soft Skills – sind also wichtig.

Längere Zeit versuchte man, solche Kompetenzen unter den Etiketten Selbstmanagement, Persönlichkeitsentwicklung, Rhetorik und Kommunikation als separate Kompetenz hinzuzunehmen. Kommunikationsfachleute, Psychologen, auch Systemiker gingen davon aus, dass sie so universales Wissen und entsprechende Dienste anzubieten hätten. Sie postulierten, dass diese auch dann nützlich seien, selbst wenn sie sich kein kompetentes Bild von den fachlichen Aspekten der beruflichen Arbeit des Gegenübers machen konnten. Die Verantwortung, das Gelernte in das konkrete Berufsleben zu übertragen, wurde den Kunden und Seminarteilnehmern allein überlassen. Dies führte zu Stimmigkeits- und Transferproblemen. Um Stimmigkeit einer Situation herzustellen, muss sie eben auch unter fachlichen Gesichtspunkten kompetent gestaltet sein. Auch wenn die separat trainierten Soft Skills besser als zuvor versorgt sind, gelingt es ohne Fachkenntnisse nicht leicht, ein überzeugendes Kraftfeld aufzubauen und andere für Bestätigung und komplementäres Mitwirken zu gewinnen. Dann sind Transfer und eigenes kreatives Weiterlernen der Klienten unter Live-Bedingungen schwer – die Sonderveranstaltungs- oder Seminarwirkung verpufft.

Als Konsequenz wird heute die Bedeutung der Fachkompetenz wieder betont. Doch wer braucht wann welche Fachkenntnisse? Welche Lernformen kann man wählen, um die Fachkenntnisse situativ angemessen einzubeziehen, ohne die ganze Angelegenheit zu kompliziert zu machen? Hierauf gibt es keine einfachen Antworten. Doch ist schon viel gewonnen, wenn man sich der Verantwortung stellt, bei Lernprozessen im Softfaktor-Bereich für angemessene Berücksichtigung fachlicher Gesichtpunkte zu sorgen.

Hierzu gehört, dass Lehrende, Berater oder Führungskräfte z. B. genügend juristische oder betriebswirtschaftliche Grundkenntnisse besitzen, um zu merken, wenn es beim Gegenüber an fachlichen Kompetenzen fehlt. Nicht, dass diese dann geboten werden müssen, aber der Umgang mit dem erkennbaren Bedarf wird in das Lerndesign integriert.

Metaphorisch ausgedrückt gilt: Wie beim Musizieren machen zwar Spieltechnik und richtige Noten allein keine Musik. Doch lässt sich auch ein inspirierendes musikalisches Kraftfeld nicht aufbauen, wenn fachliches Know-how fehlt oder nicht aktiviert und integriert wird.

4.8.2 Feldkompetenz

Was zu Fachkompetenz gesagt wurde, gilt auch für Feldkompetenz, zumal sich beides überlappen kann. Wenn jemand Probleme mit seiner Professionalität als Marketingfachmann hat, dann macht es einen Unterschied, ob er für Vermarktung von Software übers Internet oder für Vermarktung von persönlichen Beratungsdienstleistungen zuständig ist. Obwohl viele fachliche Prinzipien dieselben sind, sind es doch verschiedene Welten. Viele Fachkompetenzen sind so feldspezifisch, dass sie als Feldkompetenzen gelten können.

Dies zeigt jedenfalls, dass Feldkenntnisse wie die der Eigengesetzlichkeit von Branchen, Größe, Struktur und Verfasstheit von Unternehmen bei der Bestimmung und Entwicklung von Kompetenz wichtig sind. Wenn ein kompetenter Vertriebsmanager aus dem Personenluftverkehr zum Schienennahverkehr der Bahn überwechselt, dann ist fraglich, ob die Übertragung der Buchungssysteme von einer Welt in die andere als kompetent gelten kann. Dementsprechend weisen sich Professionelle eben auch durch Felderfahrung aus bzw. prüfen, welche sie übertragen können oder welche sie neu erwerben müssen.

Manchmal geht es auch darum, in welche Felder man besser passt, um die vorhandenen Kompetenzen stimmiger nutzen zu können. Dies kann Veränderung hinsichtlich der Branche, der Unternehmensgröße, der Kollegen oder Kunden oder auch der Arbeitsformen und Beschäftigungsverhältnisse betreffen. Hier kann eine Passungsberatung durchaus mal die Erweiterung von Rollen- und Kontextkompetenz in Qualifizierungsmaßnahmen ersetzen.

4.8.3 Marktkompetenz

Heutzutage ist in immer mehr Funktionen Marktkompetenz erforderlich. Zwar gilt erfreulicherweise auch noch heute das Gesetz, wer gut arbeitet, wird beachtet und bemerkt. Es spricht sich herum und daher fragt der Markt wie von selbst verstärkt nach. Wer würde nicht gerne zu diesen Glücklichen zählen? Doch hat sich auch schon mancher, der sich auf gute Arbeit verlassen hat und sich mit wenigen, scheinbar sicheren Kunden oder Partnern zufrieden gab, plötzlich in der Abseitsfalle wiedergefunden, weil sich aus irgendeinem

Grunde unerwartet der Wind gedreht hat. Berater für Berufsmusiker berichten zum Beispiel, dass diese geradezu empört sind, wenn sie ihr Talent und ihre Mitwirkung zu Markte tragen sollen. Lieber üben sie noch viele weitere Stunden, auch wenn da nicht der Mangel liegt.

Immer mehr Märkte mutieren zu Nachfrage-Märkten. Immer mehr Anbieter versuchen, sich im Markt auszudehnen oder neu hereinzudrängen.

Dies gilt nicht nur für Unternehmen, sondern auch für viele Freiberufler. Sie müssen ihre Kompetenzen zu marktgängigen Produkten entwickeln, sich mit Markenbildung, Imagepflege, Preispolitik und Akquisition beschäftigen. Das erfordert eigene unternehmerische Kompetenzen, die mit den professionellen Kernkompetenzen nicht unbedingt viel zu tun haben. Es braucht viel, um erfolgreich zu sein, und es kostet Kraft und andere Ressourcen. Schon deshalb kann es sich rächen, wenn man diesem Teil professioneller Kompetenz wenig Beachtung schenken will.

Auch Unternehmensinterne können nicht unbedingt aufatmen, weil sie glauben, sich diesen Mechanismen nicht stellen zu müssen. Zum einen werden die Unternehmen zunehmend als Märkte begriffen, auf denen interne Kunden zu finden und zu bedienen sind. Durchlässiger werdende Unternehmensgrenzen stellen interne Anbieter immer häufiger in Konkurrenz zu externen. Immer öfter wird von internen Abteilungen verlangt, dass sie nach professionellen und wirtschaftlichen Gesichtspunkten mit Externen Schritt halten. Zum anderen schaffen Erwartungen, dass eigene Produkte und Dienstleistungen auch draußen auf dem Markt abgesetzt werden, andere Horizonte. Von internen Bildungsabteilungen wird z. B. erwartet, dass sie ihre Leistungen nach außen vermarkten oder sie tun dies auch aus eigenen Ambitionen. Denn hier mitzuspielen bringt Status und Privilegien und verändert die Bewährungskriterien der Internen. Die Markttüchtigeren steigen auf oder haben die Möglichkeit, immer mehr freiberuflich zu tun. Je nach Bereich muss auch mit Outsourcing gerechnet werden, von direkten Verdrängungswettbewerben bei Abbau und Fusionen ganz zu schweigen. Im Guten wie im Schlechten haben solche Entwicklungen nicht nur Wirtschaftsunternehmen, sondern auch öffentliche Einrichtungen wie z. B. Hochschulen erreicht, in denen man Drittmittel einwerben oder auf bisher privaten Bildungsmärkten Umsatz machen soll.

Fazit: Marktwirtschaftlichen Prinzipien und Marktkompetenzen müssen sich fast alle stellen.

4.8.4 Netzwerkkompetenz

Erfolg hängt von persönlicher Leistungsfähigkeit und Vernetztheit ab. Dieses Prinzip ist gewiss nicht neu, hat aber neue Namen und neue Charakteristika.

Netzwerk steht als Begriff dafür, dass »die wichtigen anderen« nicht unbedingt im eigenen Fach, in der eigenen Abteilung oder in der Hierarchie des eigenen Unternehmens zu finden sind. Der Begriff »Value Network« bedeutet z. B., dass alle Instanzen einzubeziehen sind, die irgendwie für den Erfolg und Wertschöpfung durch ein Vorhaben wichtig sind. Dazu können andere Unternehmen, Kunden, komplementäre Marktpartner, aber auch öffentliche Einrichtungen gehören.

Die offenen Horizonte bringen die Chance und die Notwendigkeit, Terrains auszumachen und abzustecken, in denen man sich bewegen will. Andernfalls droht der Energiekollaps wegen inflationärer Vernetzung. Man muss ein Annäherungsverhalten an ungewohnte Partner lernen und herausfinden, welche man wie an sich binden kann und sollte und bei welchen das mehr Kraft kostet als es Nutzen bringt. Hierbei geht es um vielschichtige Austauschverhältnisse, die weit über direkt verrechenbare Leistungen hinausgehen. Man denke nur an den Nutzen von Co-Branding oder Verlinkung, neuere Formen von längst bekannten Gepflogenheiten wie gegenseitiges Zitieren in Medien oder Präsentieren auf Kongressen. Aber auch gegenseitige Inspiration, das Bilden von Zeitgeistgemeinschaften und persönlichen Sympathiegemeinschaften sind wichtige Dimensionen solcher Netzwerke. Aus Ökonomiegründen können diese Dimensionen nicht getrennt voneinander versorgt werden, sondern müssen zu einem oft schwer bestimmbaren Konglomerat verbunden werden. Gute Netzwerke bieten eine Netzwerkkultur, in der viele wirtschaftliche, gesellschaftliche und menschliche Bedürfnisse versorgt werden. Es ist eine der anspruchsvollen Gestaltungsaufgaben, Individualismus und Pluralismus mit Deutlichkeit in der Ausrichtung und Erkennbarkeit von außen zu kombinieren.

Netzwerke auszumachen, sich anzuschließen, lebendigen Austausch zu pflegen, der gleichzeitig der eigenen Sache zuträglich ist, sich zu positionieren, um mit wenig Aufwand an die attraktiveren Möglichkeiten zu gelangen, dabei aber solidarisch und zuverlässig zu handeln, gehören zu wichtigen Tugenden von erfolgreichen Netzwerkern.

Es ist leicht zu bemerken, dass viele Kompetenzen hierfür mit anderen hier schon besprochenen Kompetenzen identisch oder verwandt sind. Es geht ja auch nicht darum, für jedes Feld separate Kompetenzen zu erfinden, sondern unterschiedliche Perspektiven und Konfigurationen für umfassende professionelle Kompetenz zu beschreiben.

4.8.5 Sichtbarkeit und Originalität

Aufmerksamkeit ist ein knappes Gut geworden. Täglich flattern Hochglanzprospekte und Infobroschüren auf den Tisch. Die Anzahl der Websites, über die Ideen propagiert und Dienstleistungen angeboten werden, ist unübersehbar. Internetforen und Newsletter laden zum Dabeisein ein. So angenehm es sein kann, als eingeführter Anbieter mit bestimmten Produkten in bestimmten Märkten stabil nachgefragt zu werden, so schwierig kann es sein, sich neu zu etablieren. Dies gilt in besonderem Maße für Neueintritte in Märkte. Sei es, dass man in vertraute Märkte mit neuen Produkten oder mit vertrauten Produkten in neue Märkte Eingang finden möchte. Am schwierigsten ist es, wenn Produkte und Märkte neu sind.

Insbesondere als neuer Anbieter und potenzieller Kooperationspartner muss man sich mit Kompetenzen und Produkten sichtbar machen, um von anderen Marktteilnehmern beachtet zu werden. Qualität allein reicht dafür nicht, es sei denn, es gelingt, irgendwie als »Geheimtipp« gehandelt zu werden. Doch müssen die meisten Newcomer normalerweise die Erfahrung machen, dass es mit einem weiteren Prospekt, einer weiteren Website oder Aussendung nicht getan ist. Was mit viel Sorgfalt und Hingabe produziert wird, bleibt ohne Resonanz.

Versuche, sich dem Markt genehm zu machen, indem großzügig Kompetenzen behauptet, Leistungen und Wirkungen versprochen sowie alle gängigen attraktiven Schlüsselworte benutzt werden, finden meist auch nicht mehr Beachtung. Was macht es dann aus, dass man Resonanz findet? In welchen Zeiträumen und bei wem, mit welcher Nachhaltigkeit kann man Reaktionen erwarten? Auf diese Fragen gibt es keine allgemeingültigen Antworten, weil jeder Markt, jedes Milieu hier seine eigenen Gesetze hat. Marktkompetenz – und etwas allgemeiner – Feldkompetenz ist hier gefragt.

Dennoch kann man Prinzipien nennen, die hilfreich sind, Aufmerksamkeit zu erlangen. Es muss gelingen, aus der Masse herauszuragen, am besten durch glaubwürdige Originalität. Irgendetwas muss durch die vorgezeigten Oberflächen hindurch rüberkommen, was bei anderen verfängt und in Erinnerung bleibt. Man muss anderen einfallen, wenn im entscheidenden Moment über mögliche Partner oder Mitwirkende gesprochen wird.

Das hierfür Entscheidende liegt auf einer emotionalen Ebene. Entweder gelingt es, Suchbewegungen und Sehnsüchte anzusprechen oder man konnte durch die Oberfläche hindurch Intuitionen über glaubwürdige besondere Profile und Kompetenzen wecken. Dazu kommt, dass die Empfehlenden die Erwartung haben, dass auch sie ihren Nutzen von der Empfehlung haben werden. Es reicht auch nicht unbedingt, einen Empfehlenden persönlich zu beeindrucken. Oft muss man diese Darstellungen zur Verfügung stellen, mit denen er andere überzeugen kann. So kann der überzeugte Personalentwickler im eigenen Unternehmen auf frostige Reaktionen stoßen, wenn er zu viel auf seine persönliche Begeisterung baut und nicht genügend auf angemessene Präsentation bei Entscheidern und Betroffenen achtet. Ein Problem ist, dass man selten differenziertes und aufrichtiges Feedback in diesen Dimensionen bekommt. Umso wichtiger ist eine gute Weiterbildung und sind professionelle Gemeinschaften, die eine achtungsvolle und offene Dialogkultur pflegen. Sie schließen solche Spiegelungen ein. Qualität ist dabei nicht ohne Weiteres dadurch herstellbar, dass solche Punkte auf die Agenda aufgenommen werden, sondern sie hängt vom Gesamtniveau der gepflegten Professions- und Lernkultur ab.

4.8.6 Sensibilität und Robustheit

Zur professionellen Kompetenz gehört zwischenmenschliche Sensibilität. Dies meint Aufmerksamkeit für eine Reihe von Dimensionen des Gegenübers. Der andere will sich als Persönlichkeit gewürdigt sehen und kann sehr verärgert werden, wenn er sich nur als Funktionsträger und Mittel zum Zweck gesehen fühlt. Gleichzeitig darf die Zuwendung nicht als Bestechungsversuch erlebt werden, um zu gewinnen, ohne dass fachliche Ansprüche oder die Würde des Amts beachtet werden. Menschen sind immer hungrig danach, als jemand gesehen zu werden, der sie selbst zu sein versuchen. Partner, die dies spiegeln und Zuversicht wecken, dass es mit ihnen zusammen in diese Richtung gehen kann, sind interessant. Schönrederei, Selbstgefälligkeit und Schmeichelei oder illusionäre Vorstellungen und unsolide Versprechungen helfen bei seriösen Partnern nicht, denn irgendeine Instanz in ihnen weiß, was stimmig ist und was nicht.

Es ist also wichtig, auf die Welt der Partner und Kunden feinsinnig und entgegenkommend zu reagieren. Damit man dabei aber nicht wie ein Grashalm im Wind und ohne Kontur erlebt wird, braucht man ein solides Selbstverständnis und eine gewisse Robustheit. Dies gilt sowohl für das Aushalten belastender Situationen nach innen wie auch das kraftvolle Auftreten nach außen. Es kommt schon vor, dass Auftraggeber oder Partner sich aus Unsicherheit oder Machtgewohnheit zu einem Stärkegebaren (Schmid 2004a, Kap. 1) aufschwingen. Dies kann leicht Angst und inneren Bewährungsdruck auslösen und an Sensibilität und Kraft zehren. Deshalb ist es auch wichtig, dass man lernt, für sich zu sorgen, d. h. sich seine Ängste einzugestehen und sie konstruktiv zu kontrollieren. Nach außen ist wichtig, einerseits durch kraftvolle Antworten Eindruck zu machen, andererseits nach Resonanz darauf dann differenziertere Töne anzuschlagen und sensiblere Seiten im Gegenüber anzusprechen. Beides allein hätte weniger Aussichten auf Erfolg.

Man braucht für die unternehmerischen Aspekte der eigenen Tätigkeit nicht nur eine relativ stabile Gesundheit, die man zu pflegen lernen muss, sondern eine gewisse Robustheit. d. h. die Fähigkeit, Enttäuschungen und Niederlagen zu ertragen, ohne überzureagieren. Auf der anderen Seite sollte man sich nicht von Begeisterungen wegschwemmen lassen, sondern mit den Füßen auf dem Boden bleiben und bei der Verwirklichung von Visionen durchhalten. Das heißt, Professionelle sollten sachlich stabil und in Beziehungen zuverlässig und fair bleiben können, auch wenn Belastungen zu ertragen sind oder man enttäuscht worden ist.

> Sie werden sicher Dimensionen von Sensibilität und Robustheit hinzufügen können, die in Ihrer eigenen Welt von besonderer Bedeutung sind. Vielleicht tauchen dabei auch innere Bilder auf, die veranschaulichen, was gemeint ist. So bieten z. B. die Nachtkerzen im botanischen Bereich eine schöne Metapher für eine Form der Frustration: einerseits gedeihen sie auch auf Schutthalden, andererseits öffnet sich jeden Abend neu ein Kranz zauberhaft-zarter und leuchtender Blüten.
>
>

Abb. 1: Nachtkerzen

4.8.7 Weltläufigkeit und Bodenständigkeit

Eine weitere Dimension soll noch als Dualität beschrieben werden: Weltläufigkeit und Bodenständigkeit.

Da unsere Welt immer flexibler und internationaler wird, werden heute von Professionellen Fremdsprachen, Reisekompetenz, häufige Umgebungswechsel, eine Toleranz für Verzicht auf vertraute Umgebungen und ein bewegliches Auftreten in multikulturellen Umgebungen erwartet. Dementsprechend werden solche Kompetenzen erworben und dem Selbstbild hinzugefügt. Wie viel davon stimmig ist und welche Belastungen dadurch empfunden werden, kommt vielleicht zu selten zum Vorschein. Vielleicht ist das auch ein Lernprozess, der erst über Generationen tiefer greifend gelingt.

Wenn es um Vertrauen geht, spielen Informationen oder Intuitionen über den anderen eine Rolle, die eher in klassischeren, familiäreren, anfassbaren

Dimensionen beschrieben sind. Sie sind hier bei aller Modernität unter dem Begriff »Bodenständigkeit« zusammengefasst. Viele wollen ein Gefühl dafür haben, wie es wäre, den anderen als Hausgenossen, als Sportkamerad, als Partner in einer gemeinsamen Unternehmung oder als Freund zu haben. Sie suchen einzuschätzen, wie er sich zu seiner Herkunft, zu seinen bisherigen Weggefährten, zu seinen Nachfolgern oder zu seinem gegenwärtigen Lebensmilieu stellt, ganz nach dem Motto: »Sage mir, wo du dich beheimatest und für wen du wichtig sein willst und ich sage dir, wer du bist (für mich sein kannst)!« All das ist vielleicht ein indirekter Versuch, einzuschätzen, was man für sich selbst und die gemeinsame Sache vom anderen zu erwarten hat.

Doch auch für einen selbst kann die Rückbindung an die eigene Herkunft, die Verbundenheit mit dem Lebensumfeld, die Würdigung von allem, was dazu beigetragen hat, was man geworden ist, eine wesentliche Grundlage für professionelle Identität sein. Es ist, als würde die eigene Persönlichkeit von einer Hülle umgeben, die sie stabilisiert und aus dem Hintergrund nährt. Wer würdigt, woher er kommt und wohin er gehört, hat die substanzielle Freiheit, sich in die Zukunft zu bewegen. In vielen Fällen lohnt es, sich mit seinen Wurzeln zu beschäftigen, gerade wenn man sich unterwegs verliert oder ein besonders gutes Fundament für hoch und weit strebende Äste braucht.

4.8.8 Kulturkompetenz und die Metaperspektive

Man kann viele der oben dargestellten Kompetenzen unter dem Begriff »Kulturkompetenz« zusammenfassen. Darunter verstehen wir – pauschal gesprochen –, sich in einer hochwertigen Professions- und Organisationskultur bewegen und sich wohlfühlen zu können. Darüber hinaus bedeutet dies, Vorstellungen zu haben, warum und wie Not leidende Kultur wieder verbessert werden sollte.

Nimmt man die Sprache als Vergleich, dann ist es schon beeindruckend, wenn jemand eine lebendige, differenzierte, das Wesentliche unterhaltsam fassende Sprache sprechen kann. Andere profitieren davon, wenn sie sich auf die Kultur dieser Sprache einlassen. Kultur steckt an und ist letztlich nur durch Kultur zu vermitteln. Sprachlich Versierte beherrschen ihre Grammatik, ohne die grammatischen Regeln nennen zu können, verstehen die Bedeutungsräume der Worte, ohne sich mit Semantik zu beschäftigen. Will man Sprache nicht nur leben und nutzen, sondern zunehmend bewusst gestalten, anderen beibringen und Sprachkultur pflegen und bewahren, dann kann man sich zusätzlich mit Grammatik, Semantik und anderen Beschreibungsdimensionen für Sprache beschäftigen. Man wird vom versierten Nutzer zusätzlich zum Sprachspezialisten.

Ähnlich kann man sich das bei Professionskultur und Organisationskultur vorstellen. Kulturkompetenz bedeutet einerseits, kompetent an Kulturen teilnehmen zu können, andererseits die Fähigkeit, Kulturen von einer Metaperspektive aus zu beschreiben und als eigene Dimension zu gestalten.

4.9 Wieslocher Kompetenzformel

Will man die verschiedenen Kompetenzkomponenten miteinander verknüpfen und auf eine Formel bringen, so könnte man definieren:

Professionelle Kompetenz =
Rollenkompetenz x Kontextkompetenz x Passung.

Rollenkompetenz und Kontextkompetenz sind Begriffe aus unserer Theatermetapher (Schmid 2003, Kap. 3.2.2.). Rollenkompetenz meint die Fähigkeit, verschiedene Rollen einzunehmen und kompetent auszugestalten. Kontextkompetenz meint die Fähigkeit, die Aufführungen, in denen die Rollen zu spielen sind, zu begreifen, darin kontextförderlich zu spielen und damit die Gesamtinszenierung zu erleichtern.

Die multiplikative Verknüpfung weist darauf hin, dass die Gesamtkompetenz durch jeden einzelnen Kompetenzbereich vervielfacht erhöht oder gemindert wird. Die Verbesserung einer schwachen Kompetenzkomponente bringt daher viel mehr als der Ausbau einer starken. Umgekehrt begrenzt eine schwache Komponente die Gesamtkompetenz viel entscheidender als der Blick auf die starken Komponenten vermuten lässt.

Die Kompetenzformel macht von vornherein deutlich, dass Kompetenz nur begrenzt eine Persönlichkeitseigenschaft ist, sondern viel mit dem Umfeld zu tun hat.

Kompetenz hat eben auch damit zu tun, welches Rollenrepertoire man kennt bzw. beherrscht *(Rollenkompetenz)* und damit, ob man sich in Themen, mit Inszenierungen und auf Bühnen auskennt, in denen diese Rollen zu spielen sind *(Kontextkompetenz)*. Darüber hinaus kommt es darauf an, dass die eigene Art, sich in seinem Repertoire auszudrücken und zu bewegen, zu den Anforderungen und Stilen der jeweiligen Umgebungen passt.

Bei *Passung* geht es darum, wie der Professionelle zum Unternehmensstil und zur Organisationskultur bzw. zu dem dort vorherrschenden Führungsstil passt. Eine wichtige Passungsdimension ist die Frage, ob die Mitwirkung und die damit verbundene Entwicklungsmöglichkeit der Seele des Professionellen Sinn machen. Manchmal hat sich das Sinnpotenzial so erschöpft, dass die Kompetenz nicht mehr zum Tragen kommt. Es kostet dann immer mehr Kraft, sich dennoch zu motivieren und auch andere spüren, dass das seelische Kraftfeld (Schmid/Hipp 2002) seine gestaltende Wirkung verliert. Wenn solche Stimmigkeiten verloren gehen, organisieren sich die Prozesse durch intuitives Zusammenspiel immer weniger konstruktiv. Dies gilt nicht nur in überschaubaren sozialen Situationen, sondern es geht auch um die Passung zu bestimmten Märkten oder beruflichen Vereinigungen, Milieus, Zeitströmungen etc.

Allerdings soll hier nicht jeder *An-Passung* das Wort geredet werden, denn oft lebt eine kreative Zusammenarbeit ja von den irritierenden bis inspirierenden Unterschieden. Auch soll nicht jeder zum professionellen Zehnkämpfer ausgebildet werden und möglichst in allen Disziplinen einen schwarzen Gürtel tragen. Oft ist es gerade die Besonderheit eines Anbieters, eine spezifische Qualität, die sonst nicht leicht zu finden ist, die den Marktwert ausmacht. Aber irgendetwas muss auch passen, sonst kommt ein Zusammenspiel nicht zustande oder eine erste Begeisterung bleibt ein Strohfeuer. In jedem Falle lohnt es sich, die eigenen Profile aus vielen relevanten Perspektiven näher zu studieren und bei Bedarf zu ergänzen.

Wie leicht zu bemerken ist, sind in der Wieslocher Kompetenzformel die einzelnen Dimensionen nicht allgemeingültig gefüllt oder präzise voneinander unterschieden. Wie bei vielen der ISB-Konzepte geht es nicht um präzise Bestimmungen der bezeichneten Wirklichkeit (zur Unterscheidung von randscharfen und kernprägnanten Definitionen s. Schmid 2004b), sondern um die Errichtung einer Betrachtungsperspektive, die bestimmte Überlegungen nahe legt. Man sollte eher intuitiv verstehen, welche Betrachtungen man mit welchem Konzept anstellen könnte und dann frei sein, dieses auf spezifische Situationen anzupassen.

Die Kompetenzformel legt so z. B. Wert auf die Frage der Gesamtoptimierung und der Orchestrierung von Kompetenzaspekten. Außerdem transportiert sie die Implikation, dass Kompetenz als Beziehungsphänomen verstanden werden sollte. Kompetenz im Markt ist die vom Markt erkannte und positiv beantwortete Kompetenz. Als Konsequenz liegt auf der Hand, dass die jeweiligen Systeme, auf die bezogen über Kompetenz nachgedacht wird, von vornherein einbezogen werden.

Auch gilt, dass nicht alle Dimensionen gleichzeitig berücksichtigt werden können. Dies würde zu Erklärungssystemen führen, die für den praktischen Umgang zu kompliziert wären. Daher werden Dimensionen von Kompetenz im Folgenden hintereinander erläutert.

4.10 Professionelle Persönlichkeitsentwicklung

In Fragen der Professionalität ist heute eine gewisse marktwirtschaftliche Nüchternheit angesagt. Anders kann man als nicht subventionierter privater Marktteilnehmer auch nicht bestehen. Ohne ein Verständnis von Marktwirtschaft und Unternehmertum wären Professionelle auch zu weit von Organisationen und Unternehmen, denen sie ihre Dienste anbieten, entfernt. Dennoch kann gleichzeitig der Mensch mit seinen existenziellen Fragen der Lebensgestaltung im Vordergrund stehen und beide Anliegen können miteinander verbunden werden.

Viele Menschen sind mehr als früher mit ihrer persönlichen Entwicklung beschäftigt, also mit den Lebensprozessen, über die sie die einzigartige Persönlichkeit verwirklichen können, die in ihnen steckt. Diesen Prozess und Entwicklungsweg nennt die Jung'sche Psychologie Individuation. Soweit sich Individuation auf die Welt der Berufe und der Organisationen bezieht, sprechen wir von *professioneller Individuation* (den Begriff verdanke ich meinem Kollegen Joachim Hipp). Dieser Frage wollen wir später einen größeren Raum einräumen (s. Kap.5.-7.).

4.11 Persönliche Orientierung

In diesem Kapitel sind wir genauer auf das Unternehmen »Beruf« und die dafür notwendigen Kompetenzen eingegangen. Wir wollen Ihnen jetzt wieder die Möglichkeit geben, das eben Aufgenommene probeweise auf die eigene Situation anzuwenden.

Achtung: Nehmen Sie Ihre Überlegungen nur als situative Momenteinschätzung. Die Kompetenzformel ist keine objektive mathematische Formel. Bei der Beurteilung der professionellen Kompetenz hängt es ja auch davon ab, welche Fragen man an Sie stellt und welche Situationen man dabei berücksichtigt. Dennoch können Ihnen Ihre Überlegungen wichtige Anregungen für die Praxis vermitteln und vielleicht sind sie ein (erneuter) Anlass, sich wieder einmal Rückmeldung von anderen einzuholen. Denn die Beurteilung von Kompetenz ist, wie gesagt, auch eine Frage der Perspektive.

Wie schätzen Sie Ihre professionelle Kompetenz ein?

(verschiedene Professionsfelder oder Organisationsbereiche müssen eventuell separat befragt werden)

Jede Komponente der Wieslocher Kompetenzformel (Professionelle Kompetenz = Rollenkompetenz x Kontextkompetenz x Passung) wird mit 10 Punkten bewertet. Die Punktzahl 10 steht für maximale Ausprägung und die Punktzahl 1 für »nicht vorhanden«.

Rollenkompetenz:

Beginnen Sie zu überlegen, in welchen verschiedenen Rollen Sie in ihrem Beruf gefragt sind, z. B. der Fachmann, die Werbemanagerin, der Sekretär, die Seelsorgerin, der Untergebene, der Vorgesetzte, die Kollegin, der Clown, die Kritikerin, der Entertainer, die Organisatorin, der Innovator usw. Sie sehen, es gibt viele Rollen (organisatorische, professionelle und private), die man spielen kann und spielt, während man seinen Beruf ausübt.

Wie schätzen Sie selbst Ihre Rollenkompetenzen ein? Wie schätzen wohl andere Ihre diesbezüglichen Kompetenzen ein?

Kontextkompetenz:

In welchen unterschiedlichen Kontexten (z. B. Arbeits-/Berufsfeldern), Situationen, Szenen müssen Sie diese verschiedenen Rollen spielen? Spielen Sie Ihre Rollen unterschiedlich effektiv/kompetent je nach Situation, Arbeitsfeld, Gegenüber, Stimmung, Thema, Herausforderung? Welche Kontexte sind das? Wo verstehen sie die Abläufe und Zusammenhänge, die Perspektiven der anderen Akteure und die Kräfte, die vom Umfeld einwirken und wo eher nicht? Verfügen Sie über die Sachkenntnisse, Menschenkenntnis und Urteilfähigkeit, die gebraucht werden?

Passung:

Wie stimmig empfinden Sie den Ort und die Bedingungen, unter denen Sie arbeiten? Passt Ihnen der Stil des Unternehmens (z. B. Führungsstil, Atmosphäre am Arbeitsplatz, Wertschätzung usw.)? Passen Ihr Arbeitsplatz und Ihr professioneller Auftrag, Ihre Organisationsrolle zu Ihrem Naturell oder müssen Sie einen Typ spielen, der Sie gar nicht so sehr sind? Wo würden Sie eher hinpassen oder wer zu Ihnen? Was würde eher zu Ihnen passen? Wie passen die Anforderungen zwischen Berufs- und Privatwelt zusammen?

Auswertung:

Nun bewerten Sie Ihre Komponenten auf der Skala von 1-10. Welche Komponenten könnten Sie noch mehr ausbauen, um Ihre professionelle Kompetenz zu erhöhen?

5. Mensch und Organisation

Bisher standen der Mensch und die Profession im Vordergrund. Das Verhältnis des Menschen zu seinem Beruf wird jedoch auch durch seine Zugehörigkeit zu Organisationen beeinflusst und umgekehrt. Deshalb wollen wir im Folgenden noch einmal unseren magischen Würfel drehen und die Seite der Organisation im Vordergrund betrachten. Und wie üblich bei diesem Knobelspiel müssen wir uns entscheiden, nach welchen Farben, aus welcher Perspektive heraus, wir sortieren wollen. In diesem Falle entscheiden wir uns dafür, Organisationen aus der Perspektive des Menschen bzw. Menschen aus der Perspektive von Organisationen zu beschreiben. Hierzu gehören Beweggründe und Steuerungsprinzipien der Menschen in Organisationsfunktionen, aber auch die prägende Organisationskultur und die Vorstellungen vom Wirtschaften aller Beteiligten (Schmid 2002). Denn alle Organisationen haben mit Beweggründen von Menschen und ökonomischen Prinzipien zu tun, auch wenn sie keine sogenannten Profit-Organisationen sind. Auch eine Wirtschaftsorganisation ist mehr als eine »money making machine«.

Lassen Sie sich durch einen kurzen Erfahrungsbericht einstimmen:

> »Ich arbeitete in einem riesigen Dienstleistungsunternehmen. Ca. 1000 Mitarbeiter und Mitarbeiterinnen betreuten fast ebenso viele Klienten. Auch als später die soziale Kälte der Institution zunehmend durch ihre hässlichen Betonwände drang, hätte ich nicht in eine kleine Praxis wechseln wollen. Die Fülle informeller und formeller Angebote stand in keinem Verhältnis zu den Nachteilen eines solchen Organisationsgiganten.
>
> Wenn man gewollt hätte, hätte man kein zweites Leben außerhalb der Einrichtung führen müssen – man konnte alles lernen, was man auch sonst hätte lernen müssen. Nur gab es dies alles auf einem kleineren, überschaubareren Raum als draußen: den Klatsch, die ›Daily Soaps‹, den Heirats- und Stellenmarkt. Was immer einem fehlte, ob an Ratschlag, Ersatzteilen, Erfahrung, Know-how – in der Rieseneinrichtung gab es immer einen, der einen kannte, der … Es gab betriebliche Freizeitmöglichkeiten für Mitarbeiter und genauso viele inoffizielle Angebote für Mitarbeiter von Mitarbeitern im sportlichen und kulturellen Bereich.
>
> Der Hauptmarkt- und Handelsplatz für all diese wichtigen Informationen war die Cafeteria und hier vor allem die Mittagspause. Wer jemals eine Halbtagsbeschäftigung in einem solchen Betrieb innehatte und mittags nach Hause fuhr, weiß, was und wie viel er verpasst hat.

Aber nicht nur der informelle Markt sorgte für tägliche Anregungen und Belebung. Auch beruflich öffneten sich Aufstiegs-, Fortbildungs- und Reflexionsmöglichkeiten, für die man sonst hätte viel Geld, Energie und Zeit ausgeben müssen. Wir waren zum Beispiel 13 kompetente Kollegen und Kolleginnen, die zum Teil aus verschiedenen Schulrichtungen kamen, in recht verschiedenen Abteilungen und Bereichen der Institution arbeiteten, die aber damals noch durch ein gemeinsames Büro, durch das Benutzen gemeinsamer Räume und Fachmaterial, ein gemeinsames Budget und eine ähnliche Klientel viel Verbindung miteinander hatten. Auf diese Weise tauschten wir unser Wissen aus, konnten uns gegenseitig fortbilden und supervidieren neben all den externen Angeboten, die uns ebenfalls zur Verfügung standen und deren Ergebnisse wir weiter multiplizierten. So stand uns kollegiale Unterstützung immer sofort zur Verfügung und gab uns zusätzliche Rückendeckung und Sicherheit, v. a. in Krisenzeiten.

Ergänzt wurde die Arbeit durch die jeweiligen fachübergreifenden Teams in den eigenen Abteilungen, die uns lehrten, über unseren Tellerrand hinweg die Welt wahrzunehmen und unsere Sicht der Wirklichkeiten zu erweitern.

Heute, wo ich in Rente bin, fehlt mir weniger die Arbeit selbst, sondern genau diese menschlichen Züge einer Organisation, die ich vorher nicht so bewusst wahrgenommen habe:

- die Anregungen durch eine Vielfalt an Menschen und Reizen,
- das Echo, das man auslöst in einem sozialen Kontext,
- vielleicht auch ein Stück Wirksamkeit,
- die tägliche Struktur,
- und vor allem das tägliche »Guten Morgen« und »Tschüss«, das vielfache Wahrgenommenwerden der eigenen Existenz.«

(Gérard, unver. Erfahrungsbericht)

5.1 Zentrale menschliche Motive

Was motiviert eigentlich Menschen neben äußerlich wirtschaftlichen Gründen, Organisationen zu gründen, ihre Lebenskraft Organisationen zur Verfügung zu stellen, sich an Organisationen zumindest zeitweilig zu binden und für sie einzustehen?

Dabei kann man sich leicht an der Bedeutung des Wortes Motivation orientieren. Das aus dem Lateinischen stammende Wort »movere« heißt bekanntlich bewegen, sich bewegen. Menschen wollen etwas bewegen. Und sie wollen bewegt werden. Sie wollen sich bewegen. Organisationen sind dafür geeignete Orte und bieten den Menschen einen Rahmen, vielleicht sogar Möglichkeiten, die sie als Individuen so nicht zur Verfügung hätten.

5.1.1 Etwas bewegen

Zu den Grundbedürfnissen des Menschen gehört, etwas bewirken zu können. Sich bezogen auf die eigene Welt wirksam zu fühlen, gehört auch zu den wichtigsten Gesundheitsfaktoren (Antonovsky 1997).

Unsere Wahrnehmung und unser Verständnis der Welt haben mit unserem Wirksamkeitserleben beim Versuch, sie zu gestalten, zu tun. Und das Gleiche gilt für unser Selbsterleben, für unser Selbstverständnis und unsere Selbstachtung.

Jeder weiß aus eigener Erfahrung, was geschieht, wenn gewohnte Wirkungen aus einem unerklärlichen Grunde ausbleiben. Sogar dann, wenn der Effekt positiv ist, sind wir verunsichert, denn man will sich auskennen. Seine Wirksamkeit kennen heißt auch, seine Einflussmöglichkeiten voraussagen zu können und Kontrolle zu haben.

Organisationen sind Orte, an denen Menschen gebahnte Wirkungszusammenhänge und Wirkungsmöglichkeiten geboten werden, in die der Einzelne eintreten kann. Es gibt Gestaltungsmittel, Ziele, Bewährungskriterien und Regeln. Man kennt sich aus und fühlt sich im kompetenten Umgang mit einer mächtigen Instanz erhoben und sicher. Durch Übernahme einer Funktion in solchen Organisationen können sich die Horizonte und Hebel eines Menschen erheblich vergrößern. Inwieweit dies der Fall ist, hängt allerdings von der Funktion und dem Bewusstsein ab. Man kann sich einen Chauffeur des Chefs vorstellen, dem seine Funktion Größe verleiht und daneben einen Manager, der klein und fehlplaziert wirkt.

Auch gibt es im Guten wie im Schlechten eine Organisationskultur, das heißt ein System von formellen Regeln und informellen Gepflogenheiten, die das Zusammenspiel der Beteiligten vorzeichnen. Lernt man, sich in dieser Kultur zu bewegen, dann kann man ein eingespieltes System nutzen. Viele Mitspieler nehmen zueinander komplementäre Rollen ein und gestalten Prozesse mit. Man kann auf Wirkungen rechnen, ohne die einzelnen Situationen oder die persönlichen Eigenarten der Akteure neu einschätzen zu müssen. Wer mit einem gedeckten Barscheck eine Bank betritt, kann mit dem baldigen Besitz von Bargeld rechnen, auch wenn er mit Bankwesen und den Eigenarten dieser Belegschaft wenig vertraut ist.

Vom Stegreif-Straßen-Theater bis zur routinierten Aufführung eines klassischen Programmtheaters ist es ein weiter Weg. Dazwischen liegt alles, was Organisation bietet. Nicht jedem ist es gegeben, spontan auf der Straße zu spielen oder sein eigenes Theater aufzubauen. Vorhandene Organisationen bieten also vielen Menschen nicht nur eine Struktur, über die sie ihren Lebensunterhalt bestreiten können, sondern auch Orte des Wirksamkeitserlebens.

5.1.2 Bewegt sein

Menschen wollen bewegt sein, engagiert für etwas, ergriffen von etwas oder wenigstens doch spürbar dabei sein. Menschen kann man je nach Persönlichkeitsorientierung (Schmid 2004a, Kap. 2) danach unterscheiden, was jemand gerne bewegt und wodurch er eher bewegt wird, nämlich mehr von Dingen oder von anderen Menschen. Es gibt die verbreitete Einteilung: *Managing Tasks* versus *Managing People*.

Entsprechend kann man Leute aus der passiven Sichtweise in die Kategorien *moved by tasks* oder *moved by people* einteilen.

Tasks (= Aufgaben) stehen für Inhalte, sachliche Herausforderungen, für Strukturen, Prozesse und Abläufe von Projekten etc. Es gibt Menschen, für die diese Dimensionen im Vordergrund stehen und denen dann, wenn es hier stimmt, der zwischenmenschliche Bereich nachrangig ist. Sie suchen eher als Fachleute und Strategen ihre Befriedigung. Es ist für sie etwas Großes, bei einem spannenden Unternehmen dabei gewesen zu sein. Sie fühlen sich von der Aussage Viktor Frankls angesprochen: »*Was der Mensch ist, ist er auch durch die Sache, die er sich zu eigen macht.*« (1979)

Andere wollen eher in Beziehungen engagiert sein. Für sie ist – metaphorisch gesprochen – die Beziehung zu den Mitwirkenden wichtiger als der Fortgang der Aufführung. Wenn sie die anderen Mitwirkenden Zugehörigkeit erleben lassen, sie begeistern oder auch sie durch Reibung binden, dann sind sie berührt. Sie suchen eher als Teamplayer und Führungskräfte ihre Befriedigung. Für sie geschieht Großes, wenn sie sich mit ihnen bedeutenden Menschen in Beziehung erleben. Für sie könnte als attraktives Motto analog formuliert werden: Was der Mensch ist, ist er auch durch die Menschen, mit denen er sich verbindet.

Wie wichtig es ist, bei der Besetzung von Stellen auch diese Dimension mit einzubeziehen, zeigt ein uns bekanntes Beispiel eines Krankenhauses:

Nachdem der bisherige langjährige Chefarzt vorzeitig in den Ruhestand eingetreten war, erwiesen sich die nachfolgenden Chefärzte als Fehlbesetzungen, und die Patientenzahlen gingen bedrohlich zurück. Endlich jedoch fand sich ein Arzt, der mit charismatischem Elan Mitarbeiter motivierte, Patienten rekrutierte, die Betten füllte und notwendige Veränderungen erfolgreich durchführte. Es herrschte eine bis dahin schon lange nicht mehr gekannte Aufbruchstimmung. Mitarbeiter erlebten, dass sie etwas bewirken konnten, entwickelten neues Selbstbewusstsein, und all dieses wirkte natürlich auch positiv nach außen.

Der ebenfalls neue Geschäftsführer war ein dynamischer junger Mann, der ebenso gerne die Hemdsärmel aufkrempelte und diese Entwicklung begrüßte. Unglücklicherweise gehörte er zu den Typen, für die Sachthemen mehr von Bedeutung sind als Beziehungen – ganz im Gegensatz zu dem Chefarzt. Je mehr also der Chefarzt erreichte, desto mehr fehlte ihm als Gegenwert die Beziehung zu dem Geschäftsführer. Daraus entwickelte sich eine immer schwierigere Fehlkommunikation zwischen den beiden, die sich über ihre sehr unterschiedlichen Grundorientierungen nicht bewusst waren und sich darüber nicht verständigen konnten. Es begann mit leisen Überlegungen zu Kündigung auf Seiten des Chefarztes und endete schließlich mit dem verletzten Ausscheiden dieser sehr begabten Führungskraft. Und mit ihm verlor auch das Unternehmen wieder seine Gewinne.

Von Größerem berührt zu sein, gehört zu den Grundbedürfnissen des Menschen. Darauf verweist schon das Wort Religion, das sich von dem Wort *relio* = Rückbindung ableitet. Nach Karl Barth ist Religion das Ergriffensein von etwas, was uns unbedingt angeht (Barth 2005). Auch Organisationen bieten Möglichkeiten, ergriffen zu sein. Wer Haltungen und Rituale in Organisationen beobachtet, kann leicht bemerken, dass Menschen quasireligiöse Bedürfnisse dort leben. Menschen, die solche Sehnsüchte ansprechen, nennt man charismatisch. Erscheinungen in Organisationen kann man mit denen in Glaubensgemeinschaften bis hin zu Amtskirchen vergleichen. Das muss weder befremden noch verwundern, weil Organisationen eben nicht nur die sachlichen Konstruktionen sind, als die sie oft propagiert werden, sondern auch eine Lebensform für ihre Mitglieder darstellen. Wenn man das akzeptiert, stellt sich die Frage, wie man beide Anliegen sinnvoll in einer Kultur integriert.

5.1.3 Sich bewegen

Zu allem Lebendigen gehört Entwicklung. Auch wenn es manchmal so aussieht, als würden sich Menschen keinen Aufbruch mehr zutrauen oder nur Erreichtes zu bewahren suchen, so sind dies Rückzugsvarianten aufgrund von Entmutigung und Erschöpfung. Doch die meisten haben im Stillen noch immer die Sehnsucht, etwas zu werden, was ihnen erstrebenswert erscheint – sei das ein pfiffiger Erfinder, ein sympathischer Kollege, ein Theaterkenner, Manager des Jahres oder was auch immer.

Man kann meist nach kurzer Zeit genauen Zuhörens sagen, was der Mensch gegenüber zu sein oder wer er zu werden sucht. Wenn er dafür dann Resonanz bekommt oder gar zu Neuem inspiriert wird, wächst sein Interesse. Vorhaben oder Beziehungen sind neben allen anderen Bedeutungen dann interessant, wenn sie Aussicht bieten, die Menschen dorthin zu befördern, wo sie sich hinbewegen wollen. Dann kann man sie leicht motivieren und Bindung aufbauen bzw. erhalten.

So hatte es der oben geschilderte Chefarzt zum Beispiel hervorragend verstanden, die Sehnsüchte des therapeutischen Personals, ihren Bereich mehr zu gestalten und ihre Fähigkeiten mehr einzubringen, anzusprechen.

Organisationen sind für Menschen auch deshalb interessant, weil sie viele Ideen bereitstellen, was man werden könnte, Gelegenheiten dazu bieten und Wege dahin aufzeigen. Sie bieten Bühnen für Inszenierungen und Bestätigung des Erreichten sowie Arenen für das Ringen um Wünschenswertes.

> »Wenn Aufgaben zur Routine wurden, wurde mir langweilig. In einer großen Einrichtung wie der meinen gab es aber ständig neue Herausforderungen und Verlockungen, Zusatzaufgaben zu übernehmen und sich in ihnen zu üben. So wurde ich neben der Psychotherapeutin zur Leiterin einer Mitarbeiterfrauengruppe, zu einer Suchtbeauftragten, einer Fortbildungsbeauftragten und zur Marketingbeauftragten. Ich veröffentlichte zusammen mit dem Chefarzt und Schulleiter ein heute viel gelesenes Fachbuch. Ich, die bis dahin öffentliche Auftritte und Rampenlicht gescheut hatte, organisierte und veranstaltete hauptverantwortlich ein großes Fest für 400 Leute und am Ende meiner Laufbahn passierte es mir, dass ich mit einem Kollegen zusammen ein großes Benefizkonzert für ca. 600 Leute organisieren durfte – eine Aufgabe, die ich mir vorher nie zugetraut hätte und auf deren Erfolg ich heute stolz zurückblicke.
>
> Wäre mir so etwas im stillen Kämmerlein einer Psychotherapiepraxis zugestoßen?« (Gérard, unver. Erfahrungsbericht)

5.1.4 Organisation und Ich

Aus psychologischer Sicht kann man Organisationen als Erweiterungen des Ichs betrachten. Sie verkörpern, was das Ich zu werden und zu bewirken sucht bzw. worin es aufgehoben sein möchte und sich bewegen kann. Die mechanistische Variante davon war in einem Science-Fiction-Roman folgendermaßen dargestellt: Auf einem fremden Planeten hatten menschliche Protagonisten Riesenroboter gebaut, um ihre eigenen Funktionen auf Größenordnungen auszudehnen, mit denen sie der für sie überdimensionierten Welt entgegentreten konnten. Diese Maschinen waren dadurch zu steuern, dass sich die Menschen in der Steuerzentrale in einem elektronischen Anzug entsprechend bewegten. So wurde ihre persönliche Bewegung auf den Roboter übertragen. Dass man maschinelle Hilfsfunktionen als eigen erleben kann, kennt jeder, beispielsweise aus dem eigenen Verhältnis zum Handy oder zum Auto. Dass Menschen sich durch Maschinerien nicht unbedingt vergrößert und in der Schaltzentrale erleben, sondern auch als eher abhängiges Rädchen, wurde im Film *Moderne Zeiten* durch Charlie Chaplin eindrucksvoll dargestellt.

Solche Bilder können seelische Dimensionen spürbar machen, die in der Beziehung zwischen Mensch und Organisation mitschwingen. Wer möchte nicht das Gefühl haben, ein irgendwie für das Ganze wichtiges Organ zu sein? Und wie fühlt es sich hingegen an, wenn man sich nur als Kostenfaktor oder zu entfernende Belastung eingeordnet sieht?

Mit diesem Beispiel sollen Organisationen jedoch nicht mit mechanischen Gebilden gleichgesetzt werden. Treffender, wenn auch komplexer, wären Metaphern von lebendigen Organismen. Je mehr der Zug der Zeit Richtung Wissensgesellschaft geht, desto eher eignen sich vielleicht Parallelen zwischen Gehirn und Organisation. Entsprechende Dialoge sind im Gange, vergleiche etwa die *forum humanum* Dialogtagungen »Gehirn und Organisation – Betrachtungen im Dialog« unter: http://www.forum-humanum.eu/fh/content/view/52/72/.

5.2 Kernfragen der Ökonomie

Alle Menschen und Organisationen wirtschaften. Fragen zum Verhältnis zwischen Mensch und Professionalität und Mensch und Organisation haben daher mit Wirtschaften zu tun. (Dasselbe gilt für die Gesellschaft. Die grundlegenden Vorstellungen von und Einstellungen zur Gesellschaft beeinflussen maßgebend das Verständnis von Professionalität und Organisation).

Hier können selbstverständlich Kernfragen der Ökonomie nicht umfassend dargestellt werden. Es soll lediglich der Versuch gemacht werden, einige Dimensionen menschenbezogenen Wirtschaftens und Organisierens zu skizzieren. Damit soll der Blick auf Organisationen so gerichtet werden, dass das Schicksal von Menschen und das der Organisation leicht in Zusammenhang gebracht werden kann.

5.2.1 Wirtschaften

> »Geld ist kein Wertgegenstand, sondern ein Gestaltungsmittel.«
> (Schmid 1998a)

Prägend für Bernd Schmids lebenslanges Verständnis von Wirtschaft war die Aussage eines Professors in einer der ersten Vorlesungen seines wirtschaftswissenschaftlichen Studiums: »Wirtschaft ist die intelligente Kombination von Produktionsfaktoren zur Erzeugung eines Mehrwerts.«

Auch in diesem Text geht es um intelligentes Zusammenfügen von Wirtschaftsfaktoren als Hauptfunktion des Wirtschaftens. Dies gilt eben nicht nur in Produktionen, sondern allgemein. Durch intelligentes Zusammenfügen entsteht Mehrwert. Davon zu unterscheiden ist die Bereicherung durch Ausbeutung. Ressourcen und Positionen lediglich irgendwie zu nutzen, um sich damit zu bereichern, ist in diesem Sinne kein Wirtschaften. Sich Dinge verfügbar zu machen, die andere erwirtschaftet haben, ist es auch nicht. Es sollte schon eine wirkliche Wirtschaftsleistung dazukommen. Was dabei als Wirtschaftsleistung anzusehen ist, etwa bei der Bewertung von Handel als Wirtschaftszweig, muss dann jeweils im Wertediskurs betrachtet werden.

Geld ist ein wichtiges Medium im Wirtschaftsprozess. Nur mit Geld umzugehen bedeutet allein noch nicht wirtschaften und schon gar nicht menschliche Wohlfahrt. Die Rolle, die Geld im Wirtschaftprozess spielt, entscheidet darüber, ob der Umgang mit Geld wirtschaften in unserem Sinne bedeutet.

Wirtschaften ist in dem Sinne ein schöpferischer Akt, da es etwas entstehen lässt, was es vorher so nicht gab. Der Wirtschaftsprozess kann schon zur Gewohnheit geworden sein, sodass die ursprüngliche Schöpfung darin nicht mehr leicht zu erkennen sein mag. In jedem Fall wird durch Wirtschaften ein Mehrwert erzeugt. Was als Mehrwert gelten kann, ist eine Sache der Bewertung. Es geht dabei nicht nur darum, welche Produkte am Ende herauskommen, sondern auch darum, wie produziert wird und welchen Mehrwert für ihr Leben Menschen bei der Arbeit empfinden. Unabhängig davon, zu welchen Bewertungen man kommt, können sich wohl die meisten einer Vorstellung von Wirtschaftkompetenz anschließen, die als Kompetenz zum effizienten und effektiven Zusammenfügen vieler Faktoren verstanden wird.

Ob man sich dem hier vertretenen humanistischen Menschen- und Weltbild anschließt und wie die Begriffe zu füllen sind, muss letztlich in einer Wertediskussion bestimmt werden. Hier wird vertreten, sich am Mehrwert für menschliche Wohlfahrt zu orientieren. Was das jeweils ist, kann ohne Klärung eines Menschenbildes nicht entschieden werden. Der Mensch wird hier als Individuum und Mitglied einer Gemeinschaft gesehen. Einzelne Individuen können vielleicht auf Kosten anderer Wohlstand erlangen, viele Individuen hingegen nur, wenn Wohlergehen auch Wohlfahrt der Gemeinschaft bedeutet. Bei den Überlegungen, wer oder was zu einer (Lebens-)Gemeinschaft gehört, müssen in einer globalen Welt die Horizonte weit gespannt werden. Die ökonomischen Betrachtungen überlappen sich mit den ökologischen, ja werden auf lange Sicht mit ihnen identisch.

Halten wir fest: Wirtschaftlicher Mehrwert entsteht durch die Steuerung von Wirtschaftsprozessen und von Organisationen, in denen und durch die gewirtschaftet wird. Dabei kommt es auf die intelligente Kombination dieser Wirtschaftsprozesse und der damit verbundenen Organisationen an. Die Frage des Mehrwerts bezieht sich auf die Produkte, aber auch auf alle mit der Wirtschaftstätigkeit verbundenen Prozesse, auch auf menschenorientierte Wirtschafts- und Organisationskultur.

Der entscheidende Mehrwert ist die Erhöhung der Wohlfahrt von Menschen. Dies muss für direkt und indirekt Betroffene gelten. Um darüber Rechenschaft ablegen zu können, muss das Ausweisen von »Fußabdrücken« aller Wirtschaftsergebnisse umfassend entwickelt werden. Humane Wirtschafts- und Organisationskultur sollte als Teil der Gesellschaftskultur der Wohlfahrt der darin tätigen und davon betroffenen Menschen dienen.

Substanzielle und nicht nur buchhalterische Wertschöpfung entsteht durch das Erschließen von Ressourcen und durch intelligente Ressourcenkombination. Diese entsteht z. B. durch Vielfachnutzung, Miniaturisierung, Verdichtungen aller Art, Recycelbarkeit, qualitatives Wachstum bei quantitativer Reduktion von Ressourcenverbrauch, aber auch durch Teamwork, konstruktive Zusammenarbeit, durch gute Strategien und wirksame Führung.

Wirtschaften verträgt sich mit sorgsamem Umgang mit Ressourcen, auch mit der Ressource Mensch, wobei der Mensch eben nicht nur als Ressource, sondern auch als ein sich verwirklichendes Wesen betrachtet wird. Zum Wirtschaften gehören Pflege der Ressourcen und Verantwortung für den in Verteilungskämpfen erlangten Ressourcenzugriff.

5.2.2 Wettbewerb

Das Prinzip des Wettbewerbs und der Leistungsfähigkeit von Organisationen wird von uns bejaht, auch wenn derzeit bestimmte Formen des Wettbewerbs und der Steigerung von Konkurrenzfähigkeit als schädlich betrachtet werden.

Denn Wettbewerb dient der Verbesserung evolutionären Strebens und der Ressourcen-Allokation. Sinnvollerweise sollten Ressourcen dorthin fließen, wo sie optimal und verantwortlich genutzt werden. Dies gilt, wenn Wettbewerb über intelligentere Ressourcenkombination und verantwortlicheren Ressourcenverbrauch ausgetragen wird. Der Markt allein leistet dies nicht, weil fairer Wettbewerb immer wieder ausgehebelt wird. Es ist Aufgabe der Politik, für den Wettbewerb Regeln zu definieren und für deren Einhaltung zu sorgen. Wettbewerb sollte nicht durch Kolonialismus und Imperialismus eingeschränkt werden können, sondern als Evolutionsferment von allen gepflegt werden.

5.2.3 Wachstum

Maßvolles Wachstum macht das Wirtschaften und das Entwickeln von Organisationen leichter, wie das Auffrischen des Windes das Segeln erleichtert. Zu stürmische Winde können Schiffe gefährlich aus dem Gleichgewicht bringen. Anhaltende Flauten bereiten unter Umständen nicht weniger Herausforderungen. Nur wer mit allen Wetterlagen zurechtkommt, kann sich als erfahrener Segler betrachten.

Wachstum ist dann als sinnvoll zu betrachten, wenn es der Erhöhung menschlicher Wohlfahrt dient. Prinzipiell sollte auch ein stationäres Wirtschaften, ja sinnvoller Umgang mit Rückbau und Schrumpfung, gelernt werden. Letzteres gilt nicht als besonders unternehmerisch und wird als Teil des Lebenszyklus von Organisationen oft so stiefmütterlich behandelt wie das Altern und das Lebensende von Menschen. Zumindest sollte man Wachstumsideologien kritisch begegnen, da sie oft einen Eigenwert bekommen oder für Machtausdehnung und Kompensation von Misswirtschaft herhalten sollen.

Weltweit wird erkennbar, dass das quantitative Wachstum an seine Grenzen stößt. Im Wettbewerb hat sich eine für alle belastende und bedrohliche Effektivitätsspirale entwickelt. Der Konkurrenzdruck führt jeweils dazu, dass Folgelasten angehäuft werden und der Abbau von bewahrenden und integrativen Leistungen in den Gesellschaften notwendig und gerechtfertigt scheint. Das weltweite Öffnen der Scheren (zum Beispiel von Armen und Reichen, von Gebildeten und Ungebildeten) scheint als Folge unumgänglich. Gleichzeitig wird erkennbar, dass Reichtum in einer verarmten Welt und Bildung in einer sinnentleerten und bedrohten Welt langfristig nicht einmal den Privilegierten von Nutzen sein kann.

5.2.4 Leistung

Selbstverständlich sind Menschen in Organisationen zu wirtschaftlicher Leistung im hier vertretenen Sinne angehalten. Sie müssen mehr zur Wertschöpfung beitragen, als sie Ressourcen in Anspruch nehmen. Die Beurteilung, was als Leistung gilt und wie sie zu bewerten ist, sollte in einer Organisation und in einer pluralistischen Gesellschaft letztlich in einer Wertediskussion vorgenommen werden. Denn manches wird als wirtschaftliche Leistung verkauft, was aus anderer Sicht als Raubbau, Wegelagerei und als Ergebnis imperialistischer und ausbeuterischer Beziehungen angesehen wird. Hier werden Fragen des ökologischen und nachhaltigen Wirtschaftens aufgeworfen.

Auch Fragen der Entgeltgerechtigkeit gehören in die Leistungsdiskussion. Unabhängig von der Beurteilung einzelner Leistungsbeiträge wird von Volkswirtschaftlern auf Leitplanken hingewiesen, innerhalb derer man sich zum Wohle aller bewegen sollte. So haben soziologische Untersuchungen ergeben, dass ein Einkommen der Topverdiener in der Organisation bis zum ca. 80-Fachen der untersten Einkommensgruppen toleriert wird. Mehr scheint kulturschädlich zu sein. Franz Josef Radermacher legt dar, dass Gesellschaften dann insgesamt am ehesten wohlhabend sind, wenn zwanzig Prozent der Privilegiertesten über circa vierzig Prozent der Ressourcen verfügen. Weniger motiviert nicht genug, mehr bringt den wirtschaftlichen Austausch zum Erliegen. Zwar werden die Reichen bei aufgehenden Scheren relativ schnell reicher, doch sinkt der Gesamtreichtum und die Ärmeren verarmen schneller, was die Gesamtwirtschaft und die gesellschaftlichen Verhältnisse nachhaltig schädigt. Augenmaß, Selbstbeschränkung und gesellschaftlicher Ausgleich auch zwischen den Generationen sind also harte wirtschaftliche Dimensionen. Sie werden nur oft nicht richtig erkannt und politisch durchgesetzt.

Der Friedensnobelpreisträger 2006 Muhammad Yunus hat weitergehend darauf hingewiesen, dass die Fixierung der Unternehmen auf zahlungskräftige Kunden in den von Angeboten überladenen Märkten kaum Sinn macht, wohingegen die Armen dieser Welt ein riesiges Marktpotenzial bedeuten, bringt man nur erst ihr eigenes Wirtschaften in Schwung. Die bessere Versorgung von Grundbedürfnissen stellt eine interessantere und humanere Reserve für Wirtschaftswachstum dar als alle fragwürdigen Luxusgüter zusammen.

5.3 Einige Organisationsperspektiven

Nach einem Blick auf Mensch und Wirtschaft kehren wir nun zu Organisationen und den Perspektiven der dazugehörigen Menschen zurück. Hierzu wurden an anderer Stelle (Schmid/Messmer 2005) schon viele Ausführungen zu Verantwortungskultur, Phasen der Krisenentwicklung in Organisationen etc. gemacht. Diese sollen hier lediglich anklingen, wohingegen auf einige zusätzliche Aspekte aufmerksam gemacht wird.

5.3.1 Unternehmertum

Unter einem Unternehmer konnte man sich noch vor wenigen Jahrzehnten jemanden vorstellen, der an der Spitze eines Unternehmens die Geschicke lenkt. Wie ein Feldherr hatte er den Überblick übers Ganze, entwickelte seine

Strategien und gab Anweisungen an die nachfolgenden Instanzen. Solche Bilder gründen vermutlich in früheren Modellen von Militärmaschinerien. Die Ideen des Militärs sind vielleicht verblasst, weniger die der Organisation als große Maschine. Die Grundidee des Taylorismus, der Organisationen nach der Top-down-Methode mit vielen ineinander greifenden Teilfunktionen konzipiert, ist bis heute im impliziten Selbstverständnis der meisten Organisationen lebendig geblieben.

Diese Idee wird nun ergänzt und zunehmend abgelöst durch die Idee der Organisation als lebendigem Organismus (Schmid/Meyer 2010). Zwar werden zentrale Strategien verfolgt, Steuerungsmaximen entwickelt und als Orientierungen vorgegeben, doch findet die tägliche und konkrete Wirklichkeit organisiert in vielschichtigen Subsystemen mit Eigenleben statt. Die Prozesse sind so komplex geworden, dass die Maxime Vorgabe und Umsetzungskontrolle nur noch begrenzt zur Steuerung beitragen können. Ob eine Organisation lebt und koordiniert werden kann, hängt eher von den transparenten und geteilten Kulturvorstellungen der darin relativ autonom wirtschaftenden Menschen und Gruppierungen ab.

Wenn sich die Unternehmenslenker nicht an diese ankoppeln, dann tritt eine Art Aquaplaning-Effekt auf. Die Lenkungsbewegungen oben führen zu geringen oder unerwarteten Effekten in der Organisation. Die Lenkung oben muss sich an die realen Lebensprozesse ankoppeln und die Interessen der Mitarbeiter als Mitunternehmer einbinden, wenn eine organische Steuerung erreicht werden soll. Die hohen Prozessanforderungen machen es notwendig, dass die einzelnen Teile und Beteiligten der Organisation nicht mehr lediglich Teilperspektiven versorgen, im Vertrauen darauf, dass die Konstruktion schon für die Schlüssigkeit des Ganzen sorgen werde.

Es braucht heute auch aus der Teilperspektive den Blick für das Ganze, die Fähigkeit, Teilprozesse so zu gestalten, dass sie auch auf den Gesamtprozess bezogen Sinn machen. Worin unterscheidet sich diese von einer unternehmerischen Haltung? Die Entwicklung einer unternehmerischen Haltung und Kultur auf allen Ebenen und in allen Teilen der Organisation ist vonnöten, um selbst gesteuert und doch an den Unternehmenszielen orientiert zur Gestaltung der komplexen Prozesse beizutragen. Je mehr sich diese Haltung in den Perspektiven des Wirtschaftens und der Organisationsgestaltung ausdehnt, umso wertvoller ist dies für das Unternehmen als Gesamtorganismus.

Gleichzeitig wächst der Überblick, wächst ein kritisches Bewusstsein für Beiträge zu Leistung und Unternehmenskultur und für die Stimmigkeit von Geben und Nehmen. Neben Spezialistentum verschafft Mitunternehmertum in diesem Sinne den Mitarbeitern Würde und Macht. Nur unter der Voraussetzung, die Organisationskultur heißt Mitunternehmertum willkommen, erwerben seine Protagonisten geringere Austauschbarkeit und so einen höheren internen Marktwert. Parallel dazu werden meist die eigenen alternativen Möglichkeiten auch außerhalb der Organisation als Optionen greifbar und es muss immer wieder neu attraktiv sein, sich weiterhin zu binden.

Mit einer machtorientierten und mechanistischen Vorstellung kann man sich meistens auch heute noch durchsetzen. Aber es ist zu prüfen, inwieweit man damit die Kultur der konstruktiven Eigensteuerung und die Attraktivität des Unternehmens für anspruchsvolle Professionelle schädigt. Ohne die Würdigung der Mitarbeiter als Mitunternehmer ist ihre unternehmerische Gestaltungskraft und Mündigkeit für das Unternehmen kaum zu gewinnen.

5.3.2 Strategie und Führung

An anderer Stelle haben wir uns damit beschäftigt, dass zwei sehr unterschiedliche Komponenten für unternehmerische Lenkung gebraucht werden (Schmid/Messmer 2005, Kap. a): strategisches Management und strategische Führung.

Unter strategischem Management verstehen wir die geistige Tätigkeit, komplexe Designs von unternehmerischen Prozessen zu erstellen. Diese sollten nicht nur Visionen, sondern auch die konkrete Wirklichkeit berücksichtigen.

Mit strategischer Führung haben wir die vorwiegend kommunikative Tätigkeit bezeichnet, mit der Menschen dazu gebracht werden, sich geplante Prozesse zu eigen zu machen und eigenverantwortlich und kreativ darin wichtige Rollen zu spielen. Diese beiden Kompetenzen sind nur selten in einer Person optimal vereint. Daher sind das Zusammenspiel und die gegenseitige Würdigung so wichtig und kein unternehmerischer Geist sollte dafür zu stolz sein.

In der Theatermetapher (Schmid/Messmer 2005, Kap. 9) gesprochen geht es um Drehbücher und Regie. Im Drehbuch wird konzipiert, wie eine Story konkret auf die Bühne gebracht werden soll. Die Regie verbindet die im Drehbuch vorgezeichnete Inszenierung mit den Menschen. Kompetenz und Ausdrucksvermögen der Schauspieler werden zu konkret gespielten Rollen geformt. Diese werden integriert und die Abläufe so einstudiert, dass eine überzeugende Inszenierung daraus wird. Ist die Inszenierung gefestigt, kann man die Reproduktion für weitere Aufführungen der Tagesregie überlassen. Diese muss den Geist der Aufführung begriffen haben und das Niveau durch Kommunikation aufrechterhalten, nicht aber Neuinszenierungen hervorbringen können.

Ein gutes Drehbuch ist »die halbe Miete« einer guten Inszenierung. Öfter hat man den Eindruck, dass sich Unternehmenslenker mit dem, was in der Theatersprache Plot heißt, begnügen, also einer Grundidee von Story und Handlung. Der Rest wird für einen Gegenstand nachordnender Umsetzung gehalten. Auch hört man öfter die Ansicht, dass gute Mitarbeiter kaum Führung brauchen. Im Theater ist das Gegenteil der Fall: Je kompetenter und individueller die Schauspieler, desto besser muss die Regie sein, sonst wird kein überzeugendes Stück daraus. Auch in Organisationen wird daher nicht weniger, sondern bessere Führung gebraucht. Wenn Unternehmenslenker keine eigenen strategischen Stärken oder nicht die nötige Regiekompetenz haben, tun sie gut daran, für Ergänzungen mit einem entsprechenden Kompetenzprofil zu sorgen.

5.3.3 Übersicht und Detailkenntnisse

Die Frage, wie sehr ein Manager oder eine Führungskraft in der Lage sein sollte, die eigenen Beiträge auf hinreichende Kenntnis und gutes Urteilsvermögen bezüglich der konkreten Organisationswirklichkeit zu stützen, steht immer wieder zur Debatte.

Hierzu ein Beispiel:

In einem international agierenden Großunternehmen war eine umfangreiche strategische Neupositionierung aufgerufen. In diesem Zusammenhang sollte auch neu definiert werden, was unter strategischer Führung in diesem Unternehmen zu verstehen sei.

Um der Inflation von Themen und Bearbeitungsebenen Herr zu werden, wurden in einem Experimental-Workshop die Geschäftsführung und ausgewählte Vertreter der jeweils hierarchisch nachgeordneten Instanzen bis hin zu den Akteuren in je einem Land eingeladen. Als Beispiel sollte die neue Strategie »Übernahme von Konsortialführerschaften bei internationalen Kooperationen« konkretisiert und die dafür geeignete strategische Führung definiert werden.

Zunächst schien es so, als wäre klar, was das auf den verschiedenen Ebenen bedeuten könnte und als wäre es eine Frage der Führung von oben nach unten, diese Strategie umzusetzen (Schmid 2004, Kap. 17). Dennoch wurden die vier verschiedenen Hierarchieebenen (Geschäftsführung, Geschäftsfeldleitung, Länderchefs und regionale Projektleiter) gebeten, zu beschreiben, woran sie deutliche Fortschritte bezüglich des strategischen Ziels in ihrer Ebene erkennen würden. Auch wurden sie gebeten, zu beschreiben, welche Antworten die anderen Ebenen ihrer Vorstellung nach geben müssten.

Das Ergebnis war niederschmetternd. Die Beschreibungen auf den verschiedenen Ebenen waren so verschieden, dass nicht einmal festgestellt werden konnte, wie sie zueinander standen, geschweige denn, ob man sich einig oder uneinig war. Eine auf wechselseitigem Abgleich von Wirklichkeitsbezügen basierende Führung war so unmöglich. Schockierend war diese Erfahrung auch, weil man nur eines von vielen strategischen Themen und nur eine von vielen Führungsketten in die Länder hinein vor sich hatte. Dies kontrastierte stark mit den geringen Ressourcen und der kurzen Laufzeit, die man für das Projekt »strategische Neuausrichtung« angesetzt hatte.

Von den jeweils vorgesetzten Ebenen wurde angemerkt, das Problem sei am dringlichsten, dass sie wegen der Vielzahl der Zuständigkeiten nicht jedem Projekt und jeder Führungskette hinreichend Aufmerksamkeit schenken könnten. Dies müsse delegiert werden.

Doch wie soll Delegation funktionieren, wenn die Beteiligten nicht zumindest beispielhaft klären können, worauf es ankommt, wie Ergebnisse auf den verschiedenen Ebenen aussehen könnten und wie sie insgesamt eine gelebte Strategie ergeben?

Man muss sich der Mühe unterziehen, zumindest an Beispielen solche Klärungen vorzunehmen. Natürlich hat niemand Zeit, dies überall und bis in die Einzelheiten durchzuexerzieren. Doch ist dies auch nicht nötig. Es geht eher darum, an Beispielen gemeinsame kulturbildende Erfahrungen zu machen und diese Erfahrungen zu multiplizieren. Denn Beispiele machen Schule. Deshalb müssen sich Schlüsselfiguren Zeit für Kulturbildung anhand von Beispielen nehmen. Die Multiplikation ist wiederum eine eigene Strategie wert und erfolgt über das, was qualitativer Transfer genannt werden kann.

Festzuhalten bleibt, dass sich die Unternehmensebenen nicht allein unter ihresgleichen (horizontal) optimieren dürfen. Die Leistungserbringung und Kultur einer Organisation hat entscheidend mit dem Zusammenspiel der Ebenen zu tun. Dieses (vertikal) zu optimieren ist für das Funktionieren von Organisationen von entscheidender Bedeutung. Zwar erfordern übergeordnete Funktionen ein gewisses »Surfen«, das heißt, sich fließend zu bewegen, ohne im Detail zu versinken. Doch damit dies verantwortungsvoll möglich ist, muss man sich Beispielen der gesamten Prozesskette stellen. Sonst besteht »Aquaplaning-Gefahr«. Hierzu muss man sich vielleicht auch über Organisationsstrukturen und Selbstverständnisse Gedanken machen. Manchmal sind Verantwortungsbereiche zu groß oder das eigene Selbstverständnis definiert notwendige Lernprozesse weg.

5.3.4 Ganzheitlichkeit und Partialoptimierung

Vorstellungen zur Verantwortungskultur in Organisationen wurden an anderem Ort schon ausführlich dargelegt (Schmid/Messmer 2005, Kap. 2). Dort wurde unterschieden zwischen der *Verantwortung für* und der *Verantwortung in Bezug auf*. Mit dieser Unterscheidung wurde markiert, dass eine unternehmerische Haltung nahelegt, direkte Zuständigkeit mit einer Verantwortung für das Ganze abzustimmen.

Wie in vielen anderen hier beschriebenen Fällen sind auch in diesem eher Haltungen und Lernfelder gemeint, als dass allgemein definiert werden könnte, was das in einer konkreten Organisation bedeutet. Auch kann man wohl niemandem versprechen, dass er mit dem Anspruch, Verantwortungen abzustimmen, immer auf positive Resonanz stößt. Doch wäre schon etwas gewonnen, wenn mehr Menschen in Organisationen von verbreiteten Reflexen Abstand nehmen und Spielräume nutzen könnten. Gelingende Verantwortungsdialoge in Organisationen sind für Leistung und Zufriedenheit in Organisationen entscheidend.

In einem Gemeinwesen macht es wenig Sinn, z. B. lediglich die Verwaltungen zu optimieren, sich aber wenig um die zu verwaltenden gesellschaftlichen Anliegen zu kümmern. Die Optimierung einer Gemeindeverwaltung sieht anders aus, wenn man nicht nur für die Mitwirkenden die Abläufe optimiert, sondern gleichzeitig eine schwellenarme Zugänglichkeit für alle Bürger ermöglicht. Im einen Fall kommt eine repräsentative und für die Verwalter durchrationalisierte Rathausverwaltung heraus. Im anderen Falle entstehen vielleicht Bürgerbüros in den Stadtteilen, die sehr verschiedene Verwaltungsvorgänge bündeln, in denen z. B. auch alte Menschen im Winter leicht alle behördlichen Dienste nutzen können.

Ähnlich ist es in vielen Dimensionen gesamtunternehmerischer Verantwortung. Man braucht eine dienende Haltung einem bejahten Ganzen gegenüber, um auf die Bequemlichkeit der Partialoptimierung zu verzichten. Es ist einfacher, sich mit Vorstandskollegen irgendwie zu arrangieren und die Folgelasten auf die nachfolgenden Ebenen zu verschieben, als sich mit deren Anliegen auch noch ernsthaft auseinanderzusetzen und sie gegenüber den Kollegen zu vertreten.

Damit man diese Anstrengung auf sich nimmt und sich einer diesbezüglich lernenden und lebendigen Organisationskultur verpflichtet, muss diese mit Wert und Bedeutung versehen sein. Das heißt auch, dass es sich in jeder Hinsicht auszahlen muss, auf Egoismus, Scheuklappen und die Aufblähung eigener Teilperspektiven zu verzichten. Das sicherzustellen, ist eine unternehmenskulturelle Aufgabe.

5.3.5 Integrationsfähigkeit statt Polarisierung

Nicht immer ist Gemeinschaftsfähigkeit eine Frage der Motivation. Oft hat sie mit kulturellen Gewohnheiten und Denktraditionen zu tun. Das westliche duale Denken steigert sich leicht in polares Denken. Wir glauben, einen Gedanken, eine Positionierung im Projekt oder eine professionelle Stärke dadurch herausstellen zu müssen, dass wir in Schwarz-Weiß-Darstellungen übergehen. Die Besonderheit und der Wert werden dadurch markiert, dass man etwas für sich in Anspruch nimmt, was sonst niemand hat oder das in Gegensatz zu anderem steht (Schmid 2004b). Man ist weniger geübt, Gemeinsamkeiten und Möglichkeiten der wechselseitigen Ergänzung und dabei aber auch das Eigene zu betonen (Schmid 2003, Kap. 3.3.6). Polarisierendes Denken und die daraus abgeleiteten Haltungen wurden treffend als »Zaunkönig-Mentalität« bezeichnet. Jeder kennt solche Reaktionen: Die ausschließliche oder zumindest maßgebende Zuständigkeit wird mit mehr Engagement vertreten als das gemeinschaftliche Ausfüllen von Gesamtverantwortung.

Die alternative gemeinschaftstauglichere Mentalität ist dadurch gekennzeichnet, dass man anderen Ähnliches zugesteht wie sich selbst. Die Besonderheit wird dabei eher in einer eigenen Version und Zusammenstellung gesucht als dadurch, dass man anderen Qualitäten abspricht oder für sich eine aufgebauschte Originalität beansprucht. Die Etikettierung von Allgemeingütern mit einem Eigennamen als Voraussetzung für die Beanspruchung von Rechten ist oft genug anmaßend und peinlich. Gemeinschaftstaugliche Konkurrenz hat mit einem anderen Verständnis von Konkurrenz zu tun. »Concurrere« (lat.) heißt »zusammen laufen«. Dass jeder dabei zu seiner Bestform kommt, ist wichtiger, als den Konkurrenten auszustechen. Nur dann ist Wettbewerb ein Segen für die Marktwirtschaft und die Evolution.

Eine »Unique Seller Position« (USP) wird gemeinschaftstauglich eher damit begründet, dass die eigenen Beiträge besonders leicht zu übernehmen, in Prozesse anderer zu integrieren sind. Sie sind originell, auch in der Art wie sie integriert werden können oder wenn schon nicht integrierbar, dann doch eine gute Ergänzung. Produkte auch auf Integrierbarkeit und Komplementarität hin zu entwickeln wäre die Alternative zum Versuch, Produkte und Märkte beherrschen zu wollen. Die »Open-Source-Bewegung« – vertreten z. B. durch Wikipedia oder Linux – sind hierfür zukunftsweisende Beispiele.

Dienstleister, die eine oder wenige Perspektiven optimiert haben, weniger jedoch den Anschluss an komplementäre Steuerungsnotwendigkeiten halten, neigen dazu, die Welt so zu stilisieren, dass sie zu ihren Perspektiven und Dienstleistungen passt, anstatt ihre Perspektiven so zu erweitern, dass ihre

Dienstleistungen zu einer vielfältigen Welt mit umfassender Verantwortung passen.

5.3.6 Distanz und Engagement

Wie erwähnt werden hier Haltungen und Ansätze beschrieben, die vielen Traditionen und gelernten Reflexen unserer heutigen Zivilisation widersprechen. Um sie als Individuum manchmal entgegen den Umweltanreizen verfügbar zu halten, ist eine gewisse Distanz nötig. Distanz zu sich selbst und den gelernten Reflexen wie auch Distanz zu Auslösern und Mentalitäten in der Umwelt.

Dem steht entgegen, dass Engagement oft mit Identifikation gleichgesetzt wird. Manche Motivationskonzepte bauen darauf, sich mit einer Sache, mit einem Ziel, mit der gewählten Strategie usw. zu identifizieren. An anderer Stelle (Schmid/Messmer 2005, Kap. 14) wurde dargelegt, was es seelisch bedeuten kann, wenn dann das Identifikationsobjekt, womit man sich gleichzusetzen gelernt hat, unvorhersehbar untergeht oder beliebig modifiziert wird. Persönliche Zusammenbrüche und Selbstmorde im Zusammenhang mit Unternehmensumbrüchen erzählen von solchen Tragiken.

Es darf, ja es sollte eine klare Unterscheidung geben zwischen dem Selbstverständnis eines mündigen Mitarbeiters und den Dingen, für die er sich engagiert oder für die er begeistert werden soll. In allen Weisheitslehren gehört die Desidentifikation – also die Aufhebung von Anhaftungen des Ichs – zu den zentralen Übungen. Abstand zu Teilpersönlichkeiten und Rollen in der Welt hilft dabei zu spüren, wer man jenseits dieser Identifikationsobjekte ist. Jenseits eines spirituellen Anspruchs ist dies auch professionell richtig: Die Rollen im Leben und die Welten, in denen sie gespielt werden, können mit etwas Abstand besser befragt und gewichtet werden. Doch soll hier keiner Entrücktheit das Wort geredet werden, denn ›höheres Bewusstsein‹ interessiert hier nur im Doppelpack mit konkretem Leben, und das heißt auch mit dem konkreten Wirtschaftsleben. Im Welten-Modell der Persönlichkeit (Schmid 2003, Kap. 3.2.3, Mohr 2006) kommt dies zum Ausdruck. Leben, und wie man es verbringt, wird als untrennbar von Rollen und gesellschaftlichen Räumen betrachtet.

Damit ist man sowohl als guter Unternehmer in eigener Sache als auch als positiv kritischer Partner für andere aufgerufen. Wofür man sich engagiert, muss Sinn machen. Wenn dieser verloren scheint, ist es Zeit für etwas Abstand und eine Neubesinnung. Wie soll jemand eine komplexe Rolle kompetent ausfüllen, wenn der dafür nötige intuitive Kompass nicht funktioniert (Schmid/Gérard 2008, Kap. 2)?

Es sollen also nicht existenzielle Wehleidigkeit und bodenlose Sinndiskussionen in Organisationen befürwortet werden. Auch hier kommt es auf das richtige und verträgliche Maß an. Dieses wird umso leichter gefunden, je mehr solche Abstimmungen Teil gelebter Organisationskultur sind. Distanzierte und engagierte Mitarbeiter sind dann die wertvolleren Mitarbeiter, wenn es nicht auf besinnungsloses Mitmachen, sondern auf Kreativität und nachhaltiges Wirtschaften ankommt.

5.4 Wenn Organisationen desintegrieren?

> »Alles Schwere war mal leicht. Alles Große war mal klein. Lerne umsichtig zu gestalten, solange die Dinge klein und leicht sind. Danach wird es viel schwerer!« (Schmid 1998a)

In diesem Kapitel soll eine Lanze für die Alltäglichkeit von guter Organisationskulturpflege gebrochen werden. Kulturpflege ist die beste Maßnahme gegen Krisen.

Schon aus der Kinderziehung weiß man, dass die besten pädagogischen Kriseninterventionen die Vermeidung von Krisen durch umsichtiges Gestalten des Alltags und waches Reagieren auf entstehende Probleme sind. In zugespitzten Situationen gelingt es selten, ein Verhalten zu zeigen, das als Maßstab für den täglichen Umgang miteinander gelten kann.

5.4.1 Entstehung von Krisen

Wenn Fehlfunktionen unübersehbar werden, weil sie nicht länger durch günstige Entwicklungen kaschiert oder abgefedert werden, sind Erneuerungen angesagt. Manager wie Berater stehen dann unter Handlungsdruck und suchen den Dreh, die entscheidenden Erklärungen und Lösungsideen, die ein Herumreißen des Ruders und einen Neuanfang ermöglichen sollen. Vielleicht gibt es zu drastischen Maßnahmen oft gar keine Alternative mehr. Doch verdecken solche Notlösungen oft die eigentlichen Ursachen und lassen einen daher auch nicht sensibel dafür werden, wie künftig Systeme laufend so zu pflegen sind, dass sie nicht wieder in ähnliche Bedrängnisse geraten.

Warum desintegrieren komplexere Organisationen oft selbst dann, wenn ihre Teilsysteme vernünftig scheinen und jeder sein Bestes tut? Warum werden Systeme oft immer träger, verbrauchen zunehmend Energie, weil Prozesse nicht sinnvoll ineinander greifen, weil Fehlfunktionen korrigiert werden müssen, weil immer mehr Krisen- und Konfliktbewältigung von den wesentlichen Aufgaben und einer zukunftsgerichteten Entwicklung abhalten?

Dafür soll eine ebenfalls unspektakuläre Betrachtung angeboten werden: Große Stunden und große Bühnen können Organisationskultur gelegentlich fördern, doch ist sie im Wesentlichen eine Angelegenheit des Alltags. Die tägliche Pflege von Organisationskultur von Anfang an und im Konkreten wird jedoch von vielen Topmanagern als weniger sexy angesehen, ist nicht für Heldentaten geeignet und rechtfertigt kaum überdimensionale Privilegien. Am sinnvollen Gestalten von funktionierender Alltagskultur wirken eben viele mit, und deren Beiträge sind nicht minder wichtig, wenn auch weniger spektakulär.

Als Metapher für ein komplexes, wenn auch technisches System stellen Sie sich bitte zunächst eine große Druckmaschine vor. Viele mechanische und elektronische Teilsysteme müssen präzise ineinander greifen, wenn das Druckergebnis hochwertig sein soll. Wenn die durch die Maschine erreichbare Qualität nachlässt, ist dies selten durch Verbesserungen einer Komponente allein zu kompensieren. Zwar zeigen einzelne Teilsysteme vielleicht geringfügige Abweichungen oder solche, die nicht unbedingt als entscheidend angesehen werden. Doch multiplizieren sich viele solcher Abweichungen zu einem insgesamt unbefriedigenden Ergebnis. Verbesserung kann dann eben auch nicht durch die eine einzelne Maßnahme erreicht werden, sondern durch viele kleine Korrekturen, die sorgfältig aufeinander abgestimmt werden müssen.

Je komplexer und arbeitsteiliger soziale Systeme werden, desto störanfälliger werden sie und desto größer wird der Aufwand, ihr Zusammenspiel integriert oder wenigstens miteinander verträglich zu halten. Hierzu müssen die Wirklichkeitsverständnisse und Selbststeuerungen der beteiligten Teilsysteme zueinander passend gemacht und gehalten werden. Doch neigen Wirklichkeitsverständnisse dazu, im Laufe der Zeit zu »driften«. Dazu kommt, dass die Eigendynamiken der Teilsysteme ihr eigenes Gewicht entwickeln, zuungunsten des Aufbaus und der Pflege einer Gemeinschaftswirklichkeit, der Anschlussfähigkeit der Teilperspektiven daran und der koordinierten Selbststeuerungen (Schmid/Messmer 2005, Kap. 3).

Aus den Unterschiedlichkeiten entstehen zunächst eher Haarrisse im Gebäude der Gemeinschaftswirklichkeit, für die es Reparaturmechanismen geben muss, wenn sie sich nicht zu ernsthaften Bauschäden auswachsen sollen. Doch finden diese Risse oft nicht genügend Beachtung, weil die Teilsysteme sie nicht im Fokus ihrer Aufmerksamkeit haben. Oder sie können mit akzeptabel erscheinendem Aufwand damit leben, ohne die Risse wenigstens unter Beobachtung zu stellen. Dazu kommt die Neigung jedes Teilorganismus, sich selbst zu optimieren und in Szene zu setzen und darüber die Gesamtverantwortung aus den Augen zu verlieren.

Solche Effekte multiplizieren sich schnell auch in Bereichen, die für die Kernfunktion und die Kernidentität einer Organisation entscheidend sind. Bei günstigen Großwetterlagen entsteht keine frühe Notwendigkeit zur Korrektur durch kontinuierliche Verbesserungsprozesse (KVP). Und/oder Konsequenzen können symbiotisch verschoben werden, d. h. Verantwortung oder Lasten werden auf nicht Verantwortliche oder nicht Einflussmächtige verschoben. Dann häufen sich Fehlzusammenspiele nicht nur, die Einsicht in die Zusammenhänge wird auch immer schwerer. Es entstehen organisationale Lernstörungen. Statt Kulturkorrekturen entstehen Gewohnheiten, sich mit Fehlfunktionen zu optimieren, bzw. Ressourcen für das Leben mit ihnen zu verbrauchen, bis sie allen auch normal erscheinen.

In komfortablen Zeiten wirken solche Organisationen dennoch wirtschaftlich gesund, wenn auch etwas aufwendig betrieben oder schwerfällig. Doch können Krisen plötzlich Probleme anhäufen, für deren Bewältigung dann Reserven aller Art fehlen, und es können geänderte Umweltbedingungen das Weitermachen so nicht mehr erlauben. Dann ist es für organische Erneuerungen oft zu spät, bzw. die Systemkompetenz dazu ist vermindert. Je höher die dann zu Tage tretenden Probleme aufgelaufen sind, desto mehr überlässt man nun Sanierern das Feld. Diese neigen nun zu spektakulären Erklärungen und Maßnahmen, die zu ihrem Geschäft gehören. Gordische Knoten sollen mutig und am besten öffentlichkeitswirksam durchschlagen werden. Genaues Studieren der Verknotungen und sorgfältiges Aufknoten ist nicht Sache der dabei meist aktiven männlichen Spezies. Vielleicht fehlt da auch das Selbstverständnis und Training im Privatbereich, weil man es eher Frauen überlassen hat, wenn sich z. B. Lockenwickler im Mädchenhaar verfangen hatten. Ähnlich diffizil wäre es jetzt, die Situation rückblickend als Folge vieler kleiner, sich multiplizierenden Fehlsteuerungen zu begreifen und notwendige Lernprozesse ab- und einzuleiten. Da schneidet man eben die verknoteten Haare kräftig ab und mutet ihren Trägern die Verstümmelungen zu.

5.4.2 Meist trifft es die Falschen

Krisen treffen meist diejenigen besonders hart, die am wenigsten die Fehlentwicklungen hätten verhindern können und müssen. Die eher Verantwortlichen sind längst wohl abgefunden zu neuen Heldentaten unterwegs. Doch nützt Flucht, wenn man vom Vampir gebissen wurde? Was unbeachtet bleibt: Aufarbeitungs- und Lernprozesse kommen sowohl bei den sanierten Organisationen wie auch den dann woanders den Ton angebenden Managern zu kurz und führen dazu, dass dieselben Haltungen und Vorgehensweisen wiederholt werden. Wie eine Infektion können sie weiterwirken und sich woanders verbreiten. Eine Quarantäne für Kulturinfektionsträger ist noch nicht erfunden – noch nicht einmal ein System, bei dem persönliches Einkommen und Alterssicherung von der Gesundheitsentwicklung der Organisation und der Wohlfahrt aller Stakeholder, für die man Verantwortung trug, abhängt (Schmid/Messmer 2005, Kap. 14). Stattdessen rechtfertigen sich neuerdings Bezieher überdimensionaler Einkommen damit, dass diese größtenteils erfolgsabhängig wären. Erfolg für wen? In welcher Zeitperspektive? Dies ist oft ganz anders bei von Eigentümern geführten Unternehmen, weil dort die Zusammenhänge noch spürbar sind und die eigene Familie und das Lebensumfeld direkt betreffen.

Politisch angelegte Sanierungsideen lösen die Probleme oft eher formal oder quantitativ anstatt substanziell und qualitativ. Rügen oder öffentliche Distanzierung von ausgemachten Schuldigen personalisieren die Probleme. Mit dem »Ausmisten« von Personal oder mit undifferenziertem Erfolgsdruck (z. B. Ergebnis-Zahlen-Vorgaben) wird auf untergeordneten Instanzen vorwiegend Angst erzeugt. Versucht man wieder mal, mit Druck aus Kohle Diamanten zu machen? Spielt Ausschuss keine Rolle? Ist die epidemische Zunahme von Depressionen ein privates Problem, für das der Gesundheitssektor Lösungen finden muss? Sollen Probleme bei unentbehrlichen Leistungsträgern durch Coaching abgefangen werden (Schmid 2002)?

Unbestritten ist, dass zu behäbig und traditionell gewordene Systeme ohne drastische Erfahrungen schwer zum Aufbruch zu bewegen sind. Klug inszenierte Aufrütteleffekte können verschlafene Systeme durchaus wecken. Ob sie allein zum Lernen führen, einem konstruktiven Auswerten von Fehlern und Versäumnissen bzw. zur Neubelebung von Vitalität und Kreativität, ist fraglich. Entscheidend ist, ob die Krise zum Anlass genommen wird, Verantwortungskultur sorgfältig und alltäglich nachhaltig weiterzuentwickeln.

5.4.3 Was kann getan werden?

Wie kann der Desintegration und dem Auseinanderdriften der Wirklichkeiten und der Steuerungen entgegengewirkt werden?

In familiären Organisationen kann viel durch persönlichen Kontakt und durch intuitive Abstimmung zwischen Einzelnen geregelt werden. In größeren Organisationen muss mehr formal geregelt werden. Doch jeder weiß, dass formale Regelungen nicht alles erfassen. Wird dies versucht, ersticken die Systeme in Bürokratie. Nur solche Regelungen, die Bestandteil gelebter

Organisationskultur werden, haben konstruktive Wirkung. Andere erzeugen Illusionen und Doppelbödigkeit und werden nicht selten lediglich für Rechtfertigung und Schuldzuweisung gebraucht.

Vieles, ja meist das Wesentliche wird durch gelebte Organisationskultur geregelt. Komplexe Systeme brauchen ein gewisses Regelwerk als Leitplanken, doch gesteuert werden können sie nur durch dezentral gelebte Abstimmung vor Ort. Dazu muss jeder irgendwie verstanden haben, worauf es im Prinzip ankommt, damit er sich eigenständig entsprechend steuern kann. Integration gelingt nur über geteilte Organisationskultur. Dabei ist das Wie oft wichtiger als das Was.

Gelebte und geteilte Organisationskultur ist wie eine gemeinsame Sprache. Jeder lernt ihre Grammatik durch lebendigen Umgang in konkreten Situationen. Auch Sprache dient der Gestaltung von Wirklichkeit, neben den identitätsbildenden Funktionen. Man kann grammatikalisch richtig sprechen und zeigt damit die implizite Kenntnis der Grammatikregeln ohne diese benennen zu können. Man erlernt sie im Wesentlichen, ohne Grammatikbücher zu studieren. Diese haben nur spezifischen Nutzen für Wenige. Die gemeinsam gesprochene Sprache müssen aber alle verstehen und sprechen. So ist es dann auch mit der Organisationskultur.

So wie eine Fremdsprache am besten durch Sprechen und beständige Korrekturen und Anreicherungen in Lifesituationen gelernt wird, wird auch Organisationskultur gelernt. Dies kann kaum in gesonderten Schulungen wegdelegiert werden. Lehrveranstaltungen haben jedoch eine nützliche Sonderfunktion, wenn sie keine eigene Welt aufbauen, sondern als Brücke zum Lernen in der Praxis dienen. Wichtiger ist nämlich die gemeinsame Lernhaltung und gegenseitige Hilfe in der Sprachpraxis. Wenn man es auch hier bequemer findet, Fehler unkorrigiert zu lassen, weil man ja auch irgendwie so zurechtkommt, bleibt die Sprachkompetenz dürftig. Bei einfachen Tätigkeiten mag dies unproblematisch sein. Doch bei komplexen Themen, bei denen es auf die Nuancen ankommt, können entscheidende Missverständnisse daraus erwachsen. Hier ist Konfrontationskultur angesagt, wobei damit nicht Streitereien, sondern häufige Abgleiche des Verständnisses von Wirklichkeit und Verantwortungen gemeint sind. Ohne Mut und ein positives Verständnis von Konfrontation bleibt das Gefühl, eine Wirklichkeit und Kultur zu teilen, oft aus.

5.4.4 Kultur – ein verderbliches Gut

Eigentlich ist Desintegrationen verständlich und eher der Normalfall. Kultur ist ein verderbliches Gut. Sie ist leicht vergänglich, wie Leben überhaupt. Jeder nachhaltig wirtschaftende Bauer weiß, wie wichtig Bodenpflege ist. Intensivwirtschaft nach dem Ausbeutungsprinzip ruiniert Lebensgrundlagen. Es ist wohl kein Zufall, dass mittlerweile weltweit unverwüsteter Boden spekulativ gekauft wird, während lebendiger Boden und Wasserhaushalte durch industrielle Ausbeutungswirtschaft ruiniert werden. Dies liegt an der Mentalität der Akteure und an ihrer Inkompetenz, andere Formen des Wirtschaftens zu entwickeln. Nach Baumgart (2006) liegt dies aber nicht an der Überbevölkerung der Menschen, sondern an Verschwendungs-, Missbrauchs- und Ausbeutungswirtschaft. Allein Ameisen bringen viermal so viel Biomasse auf die Waage wie die Menschen und setzen dabei viel mehr um. Der Unterschied? Sie machen keinen Müll!

Es muss beständig an der Erhaltung von Lebensgrundlagen und an Erneuerung von Kultur gearbeitet werden. Dies tun Menschen, im Unterschied zu Maschinen, von sich aus täglich. Ist es nicht erstaunlich, wie gut vieles gelingt, obwohl Strukturen und Prozesse unzulänglich sind und an der Spitze oft wenig auf Organisationskultur geachtet wird? Hier profitieren alle von der Kompetenz und Verantwortlichkeit vieler Menschen und von der gesellschaftlichen Lebenskultur, die ihnen gemeinschaftliches Agieren ermöglicht. Wenn auch diese Lebenskultur vernachlässigt wird, haben wir herbe Zeiten vor uns. Denn komplexe Organisationen haben immer mehr Diversität zu bewältigen, und Kulturbegegnung wird ein oft entscheidender Teil der Kommunikationsaufgabe sein.

Diese Ausführungen sollten Anreiz sein, zur Erhaltung von Leistungsfähigkeit und dem Wohlergehen von Organisationen und ihren Menschen in bewusste Kulturentwicklung zu investieren. Eines der sogenannten »weichen Themen« mit knallharten Auswirkungen.

5.5 Verantwortungskultur

5.5.1 Drängende Fragen

Unsere Zeit konfrontiert uns mit bedrängenden Fragen. Haben wir Antworten darauf?

Haben wir uns wenigstens aufgemacht, nach Antworten zu suchen? Gibt uns der eingeschlagene Weg Zuversicht? Oder stellen wir wenigstens die richtigen Fragen? Sind die richtigen Leute mit diesen befasst? Fließen genügend Ressourcen hinein? Wer neigt nicht dazu, eine Vogel-Strauß-Stellung einzunehmen? Viele tun dies nicht immer, aber wahrscheinlich noch zu oft. Es ist ja schwer erträglich, sich so vielen aufgestauten Problemen zu stellen. Und wenn man in der Problemflut untergeht, ist auch niemandem geholfen. Dynamische Entwicklungen allerorts übersteigen unsere Gestaltungskompetenz und Gestaltungskapazität. Steht hier David gegen Goliath? Ist es angesichts dessen nicht umso trauriger, wenn Heerscharen von kompetenten jungen Menschen Spielkasinos mit Gesellschaft, Money Making mit einem engagierten Bewirtschaften von Ideen und Profit mit dem wirtschaftlichen Gestalten eines humanen Lebens verwechseln?

Einen jungen Verwandten, der nach England aufbrach, um Banker zu werden, mahnte ich spontan: »Ich hoffe, du willst mehr im Leben werden als bloß Millionär!« Er schaute mich verwirrt an, aber ich hatte auch das Gefühl, dass seine Seele aufhorchte. Nur ein Achtungserfolg? Ich weiß, man sollte nicht altväterlich und schon gar nicht Moral triefend daherkommen. Doch sollten wir auch nicht den Fehler unserer Väter- und Müttergeneration wiederholen, die vielleicht durch die moralische Verunsicherung des Dritten Reiches, vielleicht durch den anmaßend-aufmüpfigen Gegenwind der 68er-Jahre den Mut verloren hat, mit uns Jüngeren über Werte, gutes Leben und menschliches Maß zu reden. (Schmid 2009b)

5.5.2 Auf der Suche nach der verlorenen Verantwortung

Verantwortung (Schmid/Messmer 2005, Kap. 2) heißt, Antworten zu geben – wohl in einer engagierten verbindlichen Art, was die Vorsilbe ver- signalisiert. Kultur (Schmid 1996b) meint die Selbstverständlichkeiten des Zusammenlebens, nicht die propagierten, sondern die gelebten. Zur Würde des Menschen gehört, sein Leben zu verantworten. Dass jeder dabei unentrinnbar in gesellschaftliche Entwicklungen verwoben ist, könnte nur mit Scheuklappen (Schmid 2004d) übersehen werden. Es bleibt uns nichts übrig, als gesellschaftliche Entwicklungen ebenfalls zu verantworten.

Woher sollen die Antworten kommen? Unterprivilegierte sind oft dumpf desinteressiert und ohnehin dafür weniger gut ausgestattet. Privilegierte spüren vielleicht nicht genug Notwendigkeit und sind ohnehin mit scheinbar Interessanterem beschäftigt. Privilegierte müssten also Einsichten und Werte entwickeln und umsetzen, um sich der ihrer Vorzugsstellung gemäßen Verantwortung zu stellen. Versuche der Unterprivilegierten, sich einer Mitverantwortung zu entziehen oder die Privilegierten mit problematischen Mitteln unter Druck zu setzen, verstärken die ohnehin schwer steuerbaren Umbrüche. Noch könnten wir uns aufrechten Ganges dorthin bewegen, wohin uns sonst das Schicksal auf Knien schleifen wird.

5.5.3 Eine Metapher

Ich möchte meine Sicht auf unsere gesellschaftliche Situation mit einer Metapher illustrieren. Manches mag etwas theatralisch wirken, doch ist es auch eine Frage der emotionalen Einstellung, worauf wir unsere Kräfte richten. Manches mag in unseren Breiten noch weniger dramatisch wirken. Und wer will schon zu den Schwarzsehern und Wehleidigen gehören? Doch führen uns Reisen durch weniger privilegierte Regionen dieser Welt dramatisch vor Augen, wie unwürdig Reichtum hinter Elektrozäunen ist. Dass Zäune das Elend überhaupt auf Dauer fernhalten können, ist unwahrscheinlich.

Wie konnte es soweit kommen? Das industrielle Zeitalter ließ uns noch auf Beherrschbarkeit der Evolution und auf letztlich mehr Wohlstand für alle durch kapitalistische Marktwirtschaft hoffen.

Dabei hätte mancher Ausspruch von John Maynard Keynes stutzig machen können, so z. B.

> »Der Kapitalismus basiert auf der merkwürdigen Überzeugung, dass widerwärtige Menschen aus widerwärtigen Motiven irgendwie für das allgemeine Wohl sorgen werden!« (*Allgemeine Theorie der Beschäftigung, des Zinses und des Geldes*).

Man konnte sich noch eine auf den Weltmeeren kreuzende, verbesserte Titanic vorstellen. Auf dieser konnten die sich humanistisch verstehenden Berater ganz darauf konzentrieren, den Menschen von den Eierschalen ihrer belasteten persönlichen Entwicklung zu wahrer Autonomie zu befreien. Heute sind diese Illusionen geplatzt und wir müssen uns fragen, ob nicht schon solche Heilungsvorstellungen Ausfluss von irrationalen Machbarkeitsfantasien waren. Sie sind, zumindest was breite gesellschaftliche Wirkung betrifft, ebenfalls illusionär. (vgl. Hillman/Ventura 1999)

Aber es ist viel schlimmer: Wir finden uns nicht in überlegener Zivilisation, sondern eher in einer Nussschale im unbeherrschbaren Ozean wieder. Oft ist die See ruhig und man hofft doch noch auf eine Luxusfahrt. Doch zeigen die Elemente ihre Kraft, dann herrscht an Bord erhebliche Verwirrung, wie und wohin man entkommen und vorankommen könnte.

Selbst Großbankvorstände denken darüber nach, mit anderen zusammen Äcker zur Selbstversorgung im Notfall zu kaufen.

Wer versteht es dann, Orientierung zu bieten? Und wem sollte an Bord welche Rolle eingeräumt werden? Ob diejenigen auf der Brücke kompetent sind, ist fragwürdig geworden, doch ebenso, ob andere zu Recht Führung beanspruchen. Seelenfänger aller Art bieten ihre Dienste an. Unter dem Schiff befindet sich die Tiefsee, von der wir eh nur ungefähr fünf Prozent wirklich wissen, über uns das Weltall, für das die Aufklärungsquote nicht besser ist. In uns glaubten wir die Genetik entschlüsselt, bis wir merkten, dass die 95 Prozent an Geninformation, die wir für Müll hielten, vermutlich die Software sind. Sie werden jetzt unter dem Etikett Epigenetik erforscht. Um uns herum herrscht ein Naturgeschehen, dem wir erschütternd wenig wirklich entgegensetzen können.

Dennoch: Das Schiff muss gesteuert werden, soweit im Spiel dieser Kräfte Steuerung möglich ist. Und vielleicht ist es ein notwendiger Schock, wenn Machbarkeits- und Sicherheitsfantasien platzen. Zu viele hatten die Nase ganz schön oben und den Hintern ganz schön tief im Sessel. Es ist Zeit, wieder Engagement und Bescheidenheit zu lernen. Dann können wir dem Diktat der Beherrschbarkeit ein neues, aufgeklärtes Weltbild entgegenstellen, das kreative Gestaltung, Aufeinander-angewiesen-Sein und sich Anheimstellen neu integriert. Da auf Dauer der Staat unsere Versorgung nicht sicherstellt und Expertokratien unsere Probleme nicht lösen, müssen und dürfen wir unser Schicksal wieder beherzt in die eigenen Hände nehmen. Wir müssen dies radikal und doch mit Augenmaß tun. Fundamentalismus jeder Couleur gießt nur Öl in ohnehin schwer zu begrenzende Brände. Wir brauchen eine neue Aufklärung, brauchen neue Koalitionen und Kooperationen auf allen Ebenen der Gesellschaft, einen kybernetischen, d. h. integrativen, Humanismus (Schmid 2011), wenn wir eine Chance haben wollen. Ein Zurück gibt es nicht. Vielleicht werden wir auf längere Zeit nicht bestimmen können, wo wir uns wirklich befinden und wie der neue Kurs sein soll. Was wir aber tun können, ist an Bord eine neue Kultur einzuüben, die das Aushalten von Unsicherheit, den Abschied von überkommenen Traditionen und die gemeinsame Entwicklung neuer Selbstverständnisse und Beziehungen integriert. Wir brauchen eine neue Verantwortungskultur.

Eine zu integrierende Perspektive

Das Thema Verantwortung ist an sich schon kompliziert genug. Da ereilt uns die Einsicht, dass man es nicht isolieren kann. Verantwortung ist weniger ein eigenes Thema als eine Perspektive vieler Themen. Dabei verhält es sich wie mit der psychosomatischen Perspektive in einer Klinik. Will man sie bedienen, indem man eine Abteilung für Psychosomatik einrichtet und sonst alles beim Alten lässt, so ist nicht viel gewonnen. Isolierte Themen und Maßnahmen gelingen leichter, dienen aber oft auch nur als Feigenblätter. Nein, die Perspektive

»Psychosomatik« muss in allen Abteilungen der Klinik Bedeutung gewinnen, muss Welt- und Menschenbilder neu durchdringen. Berufliche Selbstverständnisse in vielen Rollen, Organisationen des Gesundheitssystems, Bezüge zur Umwelt, Finanzierungen, politische Absicherungen usw. müssen neu gefasst werden. Es ist zwar relativ einfach, auf Konferenzen psychosomatische Strohfeuer abzubrennen, doch es müssen dickere Bretter gebohrt werden, wenn die Perspektive Lebensgestaltung durchdringen soll. Also sollte Verantwortung nicht zum isolierten Thema erhoben, sondern es sollte bei allen relevanten Fragen mitgedacht werden.

Als Bild dafür eignet sich das Hologramm. In jedem Element des Hologramms wird die ganze Information berücksichtigt. Doch je nachdem, von welcher Seite es betrachtet wird, sind bestimmte Aspekte im Vordergrund und andere im Hintergrund. Sie bleiben aber unlösbar mit dem Vordergrund verbunden.

Und man braucht einen langen Atem oder die Brecht'sche lange Wut (Siegenthaler 2009). Um gesellschaftliche Entwicklungen voranzubringen, braucht man die Geduld und Kompetenz, eine Karawane in Bewegung zu setzen. Für die Karawane taugen nicht alle Routen, die die Vorhut auf schnellen Pferden ins Visier nehmen kann. (Schmid 2009c) Und die Synchronisation ist schwierig: Bis die letzten merken, dass aufgebrochen werden soll, sind die ersten schon wieder müde.

Eine Dimension von Organisationskultur

Komplexe Leistungen von Systemen beruhen letztlich auf Unternehmenskultur. Verantwortung ist eine Dimension von Organisationskultur. Leistung geht verloren über Desintegration vieler Kulturkomponenten (Schmid 2007c). Hierzu ein Bild: Als ein komplexes, wenn auch technisches System kann man sich eine große Druckmaschine vor Augen führen. Viele mechanische und elektronische Teilsysteme müssen präzise ineinandergreifen, wenn das Druckergebnis hochwertig sein soll. Wenn die durch die Maschine erreichbare Qualität verbessert werden muss, ist dies selten durch Verbesserungen einer Komponente allein zu machen. Die einzelnen Teilsysteme zeigen vielleicht geringfügige Abweichungen oder solche, die man durch Veränderungen an anderer Stelle kompensieren kann. Doch multiplizieren sich viele kleinere Abweichungen zu einem insgesamt unbefriedigenden Ergebnis. Verbesserung kann dann eben auch nicht durch die eine einzelne Maßnahme erreicht werden, sondern durch viele kleine Korrekturen, die sorgfältig aufeinander abgestimmt werden müssen.

Übertragen auf menschliche Systeme macht dies deutlich, dass Leistung durch vielschichtige und nachhaltige, also auch durch alltägliche Kulturpflege in kleinen Schritten gesichert werden muss. Dummerweise reagieren die Verantwortlichen meist erst, wenn sich Fehlentwicklungen in dramatischen Zahlen zeigen. Dann ist es meist sehr spät und sie neigen zu übergroßen Gesten und zu einseitigen Lösungsversuchen. Wenn sich Desintegration erst in deutlichen Zahlen zeigt, ist es meist nicht damit getan, an einzelnen Schrauben nachzustellen. Zum Umgang mit Unternehmenskultur gehört also auch, eine Urteilsfähigkeit zu entwickeln, welche die Zahlen ernst nimmt, sich aber nicht vorrangig an ihnen orientiert und die Zukunftssicherung bezüglich »weicher Faktoren« so ernst nimmt wie die bei »harten Faktoren«. Während Zukunftssicherung im Bereich der Finanzen, der Ressourcen, der Märkte, der technologischen Entwicklungen allgemein und der IT-Organisation eher betrieben wird, findet sie in Bezug auf die Menschen und die Kulturpflege für Menschen nicht genügend Aufmerksamkeit. Menschen werden oft in erstaunlicher Naivität als eine Art »nachwachsender Rohstoff« betrachtet, der schlechte Bedienung und Wartung verzeiht und sich zudem selbst repariert, falls dies mal nötig ist. Dies hat damit zu tun, dass Menschen viel und lange kompensieren und improvisieren, Belastungen ertragen und immer wieder neu zu Engagement und Hoffnung finden. Auch suchen sie Fehler bei sich selbst, wenn das dann nicht mehr klappt. Solches Engagement ist sympathisch und im Einzelfall evolutionstauglich, doch auch ein Problem, weil strukturelle Probleme zu lange ungelöst bleiben. Menschen funktionieren lange, so dass ihre Vernachlässigung kaum noch auffällt, weil man etwas zynisch schon nichts mehr anderes erwartet. Wenn das Engagement dann kippt, ist es schwer, es wieder herzustellen. Jeder kennt Beispiele für eine »innere Kündigung«! Wie beglückend dann umgekehrt Verantwortungskultur ist, wenn sie mal wieder überraschend erlebt wird, kennt wahrscheinlich auch jeder. Die Kompensationsfähigkeit lebender Organismen nährt auch Illusionen, man könne z. B. einfach durch Zahlenvorgaben führen, ohne – um in der Theatermetapher (Schmid/Messmer 2005, Kap. 9; 2009d) zu sprechen – wirklich Plots, Drehbücher und Inszenierungspläne zu entwickeln oder das Ganze auf Können, Verfügbarkeit und eigene Lebensmotive der Spieler abstimmen zu müssen. Wenn mangels Inszenierungskompetenz der Verantwortlichen Schwierigkeiten und Klagen aufkommen, reibt man sich dann noch eher an den sich unter Überdruck zeigenden unangemessenen Verhaltensweisen anstatt sich der Inszenierungsprobleme wirklich anzunehmen.

5.5.4 Eine Herausforderung im Alltag

Wenn Korrekturen von Fehlentwicklungen mühsam sind, liegt das nicht unbedingt an der Unwilligkeit oder Inkompetenz Einzelner, sondern daran, dass die Verhältnisse durch Verschleppungen und systemische Wechselwirkungen so schwierig geworden sind, dass Einzelne (auch mächtige) gar nicht so einfach Abhilfe schaffen können. Sie müssen sich mit anderen fach- und zuständigkeitsübergreifend organisieren. Dafür gibt es keine eingespielten Abläufe. Dann fehlt oft die Zeit und es finden sich immer aktuelle Dringlichkeiten, die solche kreativen systemübergreifenden Bemühungen in der Priorität abrutschen lassen. Schließlich verliert man auch den Mut und das Selbstvertrauen, zumal sich Besserungen lange unter der Oberfläche auswirken, bis sie sich deutlich zeigen. (Schmid/Messmer 2005, Kap. 3) Gewohnheiten reichen für solche Prozesse nicht aus. Um schwierige Phasen zu überwinden, muss man übliche Begrenzungen übersteigen. Das löst schnell Ängste aus, bei einem selbst und bei anderen, die dann um ihre Position, ihre Privilegien, ihre Wertschätzung fürchten. Hinzukommt, dass die Logik von Krisenbewältigung anders ist als die Pflege von Kultur, mit der man Krisen vermeiden kann. Auch gefallen sich manche in der Dramatik einer Krise besser als in der Alltagsgestaltung. Oder man lässt Krisenmanager zu lange gewähren, die eben in Krisenbekämpfung denken und den Übergang zu einem wieder unspektakulären Alltag nicht finden. Doch: »Eine Krise kann jeder Idiot haben. Was mir Sorge bereitet ist die Bewältigung des Alltags!« (Anton Tschechov) Am besten ist, man lässt es nicht so weit kommen und investiert in Kulturerhaltung, so wie ein umsichtiger Bauer in Bodenpflege investiert. Anders als Natur ist Kultur ein verderbliches Gut: Wenn Kultur nicht ständig erneuert wird, verdirbt sie. Spielräume gibt es dafür immer, wenn man die Bedeutung ernst nimmt. Kulturpflege hat ihren Preis, den man im Nachhinein manchmal gerne gezahlt hätte, wenn *quick and dirty* seine Folgen offenbart. Spielräume erkennen und nutzen steckt an. Paul Watzlawick nennt das die »Kettenreaktion des Guten«. Umgekehrt gilt für den Kulturniedergang Hannah Ahrendts Wort von der »Banalität des Bösen«. Die meisten Mitverantwortlichen sind nicht böse, nur unaufmerksam. Und sie wehren den Anfängen dann nicht, wenn Korrekturen noch einfach sind und auch keinen Heldenmut erfordern, nur etwas Zivilcourage (Schmid 2009e). Erst später, »wenn die Sonne der Kultur niedrig steht, werfen selbst Zwerge einen langen Schatten« (Karl Kraus).

Verantwortungskultur stärken heißt gleichzeitige und komplementäre Neuorientierung in vielerlei Hinsicht. Einiges wurde dazu schon ausgeführt. Aus weiteren Dimensionen soll nun noch einiges herausgegriffen werden.

5.5.5 Eine Integrationsleistung

Das Wort komplementär verweist schon auf ein wichtiges Qualitätskriterium für Konzepte und Vorgehensweisen auf dem Weg zu einer Verantwortungsgesellschaft. Viel zu viele Konzepte und Positionen werden gegen andere herausgestellt. Das ist unseren Gewohnheiten des dualen Denkens geschuldet. Gerne werden sogar polare Positionen bezogen, weil man glaubt, damit deutlich werden zu können. Doch sind Dinge – in ihrer Einseitigkeit betont oder in extreme Positionen verrückt – selten richtig. Vor allem sind sie nicht geeignet, sich einzufügen und mit anderen zusammen vielschichtige Entwicklungen voranzubringen. Zwar sind fast alle für Ganzheit, viele achten aber zu wenig auf Integrierbarkeit oder zumindest Ankoppelbarkeit ihrer Positionen, Konzepte, Produkte und Vorgehensweisen. Im Gegenteil suchen sie sogar Identität und *Unique Seller Positions*, indem sie behaupten, etwas zu haben, was sonst keiner hat. Doch nicht, dass man Blumen vorzeigt, die es sonst nicht gibt, sondern dass man Blumen, die andere auch kennen, zu einem einzigartigen Strauß bindet, bewirkt anschlussfähige Identität (Schmid 2004b). Die operationale Übersetzung von Ganzheit heißt Ergänzung. Damit dabei nicht ein unverbundenes Nebeneinander oder gar Gegeneinander herauskommt, sollte jeder seinen Beitrag auf Integrierbarkeit bzw. Komplementarität hin ausrichten. Duales und oft auch polares Argumentieren stabilisiert die Fragmentierung unserer Gesellschaft. Daher sehe ich alle, unabhängig von ihren sonstigen Standpunkten, in einer Integrationsverantwortung (Schmid 2008c). Das ist emotional und intellektuell durchaus anspruchsvoll: die Spannung auszuhalten zwischen scheinbar inflationär ausgeweiteten Perspektiven, die keine einfachen Positionierungen mehr zulassen, und dem immer wieder neuen und fragmentarischen Bemühen, die Dinge zueinander zu führen – nicht nur in der Praxis, sondern auch in der Programmatik. Sloterdijk hat auf die Brückenbauverantwortung aller hingewiesen (Sloterdijk 2007). Wir brauchen Mathematiker, die gleichzeitig Künstler sind, Physiker, die gleichzeitig Schamanen sind, Musiker, die gleichzeitig Politiker sind usw. Viele reichern längst ihr Leben und ihr Berufsverständnis so an. Programmatische Integration ist allerdings noch mehr als gelebtes Neben- und Miteinander verschiedener Identitäten. Insgesamt geht es heute eher um Zehnkämpfertum als um Dominanz und die Optimierung von Einzeldisziplinen.

Wir brauchen ein neues Verständnis des Zusammenspiels von Kreativität und Nachhaltigkeit (Schmid/Hüther 2009). Viel zu oft wird Kreativität mit dem Entwickeln von kühnen Ideen allein verwechselt. Solche brauchen wir auch. Doch ist das der Engpass in unserer Entwicklung? Fehlt es nicht mehr an der Umsetzung unendlich vieler guter Ideen, die im Gestrüpp der Umsetzungsschwierigkeiten und Widerstände hängen bleiben? Außer den kreativen Stars auf den Bühnen brauchen wir Menschen, die Innovation konkret inszenieren. Wir nennen sie Intendanten, Verantwortliche für das Zusammenspiel in Organisationen, verantwortlich dafür, dass aus einer Idee eine tägliche Aufführung werden kann.

6. Wie man sich als Professioneller persönlich entwickelt

Wenn Menschen sich selbst begreifen, zu sich finden wollen, unterscheiden sie sich nicht nur im Ergebnis, sondern noch mehr in den Wegen, die sie dabei einschlagen wollen, und in den Dimensionen, die ihnen dabei wichtig sind. Besonders in psychologisch geprägten Umgebungen richtet sich die Suche gerne auf ein eigentliches Wesen und ist meist auf die Privatwelt und deren biografische Hintergründe ausgerichtet. Hier hingegen soll Selbstfindung im Beruf und in Organisationen in den Vordergrund gehoben werden.

6.1 Professionelle Individuation

Zunächst soll der Begriff *professionelle Individuation* eingeführt werden. Der Begriff Individuation stammt aus der Jung'schen Psychologie und ist dort ein Obergriff für alle Prozesse, durch die ein Mensch zu der einzigartigen Persönlichkeit wird, die in ihm steckt. Für persönlich-professionelle Selbstwerdung wählen wir daher den Begriff professionelle Individuation. Damit wir professionelle Individuation verstehen, studieren wie den beruflichen Lebensweg von Individuen.

6.1.1 Spielräume

Individuation wird in der Jung'schen Psychologie gerne mit der Metapher vom Samen und der daraus erwachsenden Pflanze, z. B. einem Baum, illustriert. Im Samen steckt ein bestimmtes Potenzial, das durch Wachstum zur Entfaltung gebracht wird. Mit dieser Metapher versteht man somit die weitgehende Bestimmung, was aus einem werden kann – natürlich beeinflusst von Umgebungen, Wachstumsbedingungen und besonderen Ereignissen auf dem Entwicklungsweg. Eine so weitgehende Vorbestimmtheit muss man nicht annehmen. Man kann vielleicht eher davon ausgehen, dass es ein ganzes Spektrum an Wesensmöglichkeiten und einzigartigen Entwicklungsmöglichkeiten für jeden Menschen gibt. Dennoch steht dem Menschen auch nicht alles offen, wie manche Selbstbeglückungspropheten uns weismachen wollen. Zur Individuation gehört auch das Umgehen mit Bestimmungen und Begrenzungen, die in einem selbst, in der Umgebung und im Zusammenspiel liegen. Die eigene Bestimmung im Rahmen der Möglichkeiten, aber auch die eigenen Begrenzungen zu erkennen und zu bejahen, ist ein wichtiger Teil professioneller Reifung. Man kann lange Zeit vieles mit dem Etikett »noch möglich« vor sich herschieben, doch spätestens im letzten Lebensdrittel sollte man auch bejahen, was nicht oder nicht mehr möglich ist.

Geht man von einer möglichen Vielfalt aus, dann ist interessant, warum bestimmte Lebensentwürfe eher zur Geltung kommen als andere und wo und wie dafür die Weichen gestellt werden. Doch wer kann das wann erkennen? Es bleibt das Problem, dass man irgendwo mittendrin in seiner Entwicklung ist und nicht leicht identifizieren kann, welcher Samen hier zur Entfaltung drängt und wie demgemäß Umgebungen zu gestalten und zukünftige Formen zu bestimmen sind. Sich diese Fragen immer wieder neu zu stellen und eigene Entwicklungen zu Gesellschaft und Epoche in Beziehung zu setzen, bleibt eine lebenslange Aufgabe.

6.1.2 Intuition und innere Bilder

Bei dieser Aufgabe leiten uns von Anfang an Intuitionen. Manche Ansätze personifizieren diese intuitiven Instanzen als »Genius« (Richards 1999, Bolles 2002) oder »Daimon« (Hillman 1996). Viele Einsichten sind erst an markanten Punkten unterwegs und oft erst im Rückblick möglich. Immer wieder müssen und dürfen Bilder korrigiert werden. Entwicklung ist zum Glück nur begrenzt planbar. Dennoch scheinen sich – aus etwas Abstand betrachtet – durch jede Lebensentwicklung rote und andersfarbige Fäden zu ziehen und es lassen sich einzigartige Lebensentwicklungen mit unverwechselbaren Mustern beschreiben. Diese sind, bei allen Ähnlichkeiten, so individuell wie Fingerabdrücke. So gut es ist, zur eigenen Entwicklung und zu den daraus entstandenen Lebenserfahrungen zu stehen, so wenig kann man Muster einfach weitergeben. Klonen ist schon deshalb nicht sinnvoll, weil dies letztlich viel zu anfällige Abkömmlinge hervorbringen würde. Die Evolution hat sich trotz Mehraufwand dafür entschieden, Individuen durch geschlechtliche Fortpflanzung mit Mischungen von Genpools auszustatten. Man kann nur Erfahrungen und Beispiele zur Selbstaneignung anbieten. Die vollzieht jeder in der ganz eigenen Weise. Eine alte jüdische Weisheit besagt: »Versuche nie, den anderen zur Kopie deiner selbst zu machen. Denn Gott weiß und du weißt es auch: Einer von deiner Sorte ist genug!« Dies sollte bei allen Arten von professioneller Entwicklungshilfe bedacht werden.

Um Intuition und Dialoge zum Thema professionelle Individuation anzuregen, eignen sich Selbstbefragungen in Bildern. Hierzu soll zunächst mit der Beschreibung von Bildern der Autoren angeregt werden. Die Leser sind eingeladen, parallel auf eigene Bilder Bezug zu nehmen:

Nehmen wir z. B. die Metapher vom Samen und der sich in einer bestimmten Umgebung entwickelnden Pflanze. Ich, Bernd Schmid, liebe Apfelbäume und empfinde die Apfelblüte, die in unseren Breiten die späteste Obstbaumblüte ist, als die schönste. Sie bezaubert mich immer wieder aufs Neue. Doch wenn ich mich in meiner professionellen Entwicklung mit Pflanzen identifiziere, fallen mir eher andere Gewächse ein: Herbstanemonen, Nachtkerzen und Agaven, Pflanzen, die ich als zäh und unter unwirtlichen Bedingungen als lebens- und verbreitungsfähig sehe. So hat mich beeindruckt, wie Herbstanemonen auch auf trockenem und kargem Boden Tochterpflanzen bilden, den ganzen Sommer über eher als Grünpflanze unauffällig bleiben, um im Herbst anmutige und langlebige Blüten, eben wie Anemonen, zu entwickeln. Auch die Nachtkerze ist eher eine Pionierpflanze, die in extrem kargen Böden eine Rettichwurzel bildet, um dann im zweiten Jahr hoch zu wachsen. Über Wochen öffnen sich an jedem Sommerabend bis in den späten Herbst hinein wenige Blüten in ein paar Minuten wie in Zeitraffer. Später leuchten sie gelb in die Nacht. Am Morgen sind sie noch frisch, um dann bis zum Abend abzusterben und neuen Blüten Platz zu machen. Nicht mein bevorzugtes, aber am tiefsten eingewurzeltes inneres Bild ist die Agave. Sie wächst stachelig und zäh-ledern über viele Jahre heran und bildet währenddessen rund herum Tochterpflanzen. Am Ende ihres Lebensbogens wächst inmitten dieser Nachkommenschaft ein hoher Stempel auf, um den herum die Agave vergeht. Als zweite Art der Fortpflanzung streuen Agaven in Überfülle Samen oder Kleinstagaven, die sich ihrerseits einen weiteren Lebensraum suchen und erschließen müssen. Wenige schaffen es wirklich, während viele verdorren.

Mit inneren Bildern zur Berufslebenserzählung werden wir uns im Kapitel 6.6 genauer auseinandersetzen.

Vielleicht regt Sie diese persönliche Schilderung an, sich selbst in solchen Metaphern zu spiegeln.

6.1.3 Persönliche Orientierung

Begeben Sie sich in eine entspannte Position, in denen sich eher innere Bilder einstellen können und lassen Sie sich durch die folgenden Fragen anregen. Gerne können Sie auch im Rahmen einer Entspannungsübung oder geleiteten Fantasie zu zweit oder in einer Gruppe Bilder aufkommen lassen. Im nachfolgenden Austausch kann man auch Bilder zueinander entstehen lassen und diese gegenseitig zur Verfügung stellen.

1. Welche Pflanzen kommen Ihnen in den Sinn – bezüglich Ihrer Lebensgeschichte, aus Ihren Träumen und Fantasien oder gerade so?
2. Welche sprechen Sie als Gegenüber an, mit welchen könnten Sie sich identifizieren?
3. Wie würden Sie diese Pflanzen charakterisieren?
4. Wie sind typische Umgebungen für Sie? Wie spielen Umgebung und Pflanze zusammen?
5. Welche Lebens- und Wachstumsgeschichte ordnen Sie dieser Pflanze zu? Welche Phase weckt Ihr besonderes Interesse?
6. Welche Besinnlichkeiten und Gefühle lösen diese Bilder und eventuelle Dialoge darüber mit Vertrauten in Ihnen aus?
7. Gibt es eher andere Bilder (wie Musik bzw. Instrumente oder Häuser, Städte etc.), die Ihnen einfallen, um Sie in ihrer Wesensart und Entwicklung zu spiegeln? Welche sind das? Wenden Sie die obigen Fragen entsprechend modifiziert auf Ihre Bilder an.

6.2 Selbstempfinden und Identitätsbeschreibungen

Ab den 1970er-Jahren waren systemische Therapieansätze erst einmal sehr mit der Abgrenzung von psychodynamischen beschäftigt. Statt Erklärungen für das menschliche Erleben und Verhalten weiterhin in inneren Prozessen und deren biografischen Hintergründen zu suchen, konzentrierte man sich auf das interpersonale Zusammenspiel und dessen Wirklichkeit erzeugende Kraft. Man gab aktuellen Beziehungen und sozialen Kontexten für einige Zeit Vorrang vor inneren Vorgängen. Jetzt, im neuen Jahrhundert, wird die persönliche Wirklichkeit wieder stärker aus dem Zusammenspiel eines inneren Systems von Persönlichkeitskomponenten begriffen. Letztlich kommt es auf das Zusammenspiel innerer und äußerer Wirklichkeiten an und auf die Kontexte, die bei beiden Dimensionen berücksichtigt werden.

Markiert durch den Slogan »Wer bin ich, und wenn ja wie viele?« (Precht 2007, Schmidt 2003) zeigte sich das neu erwachte Interesse am Zusammenspiel innerer Komponenten der Persönlichkeit. Im Jahr 2011 besuchten über 1500 Teilnehmer in Heidelberg gleich zwei Kongresse zu diesem Thema. Das Bedürfnis, nicht nur ein Bezugspunkt in einem Beziehungsgeschehen zu sein, sondern eine eigene Identität zu haben, wenn auch gespeist aus vielen Komponenten, tritt also wieder in den Vordergrund. Dabei dominiert meist die Frage »Was bin ich?« (Was ist der Mensch?), wenn die Natur der eigenen Existenz untersucht werden soll oder die Frage »Wer bin ich?«, wenn nach individueller Identität gefragt wird. Hier soll ergänzend die Frage »Wie bin ich?« hervorgehoben werden in Anlehnung an den Slogan: »Also frage dich, wie du bist und ich sage dir, wer oder was du bist!«

6.2.1 Wie bin ich?

Wer ist viele? Und wer ist er dann? Hierzu folgen einige »hemdsärmelige« Bemerkungen. Hemdsärmelig meint dabei, dass keiner Systematik einer Wissenschaft oder einer Schule gefolgt werden soll. Vielmehr umfassen sie meine Gedanken auf einer dieser Tagungen zu dem, was mir nach 40 Jahren beruflichem Engagement für den Menschen im Beruf und den Menschen in der Organisation persönlich in den Sinn kam (Schmid 2011a):

Zunächst habe ich mich gefragt, warum »Teile«-Tagungen gerade so Konjunktur haben. Vielleicht, weil wir in einer zentrifugalen Zeit leben und die Menschen eher das Problem haben, wie sie die vielen Rollen, Kontexte, inneren Strebungen und äußeren Optionen in ein lebbares Gefüge bringen können. Und die Frage stellt sich immer wieder: Wie bekommen wir das alles zusammen (Integration) und dann auch noch so, dass wir dabei zu uns selbst kommen (Integrität)?

Dafür ist die Vorstellung interessant, wie man den Menschen aufteilen kann: Ego-States, Funktionen, Triebe und Normen, innere Strebungen, Rollen oder Teilpersönlichkeiten (einen Überblick der unterschiedlichen Konzeptionen bietet Peichl 2011). Dies allein liefert aber wenig dafür, wie Vielfalt integriert werden und wie Pluralität zu Reichtum anstatt zu Zerrissenheit führen kann.

Mir geht es um die Frage nach der Identität, nach einem integrierenden Selbstverständnis. Letztlich ist diese Frage wieder oder immer noch der Klassiker der Philosophie: Wer bin ich? Oder aufgelockerter formuliert: Wann, wo und mit wem bin ich wie?

Das Wie eines Menschen ist für die Lebensentwicklung und für Beziehungen vielleicht entscheidender als das Was oder Wer. Bedenkt man, was als Charakter eines Menschen empfunden wird und wonach man seine Beziehungsentscheidungen trifft, dann sind meist Stil und Habitus wichtiger als Inhalte oder gesellschaftliche Funktionen. Dazu kommen Kontextfragen, also Fragen nach Zeit, Ort, Umgebung und gesellschaftlichem Rahmen etc.

Bei den Fragen »Wer ist viele? Und wer ist er dann?« bin ich auf ganz unterschiedliche Perspektiven gestoßen. Davon werde ich einige nebeneinander und probeweise aufrufen. Sofern man sich beim Lesen eher in einen experimentierenden Modus begeben kann, können diese Beschreibungen und Fragen als geleitete Fantasie genommen und persönlich reflektierend »verkostet« werden. So kann jeder für sich selbst herausfinden, welche Koordinaten bei ihm Resonanz erzeugen und welche Positionierungen er dabei für sich als bedeutsam spürt. Immer wieder werde ich auf eine Metaebene wechseln und über Ansätze und Methoden der Beschreibung von Persönlichkeit in Beziehungen nachdenken und Argumente für einen undogmatischen und kontextbewussten Umgang mit Identität und Persönlichkeit formulieren.

Welche Dimensionen beschäftigen mich eigentlich bezüglich mir selbst? In welchen Koordinaten bewegen sich meine Selbsterzählungen? Wo stoße ich immer wieder auf auffällige Unterschiede zu anderen? Bei vielem glaubt man ja, alle wären so, bis man merkt, dass man sich unterscheidet. Ich starte also aus diesem Impuls heraus und drifte entlang einiger Selbstbeschreibungen, die Sie vielleicht anregen, Ihre Selbstbeschreibungen auch noch einmal zu bedenken.

6.2.2 Sind wir viele?

In Tolstois *Anna Karenina* wird darauf hingewiesen, dass die einen aus einem Guss sind, während andere verschiedene, ja einander fremde Strebungen haben. Im Angesicht ihres vermeintlichen Sterbens am Kindbettfieber beteuert Anna, dass die andere in ihr, die Karenin betrogen und gedemütigt habe, jetzt verschwunden sei und die, die ihn aufrichtig liebe und seine Verzeihung erflehe, jetzt zu Tage trete. Karenin, der, konventionell und innerlich verhärtet, ihren Tod gewünscht hatte, schluchzt tief ergriffen von Verzeihung und selbstverleugnender Hingabe. Leider hält das nicht lange und Annas Abneigung gegen den Gatten gewinnt doch wieder die Oberhand und sie verlässt ihn mit ihrem Liebhaber. Am Ende wird sie durch die nicht zu integrierenden und mit den Konventionen der Zeit nicht zu vereinbarenden Strebungen zerrissen. Die russische Oberschicht hatte für Untreue durchaus Regeln, nicht jedoch für die wechselnden Ausrichtungen in Annas Strebungen.

Anna Karenina wäre vielleicht ein interessantes Beispiel für Menschen, die sich aufgeteilt erleben! Aber ist das bei jedem so? Bei mir zumindest ist das alles irgendwie anders. Obwohl ich als Transaktionsanalytiker sozusagen auf

Ich-Zustände gebucht bin, arbeite ich nur selten mit diesem Konzept (Schmid/Gérard 2008, Schmid 2009a, Schmid 2011b). Dies liegt letztlich wahrscheinlich daran, dass ich für mich selbst Ich-Zustands-Konzepte eher als unpassend erlebe. Ich habe ganz andere Impulse, mich zu beschreiben.

Wenn man sich aufgeteilt beschreibt, ist interessant, wer da innerlich das Sagen hat und wie man sich darauf einstellt. Ein Freund z. B. behauptet, in ihm tage eine innere Konferenz, die alle Entscheidungen treffen würde. Er stellt dort Anträge und freut sich, wenn diese wohlwollend beschieden werden. Dann machen die Entscheidenden auch mit und das Vorhaben kommt voran. Er allein gegen alle könne da nichts ausrichten, sondern er müsse sich mit ihnen arrangieren. Vielleicht hat er dafür weniger Probleme, wenn er mal eine Verabredung sausen lässt. Schließlich hat die Konferenz überraschend dagegen entschieden. Auch beim Sport stellt er Anträge an seinen Organismus. Einmal z. B. kündigte er an, laufen zu gehen und marschierte aus dem Haus. Fünf Minuten später kam er zurück und bemerkte auf die fragenden Blicke: »Antrag abgelehnt!« Stattdessen war ein Sonnenbad angesagt. Aber meistens kommt er mit diesen inneren Instanzen gut zurecht, denn er ist ziemlich erfolgreich und meist auch mit sich einig. Obwohl er sich schon mal ganz schön runtermachen kann. Auf jeden Fall glaubt er irgendwie an größere Kräfte in sich und kann von diesen verdammt, aber auch entlastet oder erhoben werden. Er kann sich ihnen gegenüber positionieren und wer dann wen dirigiert, lässt sich nicht so leicht ausmachen.

6.2.3 Zwar verschieden, aber immer derselbe!

Bei mir ist das anders. Ich bin immer ich. Und ich bin von allem direkt betroffen und für alles direkt verantwortlich. Selbst, wenn ich möchte, kann ich mich nicht in verschiedene Leute oder Instanzen aufspalten. Das wirkt für mich unpassend, unlebendig. Dies hat mir in Selbsterfahrungsgruppen, in denen mit solchen Aufteilungen gearbeitet wurde, gelegentlich Probleme bereitet. Mir wurde das als Widerstand ausgelegt. Ich kann mich zwar an Botschaften meiner Eltern erinnern und sicher beeinflussen mich solche noch, aber ich habe nicht das Gefühl, dass das jemand anderes ist als ich. Ich bin immer irgendwie ich selbst, wenn auch in verschiedenen Varianten, mal auf höherem, mal auf niedrigerem Niveau.

Beim Tennis oder beim Boulespielen z. B. merke ich schon auch, dass ich mal besser drauf bin und mal schlechter, dass ich mal keine Lust habe mich anzustrengen oder keine Kraft habe. Aber es bin ich, der irgendwie will, und ich kriege es nicht hin. Da ist sonst niemand. Mein Körper bin ich und mein

Ich-Gefühl ist in meinem Körper. Deswegen käme ich auch nie auf die Idee, auf mich selbst einzuhauen, wenn ich mich ärgere. Dafür tut es beim Zahnarzt auch mir weh und nicht meinem Körper. Allerdings geht es mir besser, wenn ich mich mit dem Bohrer oder der Spritze identifiziere und es so eher auf die handelnde als auf die erleidende Seite schaffe. Ich war von daher auch kein besonders geeignetes Objekt für Hypnose, konnte aber andere ganz gut in Hypnosen anleiten.

Ich habe immer das Grundempfinden, der eine zu sein – wenn auch unterschiedlich gestimmt und im Wandel. Ich habe in den 1990er-Jahren viel in Russland gearbeitet und war erstaunt über das mich anrührende Sentiment meiner russischen Freunde und darüber, dass ich mich in deren Kultur der Tischreden und Trinksprüche leicht bewegen konnte, obwohl ich mich nie vorher so erfahren hatte. In diesem anderen Kontext konnte ich neue Seiten an mir erfahren. Doch ich hatte nicht das Gefühl dass es einen Russenversteher in mir gibt, sondern dass ich es bin.

6.2.4 Jeder ist anders

Es zeigt sich mal wieder: Menschen sind wirklich verschieden und man muss für jeden die richtige Umgangsweise, die richtigen Konzepte finden, auch jeder mit sich selbst. Ich glaube, ich erzähle das alles auch, weil ich möchte, dass jeder Mensch mit seinen Selbstverständnissen und seinen Ich-Konzepten ganz individuell erfasst wird, dass wir die Ideen, die uns Schulen anbieten können, gerne als Anregungen und Beispiele nehmen, aber jeden in seiner Einzigartigkeit erfassen.

Diese undogmatische und nicht schematische Haltung habe ich insbesondere bei dem legendären Hypnotherapeuten Milton Erickson gelernt (Erickson 1985): Wenn die Schüler Ericksons diesen mal wieder zu sehr drängten, ihnen Schemata für Beschreibung oder Behandlung von Patienten zu bestätigen, dann soll er sie vor das Haus geführt haben. Dort zeigte er auf einige schlanke Bäume, die auf einem Hügelrücken in einer Reihe standen und erklärte: »Schaut diese Bäume! Der Wind kommt hier normalerweise von Westen. Daher sind diese Bäume leicht nach Osten gebeugt. Alle, bis auf diesen einen da. Und dieser eine kann euer Klient sein.«

6.2.5 Sich gegenseitig vorstellen

Dass so viele Schemata verwendet werden, hat vielleicht damit zu tun, dass sich Professionelle selbst verpflichten, sich in kurzer Zeit ein Bild vom Gegenüber zu machen und versuchen, alles aus der aktuellen Begegnung zu erschließen. Doch kann es erstens sein, dass die aktuelle Situation nicht die für das Anliegen entscheidenden Informationen liefert und zweitens hier zu viel Energie für das Sammeln und Interpretieren von Eindrücken aus der aktuellen Begegnung verwendet wird. Diese Energie könnte für anderes aufgespart werden, weil die gewünschten Informationen oft direkt vom Gegenüber erlangt werden können, wenn man ihn nur fragt. Natürlich braucht es dafür geeignete Fragen und Sprachfiguren.

Ich halte viel von beziehungsstiftender bzw. klärender Metakommunikation durch Austausch von Wesensinformationen und Gebrauchsanweisungen, z. B. in Beratungsbeziehungen. Ich beschreibe mich meinem Klienten nach dem Motto: »Damit Sie mich und meine Verhaltensweisen besser einordnen können, möchte ich ihnen erläutern, wie ich funktioniere.« Oder: »Wenn Sie Freude an mir haben wollen, bitte ich, Folgendes zu beachten und zu prüfen, ob das für Sie passt! Bitte tun Sie dasselbe umgekehrt.« Wir bemühen uns wechselseitig um artgerechten Umgang miteinander und erklären uns dafür unsere Eigenarten, soweit wir sie eben selbst verstehen.

6.2.6 Rahmenvereinbarungen auf Augenhöhe

Es erleichtert Beziehungen enorm, wenn man sich zunächst einen Austausch auf dieser Metaebene gönnt. Menschen lassen meist freimütig an ihren Erfahrungen mit sich selbst teilhaben. Hier wird oft unnötig auf wertvolle Erfahrung verzichtet oder man verbraucht Zeit und Kraft für Experimentieren und wechselseitiges Erforschen, ohne dass dies wirklich für das gemeinsame Vorhaben wichtig sein muss. Natürlich bekommt man nicht immer verwertbare Informationen bzw. man muss selbst prüfen, was man bestätigt sieht und was sich dann doch anders darstellt. Wenn es zu Diskrepanzen kommt, wenn man sich in bestimmten Beziehungsdynamiken aktuell verstrickt, hat man bei vorheriger Rahmenklärung auf Augenhöhe eine Basis, darüber zu sprechen, anstatt in den gemeinsamen Themen weiterzumachen oder sich aus der aktuellen Verstrickung von innen zu befreien. Allein der Verlauf der rahmensetzenden Metakommunikation gibt eine Menge Hinweise darauf, mit welchen Stilen der Wirklichkeitserzeugung man es zu tun hat und was miteinander möglich ist.

Dieser Ansatz geht von Beziehungen auf Augenhöhe aus. Inwieweit dies für psychotherapeutische Beziehungen realisiert werden kann, ist eine gesonderte Frage und wird je nach Klientel, Therapierichtung und Haltung der Therapeuten verschieden beantwortet. Vielleicht sollten wir gar keinen Kanon von Beschreibungen bestimmen und auch die von den einzelnen Schulrichtungen angebotenen Schemata lediglich als Anregung nehmen. Wichtige ist, deren jeweils inhärente Logik, deren Implikationen und Konsequenzen zu verstehen und so ein Metabewusstsein zu entwickeln, aus dem heraus wir freimütig experimentieren und uns kollegial austauschen, auch mit unseren Klienten.

6.2.7 Wie beschreibe ich mich?

Ich kann auch mein Ich nicht auf Körperteile oder Stühle oder Rollen verteilen. Ich kann aber gut Trennlinien ziehen, was Themen, Inszenierungen und Rollen betrifft. Aber ich kann einen Rollenraum, eine Bühne, betreten und die anderen Rollen und Bühnen hinter mir lassen. Wenn ich eine Rolle annehme, versammle ich mich leicht in dieser und verlasse andere Rollen und die dazu gehörenden Wirklichkeiten. Da wundere ich mich oft darüber, wie leicht das bei anderen, nach meinem Empfinden, durcheinander geht oder wie schwer sie sich mit deutlichem Wechsel tun. Oft kleben sie noch lange an der vorherigen Wirklichkeitsorganisation. Daher machen wir in der Weiterbildung von Professionellen am ISB viele Übungen mit Rollen- und Fokuswechseln und helfen oft mit Veränderungen des äußeren Settings nach, weil sonst diese Wechsel nicht jedem gelingen. Fokus-, Rollen- und Zeitdisziplin werden bei uns als wichtige Komponenten professioneller Steuerungsfähigkeit groß geschrieben.

6.2.8 Wie beschreibe ich mich in Beziehungen?

Ich beschreibe mich Menschen, die mein Verhalten in dauerhaften Beziehungen verstehen sollen, so: »Ich kann Nähe empfinden und gestalten, wenn wir beieinander sind. Wenn wir nicht beieinander sind, muss ich Bezogenheit bewusst halten, weil sie mir als Empfinden sonst verloren geht. Mir selbst fehlt das dann meist nicht, aber ich weiß, dass andere das leicht als Vernachlässigung erleben. Nah Sein ist nicht meine spontane Seinsweise, doch habe ich gelernt, mich nah sein zu lassen und davon berührt zu sein. Distanziert Sein ist eher meine spontane Seinsweise. Das hilft beim Denken und bei einer gewissen Unbestechlichkeit. Auch stärkt es mich in einer Metakompetenz, mich nicht in Wirklichkeiten, ihren Plausibilitäten und Ergriffenheiten zu verlieren, sondern meist wach dafür zu bleiben, dass es (dass ich) auch anders sein kann. Aber es behindert mich auch beim Eintauchen und beim Aufgehen in Erlebensweisen, Identitäten. Ich selbst und Partner erleben das manchmal als Verlust.«

Fragen zu weiteren Dimensionen von Selbstbeschreibungen sind weiter unten zusammengestellt. Zunächst jedoch noch einige allgemeinere Überlegungen.

6.2.9 Metabetrachtungen

Mir sind immer mehr Koordinaten einfallen, die mir helfen, mich zu verstehen und vielleicht, mich anderen verständlich zu machen. In manchen Koordinaten kann ich mich leichter lokalisieren, in manchen schwieriger. Manche Koordinaten liefern mir Raster, die mich ansprechen, manche interessieren mich kaum. Warum wird dabei Verbindlichkeit in Verabredungen und gesellschaftliche Verantwortung leicht zum Thema, nicht aber Vorlieben bezüglich Kunstrichtungen und gesellschaftlichen Events? Allein welche Koordinaten überhaupt von Interesse sind, beschreibt schon viel von möglicher wechselseitiger Attraktivität und Verträglichkeit. Denn auch die gewählten Perspektiven sind Selbstbeschreibung. Welche Koordinaten interessieren mich und welche nicht? Ich frage mich bei Selbstinszenierungen immer, in welcher Welt der andere lebt, dass er sich in diesen Dimensionen darstellt.

Mehr als die jeweiligen Aussagen sagt das etwas über einen Menschen und seine Wirklichkeiten. Können Menschen gut miteinander umgehen, die sich für ganz verschiedene Koordinaten interessieren? Wenn der eine hauptsächlich nach gegenseitiger Begeisterung Ausschau hält, während die andere sich vornehmlich für Verlässlichkeit in Beziehungen interessiert, kann das schon auseinander laufen, auch wenn die Arten von Begeisterung und Verlässlichkeit noch völlig ungeklärt sind. Sagen bevorzugte und bedeutungslose Beschreibungskategorien nicht auch etwas über Identität und Passung in Beziehungen? Sagt es nicht viel über mich in der Beziehung, welche Kategorien, Sprachfiguren und Bilder anderen einfallen, welche Atmosphäre entsteht, wenn andere mich beschreiben oder auf meine Selbstbeschreibung reagieren?

6.2.10 Intuition und Spiegelung

Dialoge über die Wirklichkeiten, die im Kontakt miteinander entstehen, machen Intuitionen übereinander dialogfähig. Frei nach Berne (Berne 2005, Schmid/Gérard 2008, Schmid 2010a) sind Intuitionen Beurteilungen aufgrund sinnlicher Erfahrungen, oft ohne dass dem Beurteilenden bewusst ist, wie sein Urteil ausfällt und erst recht, ohne dass er weiß, wie es zustande kommt. Er handelt aber, als ob er es wüsste. Seine Intuitionen zeigen sich also in seinem Erleben und Verhalten. Beides gilt es zu studieren, wenn man die intuitiven Urteile als Ergebnisse, aber auch das intuitive Beurteilen als Vorgang näher kennen lernen will. Natürlich müssen die in anderen aufscheinenden Bilder und Beschreibungen über mich nicht treffend oder gar gerecht sein, doch erzeugen sie Wirklichkeiten und sind es schon deshalb wert, erfahren und studiert zu werden.

Für Professionelle ist es essenziell, sich mit ihren Selbstbeschreibungen und damit, wie sie dabei erlebt werden, und mit Reaktionen auf beides in den Wirklichkeiten anderer auseinanderzusetzen. Daher gehören Spiegelungen zum festen Repertoire in professionellen Weiterbildungen am ISB. Sie dienen gleichzeitig dazu, mehr von den dabei wirkenden Intuitionen zu verstehen und diese auf professionelle Kontexte auszurichten. Jeweils vier Mitglieder der Weiterbildungsgruppen werden nach dem Zufallsprinzip zusammengestellt und teilen sich gegenseitig ihre Intuitionen übereinander mit. Zufällig deshalb, weil es nicht um Sympathie oder Nähe geht, sondern darum, in professionell vertrauensvoller Atmosphäre auch die Intuitionen von solchen zu erfahren, mit denen man nicht unbedingt leicht schwingt. Gerade diese Informationen fehlen oft und werden mangels Vertrautheit normalerweise nicht ausgetauscht.

Der Spiegelungsfokus ist meistens an einem Thema der Weiterbildung orientiert, z.B. Macht in professionellen Beziehungen. Entsprechende Fragen laden zu Perspektiven des Intuierens übereinander ein, wie beispielsweise: »Wenn ich dir als Vorgesetzter einen Auftrag erteilen müsste …« oder »Wenn du mein Steuerprüfer wärst …«

6.2.11 Flyerarbeit

Eine spezielle Form der Spiegelung ist die Flyerarbeit. Jeder stellt sich und seine beruflichen Fähigkeiten, die angebotenen Dienstleistungen oder die eigene Positionierung am Markt den anderen vor. Diese begeben sich in relevante komplementäre Positionen und schildern ihre Eindrücke und Reaktionen aus diesen Perspektiven. Also bekommt man zur Selbstbeschreibung eine Spiegelung von einem Kunden, einem Kooperationspartner, einem Mitarbeiter, einem Auftraggeber, einem Projektverantwortlichen, einem Finanzier usw.

Im Zusammenhang mit der Flyerarbeit wird oft deutlich, dass die Selbstbeschreibung oder die Fantasie, mit denen man andere gewinnen könnte, zunächst deutlich von dem abweicht, was man dann gespiegelt bekommt. Hierdurch ist man aufgerufen, den Flyer mit der dahinter stehenden Person und ihrer Professionalität in Übereinstimmung zu bringen und zu aktualisieren. Oft fällt auf, dass Menschen meinen, sich aufpolieren oder mit modischen Attributen schmücken zu müssen und gerade dadurch an Überzeugungskraft verlieren. Oder sie hinken in ihrer Selbstbeschreibung ihrer tatsächlichen Entwicklung hinterher. Es ist, als würden sie, ohne es zu merken, veraltete Flyer austeilen und sie wundern sich dann, dass sie nicht auf dem Stand ihrer Entwicklung wahrgenommen werden. Manche sind mit ihrem Flyer ihrer tatsächlichen Entwicklung so weit voraus, dass dies als unseriös wahrgenommen wird, auch wenn die Beschreibungen ansprechend sind. Eine bescheidenere Version ist da überzeugender und für alle Beteiligten weniger anstrengend. Hier sind Metabesprechungen hilfreich, um solche Dinge aufzudecken und die Aufmerksamkeit auf die richtige Lernebene zu richten. Interessant ist, dass erst wenige Konzepte das Zusammenspiel von Entwicklung und Selbstbeschreibung zum Gegenstand haben. Das führt dazu, dass Menschen dort Weiterbildungen zum Kompetenzerwerb aneinanderreihen, wo bessere Selbstbeschreibungen im Kontext mehr bringen und weniger kosten würden.

Dies waren soweit konzeptionelle und didaktische Überlegungen zur Frage »Wie bin ich?«, ausgehend von einigen Selbstbeschreibungen. Nun folgen weitere Koordinaten der Selbstbeschreibung bezüglich des Selbstempfindens und der eigenen Positionierung in Beziehungen.

6.2.12 Persönliche Orientierung

Bei der Selbstbeschreibung können Sie die Dimensionen ganz frei und selbst bestimmen oder aus den im Folgenden angebotenen Arten der Selbstbeschreibung wählen. Sie können dies für sich allein tun oder mit aufgeschlossenen Menschen teilen. Wie immer kommt es auch hier darauf an, keine konkurrierenden Beschreibungen oder Bewertungen, sondern als reine Spekulationen bezeichnete innere Bilder zur freien Verfügung zu stellen.

Didaktisch bieten sich drei Varianten an:

1. Jeder beschreibt sich zunächst selbst und trägt diese Beschreibung dann den anderen vor. Diese bringen wiederum ihre Reaktionen darauf, aber auch ihre kontrastierenden oder ergänzenden Beschreibungen ein.

2. Jeder beschreibt erst für sich allein sich selbst und hält dies schriftlich fest. Reihum werden die Teilnehmer dann von den anderen intuitiv in diesen Kategorien beschrieben. Danach werden die Beschreibungen durch die anderen und die Selbstbeschreibung nebeneinander gelegt und man studiert die Unterschiede.

3. Sie können sich zunächst völlig frei selbst beschreiben, entweder nur als diskreter Tagebucheintrag oder als eine Präsentation für andere. In der nachfolgenden Analyse oder Besprechung wird nicht auf die Plausibilität der Beschreibung eingegangen, sondern darauf, welche Dimensionen gewählt und welche Welt dadurch aufgerufen wurden und in welchen Dimensionen Sie sich positionieren wollen.

Die Theatermetapher (vgl. Schmid / Wengel 2001)

Ich und mein Ensemble

Wenn ich mir vorstelle, mein inneres Leben werde in Szene gesetzt und das Ganze werde durch ein Ensemble repräsentiert, wer oder was wäre dabei? Welche Typen fallen ins Auge?

Ich, meine Bühnen und meine Requisiten

In welcher Umgebung werde ich am treffendsten in Szene gesetzt? Welche Bühnen und Requisiten sollten zur Verfügung stehen? Wie wäre die Bühne gestaltet, eingerichtet? Mit welchen Kostümen oder Accessoires?

Ich und Inszenierungen

In welchen Genres, in welchen Storys, in welchen Rollen bin ich am meisten ich selbst?

Wenn ich das Gefühl habe: »Das bin nicht ich! Das passt auf keinen Fall!«, welche Varianten fallen mir dazu ein? Wann wäre ich besser bei mir? In einem anderen Genre? Auf einer anderen Bühne? In anderen Rollen? In anderen Storys?

Ich und Regie

Wenn ich auf meine Lebensinszenierungen schaue, wie wird da Regie geführt?

Eher systematisch? Eher impulsiv? Eher aus einem Guss? Eher mal so und mal so? Wie könnte man die Regie führende Instanz charakterisieren? Ist es eine Figur? Sind es mehrere? Wie spielen sie zusammen? Gibt es ein Regieteam? Wie agiert es?

Ich und mein Körper

Wenn ich ganz bei mir bin, mich in meinem Zentrum versammelt habe, wo im Körper ist das? Inwiefern ist es anders, wenn es in mir uneinheitlich zugeht?

Gibt es Zustände meiner selbst, die ich anders empfinde und anderen Körperbereichen zuordne?

Gibt es verschiedene Ichs, die ich körperlich zuordnen kann?

Ich und mein Stil (vgl. Schmid 2010b)

Wenn meine Freunde wissend lächeln und sagen: »Das ist ganz typisch für dich!«, um welche Szene handelt es sich? Woran denken sie? Was ist vorausgegangen? Welches Bild hast du selbst dafür?

Ich und mythische Figuren (vgl. Schmid 2001)

Wenn ich an Stücke aus der Literatur, aus Erzählungen, aus Filmen denke, wobei bin ich besonders berührt? In welchen Figuren spüre ich Ähnlichkeit zu mir? Wie könnte man deren Schicksal oder Lebensweg charakterisieren?

Ich und Intensität (vgl. 2008b)

Intensitätsverstärkung
Wenn es emotional intensiv werden könnte, gehe ich da leicht mit? Dämpfe ich eher ab oder heize ich eher noch an? Wenn es intensiv wird, wie finde ich dann zu mir? Wie verliere ich mich eher?

Intensitätsverminderung
Wenn es feinsinnig und eher ruhig werden könnte, gehe ich da leicht mit? Will ich da lieber mehr Intensität oder möchte es eher noch stiller werden lassen?

Wenn es still wird, wie finde ich dann zu mir? Wann verliere ich mich eher wieder?

Ich, du und Themen (vgl. Schmid/Jokisch 1998)

Wenn ich auf meine Interessen, auf mein Engagement schaue, sind es eher Themen und Inhalte oder eher die anderen Menschen, die mir liegen müssen, damit ich mich gerne engagiere? Wo bin ich toleranter? Wenn es mit Themen und Vorhaben schwierig wird, mir aber die Beziehungen angenehm sind? Oder eher, wenn die Beziehungen schwierig werden, aber die Themen vorankommen?

Ich, dabei sein und Distanziertheit

Was fällt mir spontan leichter? Mich in Erleben einzulassen, von den Geschehnissen, in Beziehungen hineingezogen zu werden? Oder Abstand zu halten, mich mit Bedacht und Maß beteiligen?

Was fehlt mir eher mal? So richtig in meinem Erleben aufgehen zu können? Den Kopf oben zu halten und lieber selbst Weichen zu stellen? Was stimmt eher (wann stimmt was eher?):

- Ich verhake mich leicht, beiße mich fest …
- Ich kupple leicht aus, stelle alles in Frage …

Ich, Integration und Integrität

Wenn ich nicht so recht zu mir finde, woran liegt das eher?

- Dass ich die Dinge nicht mehr unter einen Hut kriege, dass ich meine Strebungen, meine Inhalte, meine Beziehungen nicht mehr so recht geregelt kriege?
- Oder dass ich in dem, was ich tue und erlebe, mich nicht so recht spüren, erkennen kann und deshalb nicht so recht zu mir finde?

Was gilt eher für mich und mein gegenwärtiges Leben?

- Auch wenn ich nicht alles so gut zusammenkriege, sind es doch im Wesentlichen die richtigen Dinge, mit denen ich mein Leben verbringe.
- Oder: Auch wenn die Dinge an sich gut zu mir passen, kriege ich sie doch kaum zusammen.

Was zu richten fällt mir leichter? Was schwerer? Dinge zusammenfügen? Das für mich Passende zu finden?

Milieu (vgl. Schmid 2007a, 2011c)

In welchem Milieu fühle ich mich zugehörig, zu Hause? In welchen Kreisen bewege ich mich selbstverständlich? In welchen bleibt es anstrengend? In welche komme ich nicht rein?

Weitere Kategorien:

- Ich und meine Stimmung, meine Stunde, meine Jahreszeit …?
- Landkind? Stadtkind?
- Bin ich eher sesshaft / gerne auf Tour?
- Habe jede Geselligkeit gerne, bin eher sehr wählerisch?
- Ich mag es fein und kultiviert / mag es deftig und hemdsärmelig?
- Ich und meine inneren Nächsten, die die mir fern und fremd sind …
- Am besten komme ich zu mir, wenn … Ich erhole mich am leichtesten, wenn …
- Mit welcher Art Mensch kann ich gut? Wie und als wer fühle ich mich dann?
- Mit welchen Menschen wird es schwierig? Wie sind diese anders?
- Am meisten nervt mich, wenn …
- Am leichtesten gewinnen lasse ich mich, wenn …
- Welche Szenen aus meinem Leben beschäftigen mich immer wieder?
- Welche Momente rühren mich besonders?

6.3 Persönlichkeit im beruflichen Kontext

Dieses Kapitel beruht auf einem Vortrag von Bernd Schmid (»Vielfalt, Integration und Kontext« auf der Teile Therapie Tagung, 24. – 27.11.2011 in Heidelberg).

Bei der Frage nach Persönlichkeit wird zumeist der Kontext vernachlässigt. Oft werden Persönlichkeitsmuster als privat angesehen, bestenfalls mit der Biografie und den dortigen Situationen in Zusammenhang gebracht. Man geht eher davon aus, dass private Muster der Persönlichkeit in berufliche Zusammenhänge getragen werden. Umgekehrt werden heutige Kontexte, wie z. B. berufliche, weniger als Persönlichkeit bestimmend angesehen. Die Beschreibung von Persönlichkeit als Bündel von Teilpersönlichkeiten, meist Ich-Zustände genannt, erfreut sich dabei großer Beliebtheit. Meist wird jedoch eher nach dem Aktualisieren von früheren Teilpersönlichkeiten oder von inneren Ressourcen und deren Zusammenspiel gefragt, weniger nach dem Zusammenspiel mit Umgebungsanreizen. Im folgenden Kapitel sollen diese Außenperspektive und ihre Verknüpfung mit der Innenperspektive deutlich gemacht werden. Dafür wird das Konzept der Persönlichkeitsteile auf Rollen und auf Kompetenzen ausgeweitet.

6.3.1 Scheitern – ein Beispiel

Einer Kollegin im psychotherapeutischen Feld geht es schlecht. Sie ist dieser Tage als Leiterin einer Beratungsstelle fristlos entlassen worden. Viele ihrer psychischen Probleme, von denen sie glaubte, sie seien verarbeitet, sind zurück.

Sie ist eine anerkannte Expertin und Lehrtrainerin ihrer Fachgesellschaft. In diesem Kontext wirkte sie noch kurz davor kompetent und mit bester Ausstrahlung als Referentin und als Supervisorin. Sie ist eine kompetente Mutter, hat eine schwierige Scheidung gut überstanden.

Obwohl sie gerne freiberuflich tätig gewesen wäre, hat sie den Zugang dazu nicht gefunden. Sie hätte nicht über die Krankenkasse abrechnen können, sondern auf dem freien Markt erfolgreich sein müssen. Potenzielle Partner haben ihre fachliche Mitwirkung geschätzt, aber am Ende zu einer geschäftlichen Kooperation nicht Ja sagen können.

Auch in ihrer Institution, die sie selbst mit aufgebaut hat, war sie in ihrem fachlichen Wirken unumstritten, doch hatten sich die Probleme in der Auseinandersetzung um ihre Leitungsfunktion zugespitzt.

Zwei neue Mitarbeiter haben ihre Führung nicht akzeptiert und sind in der Probezeit gegangen. Allerdings hatte sie diese auch nicht selbst aussuchen können.

Da sie eher mehr für die Stelle arbeitete als ihrem Deputat entsprach, hatte sie wenig auf eine Trennung zwischen nebenberuflichen Interessen und der Tätigkeit für die Stelle geachtet. Dies wurde Thema, als sie sich mit einem neuen Aufsichtsgremium konfrontiert sah.

Die Jahre davor wurde alles irgendwie im persönlichen Kontakt mit den Mitgliedern des alten Aufsichtsgremiums geregelt, der sie im Wesentlichen in Ruhe arbeiten ließ. Sie verweigerte sich letztlich einer formgerechten Klärung ihrer Tätigkeit und Funktion als Leiterin. Sie erlebte dies als Beschädigung ihrer persönlichen und fachlichen Integrität und versuchte, sich in den sich aufschaukelnden Konflikten durch persönliche und fachliche Auseinandersetzung mit dem Leiter des Aufsichtsgremiums durchzusetzen.

Ihr weiteres Berufsleben und ihr psychisches Gleichgewicht waren infrage gestellt, gerade jetzt, wo die Kinder ihr mehr Spielraum für die ihr wichtige Berufstätigkeit lassen könnten.

Ist dies ein Fall für Persönlichkeitsarbeit nach dem Ich-Zustand-Konzept? Nur vielleicht. Hier sollen Perspektiven beleuchtet werden, die in einer solchen Situation vielleicht helfen könnten.

6.3.2 Persönlichkeit als Ich-Zustände und deren Verknüpfungen

Eine klassische Definition von Ich-Zuständen (Watkins/Watkins 2003; dazu auch Peichl 2010) lautet:

> *»Ein Ich-Zustand kann definiert werden als ein organisiertes Verhaltens- und Erfahrungssystem, dessen Elemente durch ein gemeinsames Prinzip zusammengehalten werden und das von anderen Ich-Zuständen durch eine mehr oder weniger durchlässige Grenze getrennt ist.«*

Diese Definition ist sehr offen gehalten, was erfordert, sich Gedanken zu machen, wie sie zu füllen ist. Verschiedene Versionen davon, wie Ich-Zustände konzipiert werden sollen, sind je nach Perspektive, z. B. bezüglich der Klientel und eigener Profession, denkbar.

Nicht in der Definition enthalten ist die Dimension der jeweiligen Kontexte. Diese sollten heute hinzugefügt werden. Womit sind die jeweiligen Teilpersönlichkeitsideen verknüpft?

1. Identifikation eines Ich-Zustandes (z. B. reale Personen vs. Funktionen und Qualitäten)

Hier geht es gemäß der klassischen Definition darum, welches gemeinsame Prinzip gemeint ist, wie es diagnostiziert werden kann und wie die Unterscheidungen zwischen Ich-Zuständen vorzunehmen ist. Auch zu entwickelnde Ich-Zustände können so beschrieben werden.

2. Vernetzung untereinander (z. B. innere Familie):

Diese Verknüpfung wurde z.B. für Systembetrachtungen interessant. Heilende Effekte suchte man in der Neuorchestrierung im Zusammenspiel von Ich-Zuständen.

3. Vernetzung mit individueller Geschichte

Dies ist die herkömmliche Verknüpfung, die psychoanalytisch orientierter Therapie entsprang. Meist geht es dort um die Identifikation von und um heilenden Umgang mit früheren Ich-Zuständen. Aber auch Betrachtungen von noch zu gestaltenden Lebensentwürfen kann man damit anstellen.

4. Vernetzung mit Lebenswelten (z. B. Berufswelt vs. Privatwelt)

Diese Verknüpfung betont, dass Ich-Zustände durch Umwelten hervorgerufen und geformt werden, wie auch zur Aktivierung von Umwelt und deren Entwicklung beitragen.

5. Vernetzung mit Inhalten (z. B. juristische Betrachtungen vs. Gerechtigkeitsempfinden)

Psychologische Konzepte beschreiben und gewichten selten Inhalte wie z. B. Weltbilder oder Know-how, sondern bleiben bei psychologischen Kriterien. Wenn Weltbezug bedeutsamer wird, dann spielen auch Inhalte, auf die sich Muster beziehen, eine Rolle. Dies erfordert den Umgang mit Wissensbeständen jenseits der Psychologie.

6. Vernetzung zu der konzipierenden Profession (z. B. Traumatherapeut vs. Personalentwickler)

Diese Verknüpfung löst sich von der alleinigen Betrachtung der Klienten und ihrer Lebenswelten und holt aus einer Metaperspektive rekursiv den Definierer von Ich-Zuständen in die Betrachtung.

Es kommen hier also neue Perspektiven (4.-6.) zu den geläufigeren Betrachtungen (1.-3.) hinzu – zur Psychologie kommen Beschreibungen aus anderen Fachgebieten, zu Innenwelten kommen Außenwelten. Und zum Klienten kommt der Beobachter.

Hierbei handelt es sich um komplementäre Bezüge von Ich-Zustand-Betrachtungen. Jeder Bezug kann bei Bedarf mit jedem anderen kombiniert werden. Das erhöht die potenzielle Vielfalt enorm und erfordert deren Reduktion, um denken und handeln zu können. Professionelle zeichnen sich durch eine bewusstes Auswählen und Integrieren zu sinnvollen Erklärungs- und Arbeitsfiguren aus.

Wie können wir Teile von Persönlichkeit und deren Bezüge für das obige Beispiel konzipieren? Ich möchte bei der Beantwortung nicht so sehr den Kontext von privater Ausstattung und Biografie hervorheben, sondern den Zusammenhang zu Profession, Organisation und Gesellschaft. Dies soll nicht als konkurrierende, sondern als ergänzende Perspektive begriffen werden. Ausgehend von inneren Wirklichkeiten lenke ich meine Aufmerksamkeit auf berufliche Beziehungen, die mit diesen interagieren.

Ich komme so von Ego-States auf Rollen im Beruf, in Organisationen und auf anderen gesellschaftlichen Bühnen. Damit löse ich mich auch von privater Persönlichkeitssausstattung und Biografie und frage nach notwendigen persönlichen Kompetenzen, um in Berufs- und Organisationswelten zurechtzukommen. Diese Personenqualifikation ist die eine Seite der Medaille. Die andere Seite ist die Systemqualifikation: Wie sollen berufliche Kontexte und Organisationen gestaltet werden, damit Menschen darin leistungsfähig und gesund sein können? Welche Berufsbiographien möglich sind, hat mit dem professionellen Feld und seinen Organisationsmustern zu tun. Wie sich Menschen in Organisationen dem Organisationszweck und gleichzeitig ihrem Wesen gemäß entwickeln können, hat etwas mit Organisationskultur zu tun. Beides interagiert mit Gesundheit und privatem Leben.

Dass ich diese Perspektiven bemühe, hat mit meinem Bezugsrahmen zu tun. Wir machen keine Psychotherapie, sondern qualifizieren Menschen darin, den Herausforderungen im Beruf und in Organisationen zu begegnen sowie ein erfüllendes Berufsleben zu gestalten. Sobald dies gelingt, wirkt dieses auf die seelische Gesundheit und die private Lebensführung in erheblichem Maß zurück. Natürlich begegnen wir bei unseren Teilnehmern auch Belastungen, die man psychotherapeutisch angehen könnte. Manchmal muss man das auch, doch nur so viel wie notwendig, um professionelles Lernen freizugeben.

6.3.3 Umgang mit psychischen Belastungen im Beruf

Wenn Stress im Berufsleben entsteht, reagiert jeder in einer Weise, die man als psychisch gestört betrachten kann. Wir gehen ja heute davon aus, dass problematische Muster im Gehirn nicht gelöscht werden können. Sie werden eher positiv überformt. Wenn die Überformungen ermöglichen, sich auszukennen, wertgeschätzt zu werden und wirksam zu sein, hat man gute Voraussetzungen, gesund zu sein. In allen drei Dimensionen musste die erwähnte Kollegin massive Verluste hinnehmen. Wenn also Gesundheit erreicht wurde, aber dann wieder verloren geht, muss das nicht heißen, dass eine Störung wieder durchbricht, sondern dass weitere Überformungen und Entwicklungen notwendig sind, um gesund zu bleiben. Der Einbruch bei der Kollegin war nicht vorrangig durch ihre persönliche Entwicklung bedingt, sondern durch Änderungen im Umfeld, für die sie nicht gerüstet war, bzw. für die sie nicht im notwendigen Maß dazulernte. Sie hätte auch gesund bleiben können, wenn sie ihre freiberufliche Entwicklung erfolgreicher betrieben hätte und die Organisation hätte verlassen oder wechseln können.

So verstrickte sie sich zunehmend in problematische Erlebens- und Verhaltensmuster, die von früher aus ihrer Biografie bekannt sind. Die Art, wie sie gestört auf diesen Stress reagiert hat, ist eine sehr persönliche. Aber heißt das, dass auch persönliche weitere Therapie angesagt ist? Oder kann man etwas anderes tun, damit der psychische Druck so weit nachlässt, dass sie wieder Wasser unter den Kiel bekommt?

Angenommen, das neue Aufsichtsgremium würde abberufen oder würde sich auf eine deeskalierende und persönlich bezogenere Gangart besinnen, dann würde der Stress vielleicht so weit nachlassen, dass sie an überformenden Kompetenzen wieder Anschluss finden würde und jetzt erkennen könnte, welche Weiterentwicklungen im Beruf und in ihrer Organisationsfunktion ihr zusätzlich Spielräume verschaffen könnten. Vielleicht würde sie nun, zusätzlich zu ihren fachlichen Kompetenzen, Kompetenzen im Leiten von Beratungsstellen erwerben, statt sich ausschließlich mit Psychologiefachleuten kollegial zu vernetzen. Oder sich mit Stellenleitern auszutauschen, eventuell zusammen mit dem Aufsichtsgremium eine neue Kultur des Zusammenwirkens erarbeiten und lernen, dazu kompetente Vorschläge zu machen und überzeugend dazu einzuladen. Dann wäre für die psychische Gesundheit vielleicht mehr gewonnen als mit Psychotherapie.

Diese Entwicklungen kann man aber nicht allein aus der jeweiligen Fachlichkeit heraus bewältigen, sondern die Fachlichkeit muss eingebunden werden in ein umfassenderes Verständnis von Professions- und Organisationswelten. So hört man beispielsweise von Musikern, die üben und üben, anstatt zu lernen, sich im Berufsfeld und auf den Märkten zu bewegen. Das Problem ist oft, dass sie und ihre Lehrer sich in begrenzten Wirklichkeitsblasen aufhalten, aus denen heraus es entweder nur wenige Lösungsdimensionen gibt oder sich alle irgendwie durchschlagen, aber keine weiteren Dimensionen dem Professionsverständnis zugeworfen werden. Damit finden erweiterte Perspektiven auch keinen Eingang in ihren offiziellen Bildungskanon und in die ausgewiesene Professionskultur. Gelingt es z.B. solchen Musikern, ihre Kompetenz bezüglich des Professions- und Organisationsfeldes zu erhöhen, dann könnten sie sich dort sicherer bewegen, was wiederum ihre Gesundheit verbessern, was wiederum ihre musikalische Entwicklung beflügeln kann. Dazu brauchen sie psychologisches Geschick, aber auch einiges mehr.

Da Einzelne eine entsprechende berufliche Identität schlecht gegen die Gewohnheiten ihres beruflichen Umfeldes oder ihr so erweitertes Verständnis ihrer Organisationsfunktion ohne Zusammenspiel mit ihrer Organisationsumwelt entwickeln können, sind eben nicht nur Persönlichkeitsentwicklung, sondern auch Professionsentwicklung und Organisationskulturenwicklung angesagt.

Es ist nun deutlich geworden, dass bei solchen Betrachtungen eben auch andere Inhalte und Kontexte dazu kommen und nicht nur solche, mit denen man durch psychologische Schulung vertraut gemacht wird. Und verständlicherweise sehen sich Psychologen nicht für Professions- oder Organisationsentwicklung zuständig. Sie wollen mit der Persönlichkeit und in persönlichen Beziehungen arbeiten. Bestenfalls wird Persönlichkeit verstanden als System von Ich-Zuständen, Beziehungen vielleicht verstanden als komplexe Ich-Zustand-Konferenzen.

Professionskulturen und Organisationskulturen sind Außenwelten, in die sich die Innenwelten der Persönlichkeit hinein vernetzen. Fraglich ist, wie konstruktiv man die Innenwelten ohne Einbeziehung der Außenwelten erfassen kann und natürlich umgekehrt. Wir brauchen dafür Modelle, die beides von vornherein miteinander verbinden. Wer mit Persönlichkeit arbeitet, könnte dafür ein Persönlichkeitsmodell gebrauchen, das Welten systematisch einbezieht, ohne dass sie sich für diese Welten als zuständig erklären.

6.3.4 Rollen, Welten und Kompetenzen

Ich habe dafür das Rollenmodell der Persönlichkeit angeboten (Schmid 2003, Kap. 3.2.3). In diesem Modell wird die operationale Einheit der Person nicht Ich-Zustand genannt, sondern Rolle. Eine Rolle ist ein kohärentes System von

Einstellungen, Gefühlen, Verhaltensweisen, Wirklichkeitsvorstellungen und zugehörigen Beziehungen. Persönlichkeit wird konzipiert als Portfolio von Rollen, die auf den Bühnen der Welten erfahren und gespielt werden. Dadurch ist der Bezug zu Welten in die Definition aufgenommen. Individualität zeigt sich darin, wie die Rollen gespielt werden. Dabei gibt es Rollen, die mehr und andere, die weniger frei gestaltet werden können. Die Kunst besteht darin, auch in weltgerecht definierten Rollen das eigene Wesen zum Ausdruck zu bringen.

Verschiedenen Welten können je nach Bedarf definiert und unterschieden werden. Für unsere Zwecke hat sich das Drei-Welten-(Rollen)-Modell der Persönlichkeit bewährt.

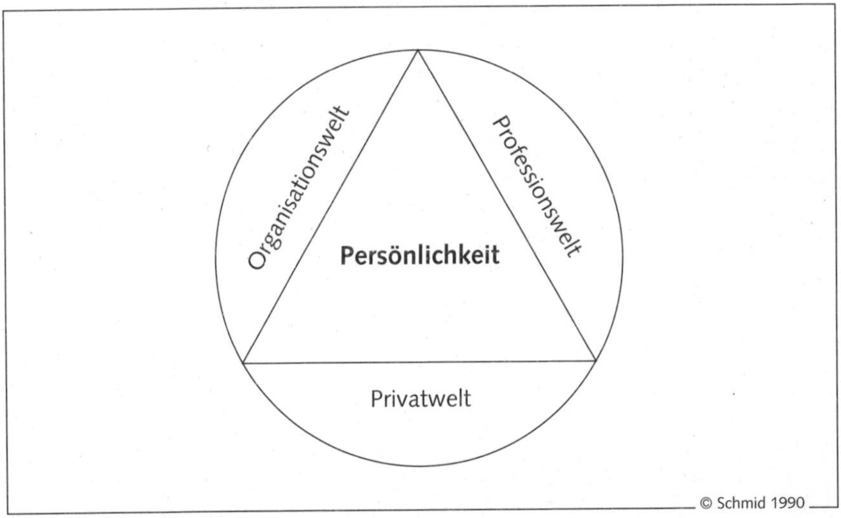

Abb. 2: Drei-Welten-Modell der Persönlichkeit

In Erweiterung des Rollenmodells haben wir Persönlichkeit in der Theatermetapher beschrieben (Schmid 2003, Kap. 3.2.2). Persönlichkeitsdimensionen sind darin Rollen, Themen, Bühnen, Stücke und Inszenierungsstile. Für jede Dimension kann man prüfen, ob sie für eine Person stimmig ausgeprägt ist und wo eventuell Veränderungen angesagt wären.

Es ist nun deutlich geworden, dass Wohlergehen mit Kompetenz zu tun hat. Kompetenz kann hier aber nicht allein auf die Weiterentwicklung von persönlich-biografischen Erlebens- und Verhaltensmustern begründet werden, sondern muss kontextbezogen definiert werden. Die Welt, in der man Kompetenz beansprucht, entscheidet, ob sie zur Geltung kommt. Natürlich kann und soll dabei auf die entwickelten Ich-Zustände Bezug genommen werden, doch sollten sie in kontextgemäße Rollen transformiert werden. Andererseits soll niemand Sklave bestimmter Kontexte werden und sich dabei in seinem Wesen verlieren.

Dies ist nicht nur eine Frage von Gesundheit und Würde, sondern auch von Kompetenz.

Unsere Formel dafür lautet (vgl. Kapitel 4.9):

Professionelle Kompetenz =
Rollenkompetenz x Kontextkompetenz x Sinn
(oder statt Sinn: x Passung, wenn im Dialog zu Organisation oder Markt)

Man muss Rollen lernen, wie sie heute in den verschiedenen Welten gespielt werden. Damit dies gelingt, ist es wichtig, die Spielregeln dieser Welten und die Logik der zu spielenden Stücke zu verstehen und abzugleichen, ob dies in der eigenen Seele Sinn macht bzw. ob die Passung zur eigenen Wirklichkeitsorientierung gegeben ist. Dazu kann man auf viele Elemente aus anderen Bezügen zurückgreifen, doch sind meist Neuanpassungen notwendig.

Ansatzpunkte für persönliche Gesundheit konzentrieren sich also immer weniger auf privat-persönliche Biografie und private Selbstaktualisierung. Mehr ins Blickfeld kommen die Kulturen der Professionswelten (z.B. Märkte oder Verbände) oder die Kulturen der Organisationen, in denen man leistungsfähig und gesund sein will.

6.3.5 Gesundheit und Kultur

Wenn also jemandem geholfen werden soll, aus einer sich nicht nur privat darstellenden Krise herauszukommen oder eine befriedigende und gesunde Berufsbiografie zu entwickeln, so können, neben Psychotherapie, auch helfen:

1. Investitionen in persönliche Professionalität,
2. Investitionen ins professionelle Feld, das Kontext dafür ist (z.B. Verbandsarbeit, Weiterbildungs- und Prüfungskultur),
3. Investition in Organisationsrollenkompetenzen (Weiterbildung in Organisationsfunktionen wie z.B. Unternehmens- oder Personalführung),

4. Investitionen in Organisationskultur, damit Kompetenz besser zur Geltung kommt bzw. auch mittelmäßig Kompetente und Robuste gut und gesund arbeiten können.

Dort, wo Menschen biographisch so belastet sind, dass sie sich sehr schwer tun, mit den Verhältnissen zurechtzukommen und das Notwendige zu lernen, mag Psychotherapie wichtig sein. Dort, wo Spielräume sind, ist zu überlegen, welche Lernprozesse zur Wahl stehen und wie Ressourcen für den Einzelnen und für gesellschaftliche Bedingungen von Gesundheit einzusetzen sind. Wenn in einem Unternehmen oder in einem Gesellschaftsbereich viele, wenn auch jeder unterschiedlich, ihr Gleichgewicht verlieren, dann sind neben persönlichen Hilfen Investitionen in Kultur gefragt. Wenn sich persönliche Probleme in einer bestimmten Profession häufen oder diese Profession in ihrer Bedeutung für Organisationen oder für die Gesellschaft stagniert, dann muss über die Profession nachgedacht werden. Dies ist dann auch ein Beitrag zur Gesundheit von Organisationen und Gesellschaft und damit zur Gesundheit der dort lebenden Menschen.

Investitionen in Kultur sind oft komplexer und in ihrer Wirkung eher mittelfristig wirksam, doch vom Wirkungsgrad her viel höher als die Stärkung Einzelner, mit problematischer Kultur zurechtzukommen. Es ist übermäßig anspruchsvoll, in einem schlechten Stück eine gute Rolle zu spielen. Aber auch Mittelmäßige können in einem guten und gut inszenierten Stück gute Rollen spielen. Kultur erzieht ganz nebenbei zum Guten und zum Schlechten. Es entstehen wie selbstverständlich Unverantwortlichkeit und Selbstoptimierung genauso wie Kompetenzen und Lernen. In diesem Zusammenhang sei eine Schilderung des Züricher Gerechtigkeitsforschers Professor Ernst Fehr erwähnt. Er erzählt, dass Gerechtigkeitsverhalten nicht nur eine Sache der persönlichen Sozialisation ist, sondern des Kontextes. Wenn er zehn beliebige Probanden am Züricher Hauptbahnhof zu einem Gerechtigkeitsexperiment einlädt, dann kann er die Regeln des Experiments so gestalten, dass sich alle gerecht verhalten oder dass sich ungerechtes Verhalten ausbreitet. Welche Zustände des Ichs zum Zug kommen, hat eben mit Kultur zu tun. Ob Menschen ihre bessere Seite leben, hat vermutlich damit zu tun, ob Gerechtigkeit glaubwürdig und konsequent ist. Wenn sich zu viele, mit denen man sich vergleicht, ungestraft ungerecht verhalten dürfen, dann greift ungerechtes Verhalten um sich. Richard David Precht meinte, das läge daran, dass Menschen lieber die Bösen sind als die Dummen. Kultur weckt die entsprechenden Seiten der Menschen und schließt sie in sich wechselseitig bestärkender Weise aneinander an!

Wir haben es also, was die Entwicklung eines gesunden Berufslebens betrifft, mit einer Vielfalt von Lebensaspekten und beteiligten Systemen zu tun. Sie angemessen zu berücksichtigen führt über Psychologie hinaus. Von diesen weiten Perspektiven aus betrachtet kann jeder nur Ausschnitte bedienen und braucht interdisziplinäres Zusammenspiel, um bei seiner Spezialisierung die größeren Zusammenhänge nicht aus den Augen zu verlieren.

6.4 Individuation und Persönlichkeit als Erzählung
(vgl. Schmid/Hipp 1999)

Im Weiteren sollen Themen und Fragen der berufsbezogenen Individuation oder Selbstverwirklichung von Menschen, im Besonderen die Entwicklung berufsbezogener Sinnerzählungen, weiter in den Blick genommen werden. Bin ich beruflich auf dem richtigen Weg? Wie kann ich die vielen Themen, die mir wichtig sind, in einem Terminkalender unterbringen? Wie können in Organisationen Wirklichkeiten inszeniert werden, die für viele Menschen, wenn auch unterschiedlichen, Sinn machen?

Zunächst ein Beispiel aus der Beratung:

> *Der Vorstandvorsitzende einer Gesellschaft für interkulturelle Projekte erzählt in einem Coachinggespräch drei Geschichten, die ihn in seiner Kindheit und im Jugendalter fasziniert haben:* Tarzan, Alexis Sorbas *und* Der Seewolf:
>
> *Bei Tarzan hat er die Szene vor Augen, wie er als Gorilla zusammen mit Tarzan im Dschungel unterwegs ist.*
>
> *Über Alexis Sorbas erzählt er folgende Geschichte: Ein englischer Journalist trifft den Griechen Alexis, sie leben eine Zeit zusammen, planen gemeinsame Projekte, die aber scheitern. Am Schluss trennen sie sich wieder und kehren in ihre Welt zurück.*
>
> *Die Geschichte vom Seewolf wird so erzählt: Ein Journalist wird auf das Schiff eines herrischen Kapitäns verschlagen. Sie führen viele philosophische Gespräche, aber der Kapitän bleibt bei seiner herrischen Lebensphilosophie und wird schließlich von der Mannschaft ausgesetzt. Der Journalist geht zurück in seine Welt, um davon zu erzählen, bleibt aber in seiner eigenen Lebenskultur unberührt.*

Welches gemeinsame Thema liegt diesen Erzählungen zugrunde? Welche Art von alltäglichen Szenen könnten diesem Menschen Sinn stiften? Welche Blaupausen für Sinnerleben lassen sich daraus ableiten? Welche Konsequenzen hat der Ausgang der Geschichten für die Gestaltung der Beratungsbeziehung?

Diese Geschichten, verstanden als Blaupause dafür, was in Kulturbegegnung und Beratungsbeziehungen geschehen kann, lassen aufhorchen, denn eine Gemeinsamkeit lautet: Zwei Lebewesen aus unterschiedlichen Lebensbereichen treffen aufeinander, tauschen sich eine Zeit lang darüber aus, was sie von der Welt erfahren haben und was sie von ihr denken, und trennen sich, ohne dass die Begegnung Auswirkungen auf die jeweils eigene Lebenskultur hat. Die gemeinsamen Episoden bleiben ohne Folgen für die individuelle Selbstorganisation. Das Interesse an anderen Kulturen ist in den Erzählungen zwar angelegt, es fehlt aber ein Drehbuch dafür, wie etwas aus der Begegnung erwächst, das für beide Seiten fruchtbar ist. Die Fähigkeit als Verantwortlicher für interkulturelle Zusammenarbeit spiegelt in beeindruckender Weise den Themenbereich der genannten Geschichten wieder. Für eine Organisation, die interkulturelle Zusammenarbeit fördern will, wäre allerdings der Ausgang der Geschichten – eine Begegnung ohne Folgen für die Lebenskultur der Beteiligten – fatal. Auch in der Beratung, in der sich mit Berater und Führungskraft unterschiedliche Professionskulturen begegnen, tut der Berater gut daran, diesen Aspekt in der Gestaltung der Beratungsbeziehung im Auge zu behalten.

Menschen lassen sich beschreiben als Autoren, Mitspieler und Kritiker ihrer persönlichen Lebenserzählung. Wir konzipieren menschliches Erleben und Entwicklung dabei als Erzählungen (Narrative). Diese narrative Denkrichtung veranschaulicht in besonderem Maße die Idee der persönlichen Autorenschaft, der persönlichen Mitwirkung bei der Inszenierung von Wirklichkeit. Menschen erzählen (sich) Geschichten, um ihre Erfahrungen, ihre Welt zu strukturieren.

Sie extrahieren Erzählungen aus dem Fluss ihrer Erfahrungen, gleichzeitig werden Erfahrungen durch die eigenen Erzählungen beeinflusst (Boeckhorst 1994, Kraus 1996).

6.4.1 Berufsbezogene Sinnerzählungen

Wie kam es zu diesem Ansatz?

> »Mein Interesse an diesem Thema entzündete sich in meiner Zeit als psychologischer Berater an einer Studentenberatungsstelle. Viele Studenten kamen zu mir mit der Frage: ›Bin ich auf dem richtigen Weg?‹, ›Soll ich meine Energie in dieses Fach stecken?‹ etc. Eines Tages kam ich auf die Idee, die Studenten zu fragen, welche Bilder sie als Kinder darüber im Kopf hatten, was sie einmal werden könnten. Zunächst schien diese Befragung nicht besonders ergiebig. Es ergaben

sich nur Allgemeinheiten wie beispielsweise Lehrerin oder Lokomotivführer. Das änderte sich aber mit der Idee, nach der Szene zu fragen, die zu der Grundfigur, was aus ihnen werden könnte, geführt hat.

Hier unterschieden sich die Lokomotivführer ganz entscheidend. Der eine hatte das Bild: ›Ich, meine Maschine und das freie Land; ob da noch Wagen angekoppelt sind, ist völlig unwesentlich.‹ Der andere: ›Ich und mein Heizer und wir beide weit weg von den Frauen.‹ Der dritte: ›Ich begrüße im Orientexpress meine illustren Fahrgäste, mein Hilfslokomotivführer arbeitet vorne in der Lokomotive und ich unterhalte mich mit Fürsten und edlen Damen.‹ Man bekommt durch die Beschreibung dieser Szenen durchaus einen unterschiedlichen Flair, welche Situationen eine Vorstellung von sinnvollem Leben auslösen. (Schmid 2001a)

6.4.2 Die Theatermetapher

Im Umfeld des ISB hat sich als weiteres Element zur Analyse von Sinnerzählungen bewährt: die Theatermetapher (zur Einführung vgl. www.systemische-professionalitaet.de/isbweb/content/view/316/346).

Sie hilft nicht nur die Psychodynamik, sondern die gesamte Organisation, bestimmte Situationen mit zu verstehen und um eine Orientierung zu bekommen, was alles versorgt sein muss, um auf einer Bühne ein konkretes Stück spielen zu können.

Die Theatermetapher verortet solche Erzählungen in Zeit und Raum. Mit ihrer Hilfe können berufliche Lebenswege, Organisations-, Professions- und Privatwelten und deren Inszenierungen charakterisiert werden. Sie kann helfen, darüber nachzudenken, welche Bühnen Menschen betreten, welche Lebensthemen auf welchen Bühnen gespielt werden und wie sie inszeniert sind, welche fremden Szenen Aufmerksamkeit erregen, welche Personen zu eigenen Inszenierungen eingeladen werden etc.

Die Lebensvollzüge werden als Folge von Szenen auf den Bühnen des Lebens betrachtet. Man kann dabei verschiedene Lebenswelten unterscheiden und entsprechend die Inszenierungen, die Bühnen, die Erzählungen, die Rollen und das Zusammenspiel der Mitwirkenden in den verschiedenen Lebenswelten identifizieren. Für jeden Menschen können Portfolios der gelebten Rollen, der betretenen Bühnen und der dort aufgeführten Stücke usw. beschrieben werden. Die Portfolios machen die Persönlichkeit im Lebensvollzug aus. In der Auseinandersetzung mit ihnen wird oft die gelebte, aber auch die noch brachliegende Persönlichkeit deutlich. Die aufeinander folgenden Lebensinszenierungen und deren Qualitäten fügen sich zu Lebenswegen und erlebtem Lebenssinn zusammen.

6.4.3 Das biografische Interview

Ein Beispiel:

Im Rahmen eines Seminars wurde ein Kollege biografisch interviewt. Er war Manager und zum Zeitpunkt des Interviews Hochschullehrer und ein Mensch auf der Suche. Bei der Beschreibung seiner frühen Lebenserfahrungen waren immer Freunde vorhanden: »Im Kindergarten hatte ich den Kameraden X und im Studium hatte ich einen, mit dem ging ich durch dick und dünn«. Dann erzählte er von seinen langen Berufsjahren und da war plötzlich kein Freund mehr. Als der Interviewer fragte: »Könnte es sein, dass dir ein wesentliches Element, wann eine Situation für dich sinnträchtig ist, verloren gegangen ist?«, ging eine Veränderung der Erkenntnis durch sein Gesicht. Dabei fielen ihm der Aufbau seiner neuen beruflichen Kooperation und eine sich dabei anbahnende Freundschaft ein.

Wir glauben, dass Menschen unterschiedliche Blaupausen haben, was Zutaten für Szenerien sein könnten, die – aus welchen Gründen auch immer – sinnträchtiger sind als andere. Deswegen haben wir mit Interviewtechniken experimentiert, die helfen sollen, solche Grundfiguren herauszuarbeiten. Oft kommen Menschen zu Beratern, die denken, sie müssten etwas anderes machen, beispielsweise die Organisation oder den Beruf wechseln. Dabei stellt sich aber oft heraus, dass wesentliche Sinnelemente in ihrem derzeitigen Arbeitskontext fehlen. Das heißt, das Wie, die Änderung der Inszenierung, stiftet mehr Sinn als mit derselben Grundlogik auf andere Bühnen zu wechseln.

Solche Sinnblaupausen anzufragen kann auch sinnvoll sein, um die Qualität einer Beratungsbeziehung zu optimieren. Auch Beratung kann natürlich als Geschehen auf einer Bühne konzipiert werden. Es kann in Drehbüchern, Akten etc. gedacht werden.

Diese Ideen haben sich ausgeweitet zu den folgenden theoretischen Überlegungen:

6.4.4 Konzeptionelle Überlegungen

Wenn wir über berufliche Alltagserfahrungen und die darin enthaltenen persönlichen Grundthemen sprechen, verwenden wir drei Perspektiven, die wir hier noch einmal vorstellen wollen: Lebensthemen, Bühnen und Wirklichkeitsstile.

Lebensthemen

Wenn wir in Lebensthemen denken, beschreiben wir einen Menschen als Träger von Themen, die er häufig inszeniert. Egal, was die Person im Leben macht, bestimmte Abfolgen und Elemente von Geschichten kehren wieder. Die Grundstrukturen sind in ihm/ihr angelegt und dieser Mensch muss sich mit diesen Themen auseinandersetzen. Das Ziel ist nicht, die Themen loszuwerden, sondern zu guten Formen davon zu finden, eine gute Geschichte zu diesen Themen erzählen zu können. Die Gefahr besteht darin, unglückliche oder flache Formen von Erzählungen zu den eigenen Themen zu inszenieren.

Unsere Aufgabe ist also, zu schauen, was meine Themen sind, die mir Sinn geben, und das Beste daraus zu machen. Offen bleibt, wie wir zu unseren Themen kommen, nämlich ob Vererbung, Herkunft, kritische Lebensereignisse oder die Imagination der Seele eine Rolle spielen.

Hillmann erzählt die Geschichte von dem spanischen Stierkämpfer Manolete, der als Macho galt und dem Psychoanalytiker eine Überkompensation nachgesagt haben sollen (Hillman/Ventura 1999). Bis zum zwölften Lebensjahr habe der kleine Bub am Schürzenbändel der Mutter gehangen. Aus diesem Kraftfeld der Mutter konnte er nur durch eine heftige Gegenbewegung entweichen und wurde daher Macho und Stierkämpfer. Hillmann hält dieser Deutung eine Umkehrung entgegen. Vielleicht habe die Seele des Kleinen schon in diesem zarten Alter gewusst, dass er einmal Stierkämpfer werde müsse und der kleine Junge habe sich diesen riesigen Stier und die vielen Leuten vorgestellt. Kein Wunder, dass er sich bei der Mutter festgehalten habe.

Beispiele für Lebensthemen können folgende Sätze sein:

- Das Herz muss entscheiden, auch wenn der Preis hoch ist.
- Man muss nur mutig über die Grenzen gehen, dann werden am Ende alle froh sein.
- Ein Mensch mit Verstand findet immer einen Dreh.
- Es ist immer auch das Gegenteil richtig und man kann es integrieren.
- Man kann überall man selbst sein und eine Heimat finden.
- Gerade das Unkonventionelle birgt die Chance für sinnvolle Entwicklung.
- Letztlich kann man nichts bewirken, aber dennoch froh sein.

Jeder Mensch hat ein Bündel solcher Themen. Persönlichkeit kann beschrieben werden als ein Portfolio von Themen. Persönlichkeitsentwicklung heißt aus dieser Sicht: Was sind meine Themen und wie kann ich Positivversionen dieser Themen finden? Wie kann ich diese Themen auf unterschiedlichen Bühnen mitinszenieren und meine Themen in verschiedenen Varianten entwickeln und leben? Natürlich können in verschiedenen Phasen der Entwicklung bestimmte Lebensthemen in den Vordergrund oder Hintergrund treten.

Beispiel:

Eine Managerin verbringt zu viel Zeit mit der Pflege ihrer Kundenkontakte. Auf Nachfrage stellt sich heraus, dass sie ihren Kunden gerne freundschaftlich verbunden sein möchte. Für die Art der Projekte, mit denen sie zu tun hat, ist diese Art der Pflege von Freundschaftlichkeit aber nicht rollen- und dienstleistungsgemäß. Die Freundschaftlichkeit ist zu sehr im Vordergrund, sodass die Kraft und Zeit für die Steuerung der Projekte fehlt. Hier kann die Frage hilfreich sein, auf welcher Bühne das Thema »Freundschaftlichkeit« fehlt bzw. besser platziert ist.

Mit den Fragen hat sich besonders die Scriptanalyse befasst (Berne 1970). Wie laufen die Stücke weiter, wenn sie begonnen haben? Welche Personen spielen dabei welche Rollen? Wie erfassen Menschen intuitiv, welche Stücke sie zusammen spielen können? Was zieht sie zueinander? Die Transaktionsanalyse hat allerdings vorwiegend sehr störungsorientiert fokussiert, wie diejenigen zueinander finden, die gemeinsam Unheil anrichten. Das ist nur die Negativversion eines allgemeineren Vorgangs.

Es finden auch intuitiv die Menschen zusammen, die zusammen sinnvolle Stücke für alle Beteiligten aufführen können, ohne dass sie im Vorhinein wissen, wie genau es Sinn machen wird. Es gibt also auch schöpferische Spiele: das überraschende Ergebnis, von keinem vorgesehen, aber schon am Anfang angelegt. Erst später wird dann deutlich, was im Zusammenspiel entstanden ist und welch kreative Leistung dies darstellt.

Es macht aus diesem Grund auch Sinn, dass sich Therapeut und Patient bzw. Berater und Klient/Klientensystem erst nach intuitivem Abtasten für- oder gegeneinander entscheiden. Denn nicht jede Konstellation ist geeignet, gemeinsam sinnreiche und bedeutungsvolle Stücke hervorzubringen.

Lebensbühnen

Im vorigen Abschnitt sprachen wir von den Themen, die auf ganz verschiedenen Bühnen inszeniert werden können. Menschen können sich über solche Themen finden. Man kann aber auch von den Bühnen ausgehen und fragen, welche Art von Bühnen jemand bevorzugt, unabhängig davon, welche Themen dort inszeniert werden. Persönlichkeit kann hier als Portfolio aller Bühnen befragt werden, auf denen ich mein Leben verbringe. Bühnen sind z. B. der Essenstisch, die Partnerschaft, eine Freundschaftsbeziehung, der Arbeitsplatz, der Turnverein, ein Workshop, die Supervisionsbeziehung etc. Für den Berater oder den Therapeuten könnten z.B. die Praxis, die Klinik, die Beratungsstelle, das Ausbildungsinstitut, der Vortragssaal usw. Bühnen sein.

Auf dieser Ebene stellen sich Fragen wie:

- Auf welche Bühnen zieht es mich?
- Auf welche werde ich z. B. bedingt durch Partnerwahl bevorzugt eingeladen?
- Sind das die Bühnen, auf denen ich meine Themen aufführen kann oder will?
- Sorge ich genügend dafür, dass ich auf den Bühnen auftrete, die meine sein könnten?
- Habe ich einen guten Mix von Bühnen, eine gleichgewichtige Kombination von Bühnen in der Privat-, Organisations- und Professionswelt)?

Kombiniert mit der vertikalen Fokussierung ergeben sich Fragen wie:

- Sind die Themen auf den Bühnen sinnvoll platziert?
- Gibt es Bühnen, auf denen dieses Thema besser platziert ist bzw. die Wahrscheinlichkeit höher ist, Positivversionen davon zu inszenieren?
  Ein Beispiel:

> *Ein eher introvertierter Manager steht trotz Ideen und Kommunikationsfreude in Arbeitssitzungen lieber hinter den großen Kulissen. Ebenso fühlt er sich in informellen Freundeskreisen oder im familiären Umgang wohl. Unternehmensentwicklungen nötigen ihn immer häufiger, öffentlich aufzutreten, sich in Gesellschaft zu bewegen, zu repräsentieren. Die Themen, zu denen er beizutragen hat, stimmen, doch die Bühnen vielleicht nicht. Nun ist zu prüfen, ob die Themen nicht auf ihm gemäßen Bühnen inszeniert werden können oder er vielleicht die Rolle oder das Unternehmen wechseln muss, damit für ihn die Bühnen wieder stimmen.*

Wirklichkeitsstile

Erzählungen können auch beschrieben werden durch die Art des Aufbaus von Szenerien, die Art, sich in Szenen zu bewegen, selbst Szenerien zu betreten oder sich darin einbeziehen zu lassen. Diese Charakteristika bezeichnen wir als »Wirklichkeitsstile«.

Inszeniert dieser Mensch eher melodramatisch oder komisch, liebt er modernes Theater oder klassische Inszenierungen, sind es durchgängige Erzählungen oder mosaikhafte Kombinationen von Szenerien, die dennoch Themen abhandeln? Ein Wirklichkeitsstil kann beispielsweise sein, sich nur dann an Träume zu erinnern, wenn am Ende etwas Schockartiges auftritt. Darin kann sich eine Gewohnheit spiegeln, ohne Schock keine Bedeutung zu erleben. In der Beratung kann dann nach alternativen Stilkomponenten gesucht werden: Wo in deinem Leben erlebst du Bedeutung, Sinn und Zufriedenheit, ohne dass es dramatisch zugeht? Wie könntest du die nichtdramatischen Inszenierungsstile pflegen ohne Verlust an den Themen? Manchmal haben Menschen Wirklichkeitsstile, die für viele Bühnen und Stücke nicht geeignet sind oder die schwer mit den Stilen anderer Mitspieler kombinierbar sind. Andere haben sich Stilformen angewöhnt, die eigentlich nicht zu ihren Themen oder Stücken passen. Ziel ist dann, das eigene Repertoire an Stilen zu ergänzen. Ein Beispiel für Kategorien, in denen Wirklichkeitsstile beschrieben werden können, ist die Unterscheidung von Intensitätsverstärker und Intensitätsminderer. Intensitätsverstärker sind Menschen, die die Neigung haben, Intensität zu verstärken, um das Gefühl zu haben, dass etwas Wichtiges passiert. Das bedeutet, sie brauchen eine gewisse Intensität, damit Stücke oder Bühnen für sie interessant und gehaltvoll werden. Intensitätsminderer empfinden dagegen Gehalt in der filigranen Differenzierung.

Traumarbeit eignet sich im Besonderen zur Analyse von Wirklichkeitsstilen. Sind die nächtlichen Stilelemente für die Klientin interessant, kann sie sie in die tägliche Inszenierung mit hinzunehmen. Ein Mensch hat z. B. poetische Bilder in der Nacht und wirkt ansonsten trocken-wissenschaftlich. Dieser Mensch kann eingeladen werden, diesen nächtlichen Stil – ganz unabhängig von der Story, die im Traum erzählt wird – auch in täglichen Inszenierungen zu nutzen. Träume sollten aber auch nicht verklärt werden. Nichts ist besser, nur weil es nachts passiert. Die Regisseure der Nacht können durchaus auch von den Regisseuren bei Tag etwas lernen.

Auch diese Erfahrung werden erfahrene Berater bzw. Therapeuten mit uns teilen, dass die Arbeit mit Patienten, die konträre Inszenierungsstile zu dem eigenen Stil besitzen, manchmal dadurch erschwert erscheint. In anderen Fällen mag der Unterschied durchaus zur fruchtbaren Ergänzung beitragen.

6.4.5 Zur Konzeption von Persönlichkeit

Ein Grund, uns in diesem Buch mit der ganz individuellen Note des Beraters zu beschäftigen, ist unsere Auffassung von Persönlichkeit. Wir betrachten die Person als Träger von Rollen, die sie in den Inszenierungen der Welt spielt. Die unverwechselbare Eigenart einer Person, sein Wesen, ist das, was durch all seine Rollen hindurch tönt (per-sonare). In jedem Berater ist also auch seine Person mit seinen Themen, Stücken, Ver- und Entwicklungen und Fragen hindurch spürbar. Die enge und nicht trennbare Verzahnung von professioneller Entwicklung und persönlicher Entwicklung und seine Auswirkung auf Wahrnehmung, Wirklichkeitskonstruktion, Themenpräferenz usw. werden hervorragend bei der Ausbildung von Beratern bzw. Psychotherapeuten deutlich.

Mit Hilfe der oben definierten drei Begriffe lässt sich Persönlichkeit also charakterisieren als eine Kombination von Lebensthemen, Bühnen, auf denen diese inszeniert werden, und Stilarten, in denen die Themen inszeniert sind. Die Konzeption eines Dreieck von Persönlichkeit (Themen/Stories – Bühnen/Rollen – Wirklichkeitsstile innen/außen) unterscheidet sich deutlich von Modellen, die die Idee eines Persönlichkeitskerns bevorzugen. Die Beschreibung in Lebenswegen und Lebensentwicklungen erübrigt die Suche nach einem Kern.

Es bleibt allerdings die Frage danach, welche Themen wesentlich sind für einen Menschen und welche Versionen der Lebensthemen förderlich sind und welche nicht. Aus der Mehrgenerationenperspektive stellt sich auch die Frage, welche Themen eigene Themen und welche von früheren Generationen übernommen sind, welche aufgegeben oder eventuell zurückgegeben werden müssen.

Ein Beispiel:

Ein Therapeut gerät plötzlich nach 15 Jahren erfolgreicher Tätigkeit in eine Sinnkrise. Er hat das Gefühl, den falschen Beruf ergriffen zu haben. Vorausgegangen war im Rahmen einer Ausbildung eine Eigenanalyse, bei der ihm bewusst wurde, dass er ein Thema seines Vaters stellvertretend übernommen hatte, nämlich das Thema: »Arbeite (und lebe) nicht für dich selbst, sondern für andere. Das gibt dir (Über-) Lebensberechtigung.« In dieser Eigenanalyse hatte er dem Vater innerlich die Lösung seiner Problematik zurückgegeben, und fühlte sich danach sehr erleichtert. Gleichzeitig war ihm nun für seinen Beruf der Sinn abhanden gekommen. Er musste nun lernen, seine Berufstätigkeit neu zu motivieren, sich neu zu besinnen. Zum Glück gab es bei ihm ein anderes Thema, das ihn erfüllte: die Herausforderung, auch für kompli-

zierte Probleme immer wieder gangbare Lösungen zu finden. So begann er seinen Beruf als Handwerk zu verstehen und die Lösungssuche als Sinn zu genießen.

Die unverwechselbare Eigenart eines Menschen kann nach unserem Modell beschrieben werden als ein Bündel von Themen, die für einen Menschen elementar sind – aus welchen Gründen auch immer. Die Entstehung von Themen, der sich die Psychotherapie häufig widmet, ist für die beraterische Praxis meist sekundär. Wichtiger ist es, Themen zu identifizieren und eine Wertigkeit festzustellen, sodass dieser Mensch in diesen Themen eine Passion hat; sei es aus guten oder aus neurotischen Gründen und mit ihm/ihr gemeinsam nach Wegen zu suchen, erlöste Formen dieser Themen zu inszenieren.

6.4.6 Persönlichkeit und schöpferische Begegnungen

Beziehungen – auch Beziehungen zwischen Berater und Klient bzw. Klientensystem – können nach dem obigen Modell von Persönlichkeit beschrieben werden als Begegnung von zwei oder mehreren Personen mit jeweils eigenen Themen-, Bühnen- und Wirklichkeitsstilpräferenzen. Die Begegnung gestaltet sich als kokreativer Prozess der Wirklichkeitsschöpfung, an dem die Personen als Koautoren, Kodramaturgen, Koregisseure und Mitspieler mit ihren jeweiligen Eigenarten beteiligt sind.

Eine als sinnhaft erlebte Beziehung zeichnet sich nun dadurch aus, dass beide Mitspieler derzeit bedeutsame Lebensthemen auf einer gemeinsamen Bühne wirksam in Szene setzen können. Dabei wird jeder so mit einbezogen, dass er in seiner Weise sein Lebensthema fortschreiben oder weiterentwickeln kann. Die Lebensthemen können identisch sein oder so zueinander passen, dass sie auf einer Bühne gespielt werden können. Wichtig ist, dass alle die Möglichkeit haben, eigene Lebensthemen zu inszenieren.

Sinnerfahrungen – auch bei professionellem Arbeiten – hängen davon ab, ob bei dieser Gelegenheit persönliche Lebensthemen mitinszeniert werden können. Gelungene Inszenierungen zeichnen sich dadurch aus, dass sie aus der Perspektive verschiedener Lebensthemen und verschiedener Inszenierer Sinn machen.

Auch die Effektivität von Beratungsbeziehungen hängt davon ab, ob sie so inszeniert werden, dass sie im obigen Sinne vielschichtig und hochwertig sind, d.h. ob sie geeignet sind, für viele Menschen und ihre Lebensthemen Nährwert zu bieten. Je vielschichtiger eine Inszenierung ist, desto mehr können sich die Kräfte der einzelnen Mitspieler versammeln und zusammenwirken.

Deswegen ist diese Form der Sinnhaftigkeit auch für die Kulturentwicklung von Bedeutung. Vielschichtige Inszenierungen führen dazu, dass Menschen nicht durch Kontrolle bei der Stange gehalten werden müssen, sondern sich intrinsisch motiviert kokreativ an der Weiterentwicklung beteiligen. Gute Inszenierungen im obigen Sinne sind sowohl bezogen auf die Persönlichkeit der Mitspieler, die Beziehungen als auch auf die Organisationen in hohem Maße kulturbildend.

6.4.7 Konsequenzen für die Beratung

Für Beratung eröffnen diese Fokussierungen enorme Effizienzmöglichkeiten. Werden Themen, die sich auf vielen Bühnen als relevant abzeichnen, auf einer Bühne gut bearbeitet, dann entwickeln sich diese Themen und es gibt einen qualitativen Übertragungseffekt auch auf andere Bühnen, obwohl diese gar nicht Gegenstand unserer Beratung waren.

Welche weiteren Betrachtungsweisen lassen sich aus dieser Konzeption ableiten? Viele Menschen haben ihre Themen auf ganz verschiede Bühnen verlagert und leiden unter dem dadurch entstehenden komplexen und anstrengenden Lebensstil. Hier kann überlegt werden, ob bestimmte Themen nicht auf einer Bühne integriert werden können, sodass eine Überschaubarkeit der Bühnen entsteht, auf den Bühnen aber Themen verzahnt oder übereinander geschichtet gleichzeitig sinnvoll behandelt werden können.

Diese Betrachtungsweise hilft auch, eine Beratungsökonomie zu entwickeln. Und sie hilft Menschen, die viele Talente und Themen haben, Überschaubarkeit herzustellen, ohne dass sie auf wichtige Themen verzichten zu müssen. Beispielsweise kann ein Mensch in Konflikte zwischen einem intensiven Hobby z. B. Taucherurlaube auf den Malediven und dem Leben in der Familie mit kleinen Kindern geraten. Ein Coach könnte nun danach fragen, was an dem Ereignis Tauchen als sinnhaft erlebt wird. Ergeben sich Themen wie z. B. das schnelle Ein- und Auftauchen in eine andere Welt oder die Tätigkeit als Naturforscher, kann überlegt werden, wie diese Qualitäten auf anderen Bühnen integriert werden können. Wie kann etwa im Beruf die Qualität des schnellen Ein- und Auftauchens gelebt werden? Wie kann in der Tätigkeit als Berater Klienten in der Haltung eines Natur- oder Kulturforschers begegnet werden? Wie kann dadurch vielleicht sogar ein besonderer und eigener Beratungsstil entstehen? Wichtig ist in diesem Zusammenhang, Bühnen zu suchen, auf denen Themen gut integriert werden können.

Es geht also darum, in einem bescheidenen Raum-Zeit-Gefüge für mehrere Mitspieler beim selben Stück mehrere Themen zufriedenstellend abzuhandeln.

Qualitative Verdichtung ist die heutige Kunst für Menschen wie für Organisationen.

Es folgt nun ein Beispiel, in dem sich eine Person zu Bühnen und Lebensthemen, die sie zurzeit beschäftigen, befragen lässt. Die Theatermetapher hilft hier, Fragen der Lebensthemen und -bühnen, wie sie oben dargestellt wurden, in eine Beratungsmethodik zu übersetzen, mit deren Hilfe Wirklichkeitsstile, vertikale und horizontale Betrachtungen konkret fokussiert werden können.

Das Bild des magischen Würfels, das uns bis hierhin begleitet hat, gerät in diesem Kapitel an seine metaphorischen Grenzen.

Das Kleben-Bleiben an Metaphern, auch wenn sie in anderen Kontexten sehr hilfreich sind, würde uns den Blick auf eine weitere Dimension verstellen, die unser Denken und Handeln als Einzelner, als Gemeinschaft oder als Organisation erst menschenwürdig macht. Es geht um Kultur in der Kommunikation, in der Zusammenarbeit, um Werteorientierung in der Arbeit und um die dahinter stehende Ethik und Verantwortungsbereitschaft.

Gerade in einer Zeit, in der wir durch zunehmende Komplexität von Zusammenhängen und Prozessen den Überblick verlieren, brauchen wir Orte, an denen wir uns seelisch aufgehoben fühlen können, die uns Orientierung vermitteln und die uns den Mut bereiten können, notfalls auch unbequeme Wege zu beschreiten.

Die drei folgenden Kapitel stellen auf unterschiedliche Art Fragen nach der Menschlichkeit unseres Handelns aus der Perspektive von Ethik und Verantwortlichkeit.

6.4.8 Beratungsbeispiel mit der Theatermetapher

In diesem Beispiel arbeiten wir in verdichteter Form heraus, inwiefern die beruflichen Alltagserzählungen immer auch Stränge zeigen, die etwas mit den persönlichen Grundthemen zu tun haben.

B: Wenn du die Bühnen anschaust, auf denen sich dein Leben derzeit abspielt, und Szenen, die dir einfallen, was kommt da in den Vordergrund, von dem du das Gefühl hast, das erzählt von der Entfaltung der Lebensstory, von Ernst?

E: Wenn ich die letzten Jahre betrachte, beobachte ich eine Entwicklung von einer wissenschaftlich-ingenieursmäßigen Arbeit hin zu einem Interesse an einer Betätigung mit Menschen. Das ist eine Bühne, die mir Spaß macht. Das Ingenieurswesen hat irgendwann nicht mehr gereicht.

B: Du hast damit jetzt ein Thema angeschnitten. Versuch doch eine Szene zu finden aus den vielen Stücken, die vermutlich zu diesem Thema gespielt werden. Lass einfach an einer Stelle den Vorhang aufgehen.

E: Ein neuer Kunde erwartete von uns sozusagen als Eintrittskarte für eine intensive Zusammenarbeit einen Hightech-Transformator. Die Entwicklung dieses Geräts musste furchtbar schnell gehen. Ich habe ein Team zusammengestellt, habe den Leuten in knapp zwei Stunden die Aufgabenstellung mitgegeben und dann die Leadership in die Werkstatt abgegeben. Das Team hat sich zurückgezogen, und nach drei Wochen hatten wir ein Konzept vorliegen, das ich den Kunden vorlegen konnte. Ich habe die Lorbeeren geerntet, muss aber sagen, dass das Team einen fantastischen Job gemacht hat. Das hat mich sehr befriedigt und hat mir diese Arbeitsweise als zielführend gezeigt.

B: Das ist jetzt schon ein längeres Stück. Wie genau sieht das Drehbuch aus: Der Vorhang geht auf…

E: Runder Tisch, ich gebe eine kurze Einführung mit klaren Randbedingungen, und nach zwei Stunden hat man das sichere Gefühl, das wird gut gehen.

B: Die Lichtregie hat im Theater ja die Funktion, Protagonisten in den Vorder- bzw. Hintergrund zu bringen …

E: Erst wäre ich im Vordergrund gewesen, dann wäre das Licht auf den Leiter der Werkstatt und den Ingenieur übergeblendet worden.

B: Die beiden sind Protagonisten der Organisation, du hast mehr die Position auf einem Feldherrnhügel? Wenn wir als Zuschauer diese Szene durchleben und nach dieser Szene fällt der Vorhang, wovon sind wir betroffen, was bewegt uns?

E: Also mich hat bewegt, dass ich das Gefühl hatte, dass die Botschaft herübergekommen ist. Da ich selbst keine Möglichkeit der Korrektur hatte, musste ich mich darauf verlassen, dass die Botschaft angekommen ist und ich war mir sicher. Ich bin nach dieser Sitzung in Urlaub gefahren, habe mir die Bilder zur Präsentation zuschicken lassen.

B: Ich versuche mal eine thematische Skizze: Ein Mann wusste, was er wollte, hat das klar rübergebracht, und er hat Kameraden, Vertraute, auf die er sich absolut verlassen konnte: eine Robin Hood-Szene. Du konntest gehen und die hohe Aufgabe war in guten Händen.

E: Ja, mit diesem Gefühl bin ich von der Bühne gegangen.

B: Letzte Szene, nach sechs Wochen. Der Vorhang geht auf, was sehen wir?

E: Wir sehen ein Besprechungszimmer in Madrid, in dem Vertreter beider Firmen sitzen. Nachdem allgemeine vertragliche Dinge besprochen sind, kommt mein Thema dran. Ich hatte die Bilder noch nicht gesehen, weil sie von Deutschland mitgebracht worden waren und musste blind darauf vertrauen, dass die Dinge in der Hülle steckten, die ich vorzeigen wollte. Ich war positiv überrascht über die Qualität der Unterlagen.

B: Ernst hat seinen Auftritt, er verlässt sich blind auf seine Getreuen, begibt sich in seinem Heldentum in die Hände derer, die ihm zugearbeitet haben. Nicht nur, dass sie getan haben, was zu erwarten war, nein, sie waren sogar noch besser.

E: Ja, da war ich überrascht.

B: Sah man Ernst denn auch in Sorge? Verändere das Licht und lass uns hören, was Ernst zu sich selbst spricht.

E: »Mein lieber Mann, sind die Jungs sich im Klaren, was mit mir passiert, wenn sie Mist gebaut haben?«

B: Also: »Ich bin in ihrer Hand.« Aber es geht gut; du bist zufrieden. Jetzt sind mir dazu ja die Bilder Feldherrnhügel und Robin Hood eingefallen. Wenn du in den Bildern deiner Mythologie nachschaust, welche fallen dir ein?

E: Mit sieben Jahren wollte ich Testpilot werden: »Schneller als der Schall«, das waren die Bücher, die ich las. Dann haben mich griechische Sagen, »der Kampf um Rom«, fasziniert. Danach haben mich früh Bücher von Hemingway interessiert, z.B. »Wem die Stunde schlägt«.

B: Du kannst in dir ja mal eine Drift durch diese Welten versuchen. Welche Vorstellung könnte sich daraus abgeleitet haben, wie später dein Leben stimmig sein könnte?

E: Mich haben Helden sehr fasziniert. Beispielsweise der Held in Hemingways »Wem die Stunde schlägt«. Das ist ein englischer Student, der im spanischen Bürgerkrieg freiwillig Dienst tut, Terrorakte durchführt und dabei in eine dramatische Liebesgeschichte gerät.

B: Was daran hat dich fasziniert?

E: Wie er die politische Situation durchdrang, aber sein Leben für etwas Emotionales gab.

B: Also fasziniert dich der schnelle Denker, der Mutige und der Passionierte, der sich für etwas einsetzen möchte.

E: Ja.

B: Wenn du jetzt den großen Bogen zurückschlägst zu dem Ernst der beiden Szenen, die wir vorher hatten …

E: Da sehe ich schon Verbindungen. Dass man ein Ziel nicht nur erkennt, sondern auch den Mut hat, es umzusetzen, dass Ressourcen zur Verfügung stehen und man das Ziel nicht aus den Augen verliert.

B: Sind die Getreuen ein wichtiger Teil der Story?

E: Extrem wichtig, das Verhältnis war nicht immer spannungsfrei. Der Held in »Wem die Stunde schlägt« hat auch das Problem, dass die anderen nicht so wie er wollen.

B: Da ist es dir ja jetzt besser ergangen. Hat dir die Stunde noch nicht geschlagen.

E: Ja, ich hatte mehr Zeit und gute Berater.

B: Also das thematische Motiv ist: »Ich orientiere mich schnell, gebe die Richtung vor, habe Mut, muss mich auf andere verlassen und es bewährt sich.« Dass dieses Motiv so gelingt, ist das neu in deinem Leben?

E: Das ist ein wiederkehrendes Motiv.

B: Und freudig wie eh und je?

E: Die Richtung der Ziele hat sich verändert. Früher waren es mehr technische Aufgaben, heute ist es mehr die Aufgabe, eine Organisation zu führen. Vom Expeditionsleiter zu dem, der in der Etappe bleibt und Basisarbeit leistet.

B: Das heißt, da zeichnet sich ein Wandel ab in der Szenerie. Angenommen, wir würden dieses Stück in zehn Jahren noch einmal auf die Bühne bringen, hast du eine Fantasie, was anders werden wird?

E: Der Feldherrenhügel, der der direkten Kommunikation dient, wird weg und meine Rolle distanzierter sein. Ich werde nicht mehr so direkt auf Leute wirken können. Das ist nun mal der Preis von Karrieresprüngen.

B: Dann werden Grundelemente der Story fehlen. Es kommt mir so vor, als wolltest du in dieser Rolle des distanzierten Entscheiders ein Gegenbild versuchen, mit dem du zukünftig zu sehr im Hintergrund bleibst. Es fehlen die Hauptelemente der Sinn gebenden Szene. Das würde ich dir so nicht raten. Ich finde gut, mit dem Älterwerden neue Formen zu finden, das einseitige wagemutige Heldenepos etwas zu reduzieren. Ich würde aber schauen, ob es altersadäquate Formen der schnellen Orientierungsfähigkeit gibt. Gibt es andere Formen des Muts und des Mut Machens? Gibt es andere Formen, dich an die Stunden, auf die es ankommt, anzuschließen? Gibt es andere Formen, das Motiv »Ich kann mich auf die Getreuen verlassen« zu leben? Du musst spüren, dass es ein Getreuenverhältnis zu dir ist.

E: Ja, ich brauche da Response, darauf bin ich schon angewiesen.

B: Wie geht es dir, wenn ich dich an diesem Strang deines persönlichen Mythos ermutige, mildere, eingebundene, für eine ältere Lebensführung gemäßigte Formen zu finden, aber die Qualitäten nicht so radikal zu ändern?

E: Das ist für mich eine sehr ernst zu nehmende Warnung. Mit diesem Punkt werde ich mich intensiv beschäftigen. Viele Entscheidungen werden aber von außen diktiert und ich muss mich darauf vorbereiten, nein sagen zu können.

B: Das ist noch mehr die Version des Heldenepos. Bereite dich mehr darauf vor, ein anderes Stück spielen zu können und eine Vision zu entwickeln, wie das Stück altersgemäß gewandelt aussehen könnte, das aber die Sinn gebenden Grundstrukturen beibehält.

Wir haben jetzt keine Zeit, um zu betrachten, wie der Weg genau aussehen könnte, es wird aber, was den Wirklichkeitsstil anbetrifft, ein Kontrast zu dem schnellen Hineinstürzen und sich Orientieren notwendig sein. Nicht die schnelle Orientierung, sondern Qualitäten, wie beispielsweise langsam ein Drehbuch zu entwickeln, einen Samen auszustreuen, Reifezeiten abzuwarten, langsam auftauchende Elemente zueinander zu fügen, mit anderen am Wägen sein, mehr Umsicht statt Mut, wird als Wirklichkeitsstil passend sein. Qualitäten, die in den bisherigen Szenen nicht so zum Zug kommen.

E: Das ist ein guter Hinweis für mich.

B: Wenn wir jetzt aus der Beratungsszene herausgehen und auf die beiden schauen, die da Beratung gemacht haben, wie würdest du beschreiben, was dort geschehen ist?

E: Ich habe von deiner Seite ein Verstehen erlebt, das ich in dieser kurzen Zeit, die wir uns jetzt kennen, nicht erwartet hätte – auch zu einem so interessanten Punkt gekommen zu sein. Ich selbst gehe nachdenklich von dieser Bühne weg.

Im Vordergrund dieser Beratung stehen im Wesentlichen die individuelle Sinnblaupause von E. (mutiges und gewagtes Vorgehen, Vertrauen zu den Getreuen etc.) zu erkunden und bewusst zu machen sowie der notwendige Wandel des Wirklichkeitsstils, um die angedeuteten Lebensthemen in altersadäquate Formen zu transformieren.

Andere im Text erläuterte Perspektiven blieben in dem Gespräch im Hintergrund. Mit der Perspektive der Kombination von Lebensthemen in professionellen Begegnungen hätte etwa in einer Teamentwicklung fokussiert werden können, wie die Arbeit in dem Projektteam für die Einzelnen Sinn macht und wie ihre Lebensthemen oder Wirklichkeitsstile aufeinander bezogen sind. Neben Robin Hood, dem mutigen und gewagt agierenden Anführer, kann es etwa noch einen Little John geben, der bei dieser Gelegenheit zu seiner Kraft und seinem Durchhaltevermögen findet oder Bruder Tuck, der zwar langsamer ist als die Anderen, aber auf eigenwillige Weise geistigen Beistand leistet und so zum Erfolg der Getreuen beiträgt. Die berichtete Projektarbeit erscheint durch diese Perspektive als eine von verschiedenen Lebensthemen getragene und damit vielschichtig sinnvolle Inszenierung. Unbeleuchtet bleibt auch die

Perspektive der Integration von verstreuten Lebensthemen auf einer Bühne. Welche Themen von E. könnten noch integriert werden, um seine berufliche Tätigkeit anzureichern?

6.5 Lebensinszenierungen

»Jeder erfindet irgendwann eine Geschichte, die er für sein Leben hält.« (Max Frisch 1986) Leben hat viele banale Seiten, und das Berufsleben scheint manchmal geradezu davon geprägt zu sein. Dennoch hat jeder Mensch das Bedürfnis, seinem Leben einen Sinn zu verleihen, eine Lebensgeschichte zu haben (Schmid/Hipp 1999). Dies ist vermutlich nicht nur eine Frage des nachträglichen Zusammenreimens, sondern Menschen folgen unterwegs intuitiv inneren Lebensentwürfen. Nicht dass diese immer in erkennbaren oder stimmigen Bildern benannt werden könnten, doch gibt es vermutlich innere Kriterien, die unsere Bewegungen mitbestimmen. Diesen kann man sich letztlich wieder nur durch eine Erzählung annähern. Metaphern helfen uns, das Kaleidoskop innerer Bilder und der Steuerungsmechanismen, auf die sie verweisen, kennen zu lernen.

6.5.1 Eine Geschichte

Zunächst folgt eine im Prinzip authentische Geschichte, vereinfacht dargestellt.

Zwei Gesellschafter A und B haben über Jahre eine Beratungsgesellschaft mit über 100 festen Mitarbeitern aufgebaut. Alles ging fließend Hand in Hand, und das Unternehmen war vor Monaten noch bestens aufgestellt gewesen. Erfolg und Klima stimmten. Doch entstanden danach massive Spannungen zwischen den beiden Gesellschaftern, die sich diese nicht erklären und mit ihrem bewährten Repertoire nicht bewältigen konnten. Konflikte aus nichtigem Anlass eskalierten. Es entstand wechselseitiges Misstrauen und das Gefühl, verraten zu werden. Die Mitarbeiter wurden in die sich entfaltenden Dramen hineingezogen bzw. Spannungen aller Art, die es immer gegeben hatte, wurden nicht mehr ausgeglichen und fanden neuerdings einen fruchtbaren Boden. Die Entwicklung brachte nun auch das Unternehmen in Schieflage, sodass beide Beratung wünschten, weil nicht nur ihre Freundschaft, sondern auch das Unternehmen in Gefahr war.

Wir erforschten die Lebensmythen beider, die sich im gemeinsamen Unternehmen entfalteten. Sie hatten sich als junge Professionelle getroffen und waren sofort entschieden gewesen, ein gemeinsames Unternehmen hochzuziehen. Beide waren begabte und ehrgeizige Einzelkinder, die aus wirtschaftlich gebeutelten bürgerlichen Verhältnissen stammten. A hatte erlebt, wie das Unternehmen seines Vaters »von den Großen verdrängt worden war« und dies den wirtschaftlichen und gesundheitlichen Ruin des Vater bedeutet hatte. B war ohne Vater aufgewachsen. Zuhause hatte das Geld nie gereicht, sodass er manche Entbehrung und Beschämung erleben musste. Er hatte einen Onkel erlebt, der nach wirtschaftlichem Erfolg sein berufliches Engagement erheblich reduziert hatte, um gut zu leben.

Beide waren in einer Art intuitiver Lebensentscheidung (vgl. dazu Schmid/Gérard 2008, Kap. 4.1 ff.) zu dem Schluss gekommen, dass wirtschaftlicher Erfolg und Unternehmensgröße Genugtuung bereiten und Schutz vor einer Wiederholung belastender Kindheitserfahrungen bieten würden. Sie hatten wechselseitig den idealen Verbündeten dafür gefunden. Unsere Exploration ergab, dass das Zerwürfnis begonnen hatte, als A Gas geben und an die Börse gehen wollte, während B sein Engagement zurücknahm und ans Verkaufen der Firma zugunsten anderer Lebensbedürfnisse dachte. Die jeweils andere Variante schien jedem ein Verrat am gemeinsamen Vorhaben. Das wechselseitige Unverständnis war fundamental und jeder fragte sich, wie er sich nur so in dem anderen getäuscht haben konnte. Doch gab es bei näherem Hinsehen keinen Grund zur Enttäuschung, denn die beiden Lebensentwürfe hatten bisher gut zusammengepasst. Nur war ihnen nicht bewusst gewesen, dass die erreichte Unternehmensgröße in ihren beiden Mythen verschiedene Funktionen hatte. An diesem Punkt ihrer Lebensentwicklungen wären verschiedene, vielleicht unverträgliche weitere Wege einzuschlagen. Sie konnten nun ihre gemeinsame Geschichte würdigen und sich gegenseitig diese verschiedenen Wege zubilligen. Allerdings musste dadurch ein von A gewünschter Börsengang zurückgestellt werden, was sich übrigens später noch als glückliche Fügung herausstellen sollte.

6.5.2 Wirklichkeit ist Beziehungswirklichkeit

Diese Geschichte illustriert, warum es manchmal sinnvoll ist, davon auszugehen, dass Menschen absichtlich oder unabsichtlich zu ganz bestimmten Wirklichkeiten und deren Inszenierungen neigen. Sie wählen, intuitiv gesteuert, Situationen und Menschen und laden zu gemeinsamen Inszenierungen ein, die ihren Neigungen und Lebensthemen entsprechen. Aus diesem Blickwinkel kann man soziale Situationen als Koproduktion von Wirklichkeitsinszenierungen sehen, in denen alle Beteiligten einen gewissen Nährwert für die von ihnen gewünschten oder akzeptierten Wirklichkeitsvorstellungen haben. Dadurch, dass verschiedene Menschen auf ein und derselben Bühne im Zusammenspiel mit anderen verschiedene Lebensinszenierungen entwickeln, ergeben sich komplexe, vernetzte Inszenierungen. Mehr oder weniger prägend spielen alle mit, spinnen die Storyline, gestalten Dramaturgie und führen Regie in einem kollektiven Autorentheater. Dies gilt auch für die Aufführung professioneller Begegnungen – weit mehr als man gemeinhin denkt. Dann nehmen die Dinge oft eine sachlich nicht verstehbare Entwicklung. Abläufe und deren hintergründige Steuerung werden erst verständlich, wenn die Lebensinszenierungen der Hauptfiguren näher betrachtet werden.

Anstatt also die Welt draußen, ihre Erfordernisse und Gestaltungsaufgaben als gegeben und ursächlich für professionelle Positionierungen zu nehmen, wird der Scheinwerfer auf die Professionellen als Schöpfer und Hauptfiguren ihrer Inszenierungen gerichtet. Jeder nutzt gemeinsame Inszenierungen, um in der eigenen Lesart und durch die eigenen Gestaltungsbeiträge die eigene Lebenserzählung fortzusetzen, den persönlichen Mythos zu entfalten. Daher trägt es zur umsichtigen Gestaltung eines professionellen Lebensweges bei, die eigenen Lieblingskreationen, also Neigungen, zu studieren, mit eigenen Talenten, Tugenden und Passionen als Schauspieler, Regisseure, Dramaturgen und Autoren zu agieren.

Auch dann, wenn man nicht von einem so weitgehenden hintergründigen mythischen Zusammenspiel ausgeht, lohnt sich ein Blick auf persönliche Beweggründe, um professionelles Zusammenspiel besser zu verstehen. Vermutlich ist es unmöglich, sich für Kommunikation zu organisieren, ohne dass darin eigene Themen durchscheinen. Vielleicht ist es auch unmöglich, kreativ mit Themen anderer umzugehen, wenn dies nicht gleichzeitig einen kreativen Umgang mit eigenen Themen bedeutet. Vielleicht muss jeder Professionelle mit Passion eigene Themen inszenieren können, um daraus kraftvoll vorgetragene Anreize auch für die Kreativität anderer zu schöpfen. Die Mythen der Beteiligten müssen sich entfalten und miteinander verweben können, will man über sich selbst hinauswachsen. Versuchte man, Wirklichkeit zu objektivieren, subjektive Gestaltungsmotive zu eliminieren, hätte dies bei Erfolg eine mechanistische Kultur zur Folge. Menschliche Schöpferkraft wäre aus bestimmten Bezirken der Wirklichkeitsentfaltung verbannt und damit das seelische Engagement der beteiligten Menschen. Seelische Berührtheit und Schöpferkraft sind jedoch Urgewalten und lassen sich nicht ungestraft verbannen. Sie schaffen sich, wenn nötig, unbewusst und subversiv Geltung und sind dann der positiven Kulturgestaltung eher entzogen. Es geht also auch bei Professionalität nicht darum, von eigenen Themen abzusehen, nur sachlich oder neutral zu agieren, sondern darum, eigene Themen und Passionen kreativ für den Umgang mit der Sache und den anderen bzw. mit deren Themen zu nutzen. Die Kunst besteht darin, die eigenen Themen auch zu den Themen anderer zu machen bzw. miteinander verträgliche, zueinander passende oder gar gemeinsame Sinnerzählungen zu entwickeln.

Damit dies verantwortlich geschehen kann, ist es wichtig, dass Professionelle ihre eigenen Mythen kennenlernen, in Kontakt mit ihnen bleiben und darauf achten, wie sich Prozesse und Begegnungen auf dieser Ebene entfalten. Der Dialog darüber auf einer Metaebene kann gemeinsame Aufmerksamkeit und Verantwortung erzeugen. Wegen der Vielschichtigkeit hat ein analysierender Dialog hier enge Grenzen. Stattdessen sind wir darauf angewiesen, uns in Bildern zu verständigen mit allen Unwägbarkeiten, die diese Vorgehensweise nun mal mit sich bringt. Gute professionelle Qualifizierungen helfen, zu einer vielschichtigen metaphorischen Sprache zu finden, in der sich bewusst-methodische und unbewusst-intuitive Ebenen (Schmid/Gérard 2008) gegenseitig anreichern, aber auch kritisch ergänzen.

Dazu ein Beispiel aus der Weiterbildung Professioneller:

Einem Weiterbildungsteilnehmer fiel es bei Intuitionsübungen besonders leicht, über andere intensiv bildhafte Eindrücke zu fantasieren. Aufgrund dieser Fantasien spekulierte er anregend über deren Wirklichkeiten, Charakteristika ihrer Lebensgeschichten, Notwendigkeiten für ihre Lebensergänzung und über wichtige, noch unbeantwortete Lebensfragen. Auch fiel ihm leicht, Bilder künftiger gelungener Entwicklungen des Gegenübers zu entwerfen bzw. Varianten des Misslingens dieser Entwicklungen zu beschreiben. Das Gegenüber war beeindruckt und konnte das Vorgetragene in hohem Maße auf sich beziehen. Gleichzeitig fiel dem Teilnehmer selbst und anderen in der Gruppe auf, dass die vorgetragenen Bilder immer auch den Teilnehmer selbst beschrieben, dass sich die darin vorgetragenen Fokussierungen und Themen in Varianten wiederholten und dass sein eigenes Betroffensein und Engagement, bezogen auf die vorgetragenen Entwicklungsthemen, deutlich erkennbar waren. So bemerkten sie auch, dass manchmal die Bilder und die Gespräche darüber ein Eigenleben entwickelten, dessen Bezug zu Wirklichkeiten im richtigen Leben, zu den professionellen Themen oder zum Verständnis eines sachlich sinnvollen Handelns von anderen auch intuitiv nicht mehr hergestellt werden konnte. Es entstand ein Aquaplaningeffekt. Der Zusammenhang von Bildern und Spurführung im Berufsleben war nicht mehr gegeben. Hier halfen dann Spiegelungen anderer Professioneller, dies zu thematisieren, um eventuell erneut Relevanz herzustellen.

Dieses Beispiel zeigt, wie intuitive Kompetenz durch Dialog professionell gerahmt und geläutert werden kann (Schmid/Gérard 2008, Kap. 3.4 ff.). Es gibt viele andere Beispiele, wie Menschen entdecken, dass sie Professionelles in Bildern verstehen und vermitteln können. Sie besitzen narrative Kompetenzen, die sie sich bislang abgesprochen hatten. Sie entdecken, wie das, was sie sonst vielleicht nur in Gutnachtgeschichten zum Ausdruck gebracht hatten, ihr professionelles Repertoire bereichern kann. (Dies wird z. B. in Berichten zur professionellen Entwicklung während der Weiterbildung am ISB-Wiesloch zum Ausdruck gebracht)

6.5.3 Man kann nicht nicht inszenieren

Es scheint also so zu sein, dass man in Abwandlung des bekannten Leitsatzes von Paul Watzlawick »Man kann nicht nicht kommunizieren« (Watzlawik et al. 1969) postulieren kann: Man kann nicht nicht mitinszenieren. Die Wirklichkeit ist immer die des Beobachters und ist Beziehungswirklichkeit, in der jeder Beteiligte wirkt. Daraus erwächst nach unserer Meinung auch die besondere Verantwortung für eigenes Mitinszenieren. Man kann sich nicht mehr so leicht als Betroffener oder Unbeteiligter verstehen. Selbstverständlich soll damit nicht ausgeblendet werden, dass Menschen im Äußeren zumindest Opfer und Unschuldige sein können. Die Frage nach Verantwortung für innere Verarbeitung ist damit allerdings nicht erledigt und sollte auch von Opfern schon zugunsten ihrer Verarbeitung belastender Erlebnisse positiv beantwortet werden. Als Ikone solcher Gestaltungskraft galt z. B. Nelson Mandela in den Jahren seiner Verfolgung und Haft. Dennoch gibt es immer wieder Versuche, die eigene Mitwirkung zumindest an der Wirklichkeitsverarbeitung wegzudefinieren. Die erlebte Wirklichkeit wird als objektiv und die eigene Betroffenheit als naturgesetzlich definiert. Gerade dadurch kann man in Stagnationen und Opferhaltungen stecken bleiben.

Objektivierungsversuche werden auch auf Beratung und Führung übertragen. Auch bei ehrenwerten Motiven, z. B. nur der Entfaltung von Wirklichkeit anderer dienen zu wollen, führt das zu seltsamen Beziehungsverhältnissen. Psychotherapeuten und Berater verschiedener Schulrichtungen gehen unterschiedlich mit eigenen Inszenierungsneigungen um und haben entsprechende Glaubensvorstellungen für wirksame Therapien und Beratung entworfen.

So glaubte man in der Psychoanalyse lange, durch völlige persönliche Zurückhaltung des Therapeuten eine Projektionsfläche schaffen zu können, auf die nur der Patient seine Probleme überträgt und seine Beziehungskonstellationen in der Übertragungsbeziehung wiederbelebt. Die dabei wirkenden

Intuitionen seitens des Therapeuten glaubt man dann ganz als Resonanzen auf den Patienten interpretieren zu können. Auch in manchen Verfahren humanistischer Psychologie glaubte man, durch reines wohlwollendes und förderndes Wiedergeben der inneren Erlebnisse und Ausdrucksneigungen des Patienten allein dessen Wirklichkeit und Entwicklungsneigungen fördern zu können. Die ganze Inszenierung wird dann als Ausdruck allein des Patienten interpretiert.

Eine solche Neutralität ist eine Fiktion. Wissenschaftlich haltbar sind solche Neutralisierungsversuche nicht. Kritisch gehandhabt kann eine solche Annahme vielleicht hilfreich sein, führt aber in realitätsnäheren Beziehungen eher zu Künstlichkeit und Verwirrung, wenn es nicht eine Ebene gibt, auf der Wechselwirkungen auch hinterfragt werden dürfen. Was nicht Gegenstand des offenen Dialogs zwischen Beteiligten sein darf, wird leicht ausgeblendet und wirkt subversiv. Außerdem werden problematische Asymmetrien geschaffen. Auch wenn man von unterschiedlicher Erfahrenheit ausgeht, wünscht man sich doch bereichernde Begegnungen auf Augenhöhe. Das Gegenteil, sich unkritisch zu Anmutung und Betroffenheit, zu freimütiger Interpretation und Mitgestaltung von Wirklichkeit zu bekennen, weil ja alles relativ ist, führt auch nicht weiter. Das hieße, einer unkontrollierten Subjektivität zu huldigen. Oder es werden problematische Symmetrien geschaffen, bei denen unterschiedliche Kompetenzen und Verantwortungen in professionellen Beziehungen verwischt werden. Aus systemischer Perspektive sucht man den Mittelweg durch Beobachten und Besprechen der sich gemeinsam entfaltenden Wirklichkeit aus einer Metaperspektive. Zur Expertise des Professionellen gehört, qualifizierte Metaloge einzuleiten und zu steuern.

Es gibt hingegen immer noch Experten, die Metaloge als Infragestellen ihres Status erleben und glauben, so gut wie nichts von den Eigentümlichkeiten der lebendigen Systeme, für die sie Expertisen und Beratungen bereitstellen, wissen zu müssen. Sie beschränken sich darauf, weitestgehend aus ihrer eigenen Wirklichkeit zu schöpfen und dem Klienten ihr Wirklichkeitsverständnis mit den daraus nahe liegenden Schlussfolgerungen beizubringen. Wie sehr damit relevante Bezogenheit verfehlt werden kann, zeigt sich in folgendem Witz:

> Arzt: »Sie sollten täglich mindestens eine Stunde spazieren gehen!«
> Patient: »Vor oder nach der Arbeit?«
> Arzt: »Was sind Sie denn?«
> Patient: »Briefträger!«

6.5.4 Zweierlei Narzissmus

Eine so polarisierende Sichtweise erinnert an die Unterscheidungen zwischen zwei Formen von Narzissmus (Schellenbaum 1992): Bei der einen versucht man, sich mit der Welt zu füllen, bei der anderen versucht man, die Welt mit sich zu füllen. Beide Formen werden als extreme Bezüge zu sich selbst und der Welt betrachtet. Hier gilt: »Auf der anderen Seite vom Pferd gefallen, ist auch nicht geritten« (Schmid 1998a). Beide Neigungen in ein dynamisches Gleichgewicht zu bringen, könnte für Fortbewegung und lebendige Begegnung stehen. Der eine organisiert sich dadurch, dass er – seinen intuitiven Steuerungen folgend – die Welt in sich aufnimmt und diese auf kreative Weise in sich abbildet. Daraus erwachsende Inszenierungen des Erlebens und Verhaltens bieten Identität und können wiederum für die Gegenüber ergänzend wichtig sein. Der andere versucht – seiner intuitiven Steuerung folgend – die Welt gestaltend und mit ihr experimentierend zu erfahren. Er bietet Ankoppelung und erfährt sich durch die Wirkungen und Resonanzen. Mit eigenen Präferenzen des Weltbezugs und denen seiner Gegenüber gut umzugehen, kann einem Zusammenspiel sehr förderlich sein.

6.5.5 Die eigene Story

Manchmal hat man den Eindruck, dass Menschen gar nicht anders können, als immer nur Varianten ihrer eigenen Story zu erzählen und die für sie in den verschiedenen Lebensphasen, Rollen und Kontexten wichtigen Themen zu ventilieren. Die Herausforderung wäre dann, diese Neigung nicht zu unterdrücken, sondern gezielt einzusetzen und für andere hilfreich zu gestalten.

Als Beispiel sei ein Kollege erwähnt, dessen vielfältig durchlebten und gerne immer wieder erzählten Erlebnisse einem typischen Duktus folgten.

Er trifft auf prominente Menschen, sei es aus seinem Feld oder Politiker, Wissenschaftler, Schamanen etc. zufällig an seltsamen Orten oder aufgrund von Einladungen oder Vorkontakten, die ihrerseits wundersam zustande gekommen sind. Er selbst oder jemand anderes gerät in außergewöhnlich bedrängende Situationen, auffallend häufig durchaus gesundheitsgefährdend bis lebensbedrohend oder die Existenz infrage stellend. Dadurch entstehen besondere Herausforderungen. Vor diesen bewährt er sich durch eine unkonventionelle Handlung oder auch durch verblüffende Wendungen im Äußeren oder er ist manchmal eben Zeuge und Begleiter dramatischer Entwicklungen, die nicht zu verhindern sind. So oder so erhebt er nicht den Anspruch, heldenhaft gewesen zu sein, sondern dass höhere Kräfte am Wirken waren.

Sowohl der Duktus der Geschichten wie auch die Selbstpräsentation beim Erzählen machen diesen Kollegen unverwechselbar, mehr als seine durchaus auch beachtlichen Beiträge im professionellen Feld. Darauf hingewiesen, konnte er solche Geschichten bis in seine frühe Kindheit zurückverfolgen. Ja, mit seinem Erscheinen bei der Geburt habe er laut Erzählungen seiner Mutter bereits eine solche Rolle zugewiesen bekommen. Überspitzt könnte man sagen, eine Geschichte wurde geboren, die sich in seinem Leben vielfach inszeniert. Verblüffend war für ihn, dass er auf diese Weise so unverwechselbar und das eigene Selbstgefühl bestätigend beschrieben werden konnte.

Auch wenn man keine solchen weitreichenden Bestimmungen für sich identifiziert, kann es eine inspirierende Frage sein, für welche Geschichten man im Leben steht. Der Jungianer James Hillman ging so weit, die Annahme in den Raum zu stellen, dass sich in einem Menschen ein Archetypus inkarniert und damit eine Rolle im Mysterienspiel der Menschheit wiederbesetzt wird. Dadurch stellt sich die Frage, welche Rolle man auf welchen Bühnen spielt noch einmal anders.

Um sich über hintergründig wirkende Kräfte und sich vermittelnde Bilder klar zu werden, sind Spiegelungspartner hilfreich. Die in der Begegnung mit anderen wachgerufenen eigenen Bilder und Intuitionen werden wechselseitig ausgetauscht. So erfährt man von Wechselwirkungen, die sonst unaufgeklärt im Hintergrund ablaufen. Dabei muss letztlich ungeklärt bleiben, was wie und warum wirkt. Da aber die entstehenden Storys Entscheidungen bewirken und damit Faktisches schaffen, lohnt es sich, diese Ebenen unter Beobachtung zu nehmen und eine Kommunikationsebene dafür zu finden. Gleichzeitig wird damit die Intuition für Inszenierungen im Hintergrund geschult. In Begegnungen mit Charakterköpfen ist uns aufgefallen, dass diese in Varianten immer wieder eine bestimmte Story erzählen, manchmal in einer Penetranz, dass dies für andere, die lange dabei sind, schwer erträglich ist, während sie auf vielen Bühnen genau damit nachhaltige Aufmerksamkeit und Wirkung entfalten. Mehr Vielfalt der eigenen Storys würde sie in nachhaltigen Beziehungen erträglicher machen, ihnen aber in ihrer sonstigen Wirkung Kraft nehmen. Felicitas Pauss, eine leitende Physikerin des CERN und zu den dort federführenden Wissenschaftlern zählend, formulierte dies sinngemäß so: »Nicht die, die jeden Tag eine andere Idee haben, sind die Kreativen, sondern die, die für die immer selbe Frage immer wieder neue Antworten suchen.« (*Sternstunden Philosophie*«; vgl. http://www.3sat.de/programm/?viewlong=viewlong&d=20110102&dayID=ClnDaN02&cx=48)

6.5.6 Gemeinsam eine Geschichte erzählen

Beraten, Zusammenarbeiten oder Zusammenleben fordert uns heraus, gemeinsam eine Geschichte zu erzählen, die für jeden Sinn macht. Hochwertige Erzählungen ermöglichen es Menschen, sich gegenseitig zu befruchten und ihre Lebensthemen zu entwickeln.

Gerade für Professionelle bringt dies eine besondere Verantwortung mit sich, nämlich sich der eigenen Themen mit Sorgfalt anzunehmen, zu prüfen, ob die eigenen Themen in dem jeweiligen Kontext wirklich sinnvoll auch die Themen der anderen werden können und ob der eigene Stil, sich mit den Themen auseinanderzusetzen, für andere fruchtbar gemacht werden kann.

Es ist wichtig, zumindest im eigenen Bewusstsein Verfremdungseffekte auszulösen, um der Plausibilität sich entfaltender Inszenierungen etwas entgegensetzen zu können und so die Selbstverständlichkeit von Sichtweisen infrage zu stellen (Schmid/Portele 1976). Man kann lernen, dramaturgische Weichenstellungen zu identifizieren und selbst aktivere Beiträge zu gewünschten Inszenierungen einzubringen. Dadurch können wir uns zunehmend als Mitspieler in selbst gewählten Rollen, als Dramaturgen und Koautoren auf den vielen Bühnen des Weltentheaters qualifizieren. Dies hilft, unsere Mitwirkung verantwortlich und zunehmend kreativ zu gestalten.

6.5.7 Sinnstiftende Schlüsselerzählungen

Die Autorin (Christiane Gérard), die 25 Jahre als Psychologin in einer Kinderklinik arbeitete, hatte schon als Schulkind fast täglich folgenden Wachtraum:

> Ich besaß in einem kleinen Park in den Büschen versteckt eine kleine ›Kinderklinik‹. Zu ihr gehörte ein kleines Tretauto. Mit dem fuhr ich zu den Klassenkameraden, die ich ›ohnmächtig‹ auf der Straße fand, und die ich dann mit meinem Tretauto rettete und in meine Klinik brachte. Ich versorgte ihre Wunden, cremte sie ein, verband sie, kleidete sie neu ein. Und dann kam der Moment, in dem sie erwachten und mich erkannten. Das war immer der schönste Moment. Sie wunderten sich: ›Du?‹ Ich schenkte ihnen alles, was sie sich wünschten: Kleider, Spielsachen und gute Nahrung. Und sie gingen dankbar und geheilt nach Hause. Und dann kam der nächste Fall.
>
> Jahre später wunderte ich mich über die Befriedigung, die mir dieser Wunschtraum immer wieder gebracht hatte: Blieb ich nicht letztlich genauso einsam und ohne Kontakt zurück wie zuvor? Hatte denn die Behandlung meiner Patienten etwas an meinen Problemen verändert, z.B. Kontakte zu knüpfen, selbstbewusst

aufzutreten, mich zu präsentieren und zu glauben, dass ich auch meinetwegen erkannt würde? Auch nachdem sie mich und meine Fähigkeiten zu helfen erkannt hatten, suchten sie offensichtlich keinen weiteren Kontakt zu mir oder diese mögliche glückliche Fortsetzung der Geschichte versprach keinen Lustgewinn mehr.

Die spätere Arbeit in der Kinderklinik, die vor allem durch interdisziplinäre Teamarbeit charakterisiert war, erfüllte ganz offensichtlich diesen schon früh bestehenden Traum, eingebunden zu sein und Kontakt zu haben. Ein Wechsel in eine freie Praxis kam trotz zunehmender Überqualifizierung und Verschlechterung der Arbeitsbedingungen für mich nie in Frage.

Die Gründe für eine Berufswahl sind sicherlich vielfältig. Bei vielen Kollegen finden sich jedoch schon frühe Weichenstellungen:

Eine private Umfrage unter zehn befreundeten PsychologInnen nach den Motiven ihrer Berufswahl replizierte das Ergebnis schon bekannter größerer Untersuchungen: 60 Prozent aller PsychologiestudentInnen geben als Motivation für ihr Studium an, anderen helfen zu wollen.

Bernd Schmid wollte als Kind Zirkusdirektor werden. Er berichtet an anderer Stelle:

»Ich habe schon immer gerne anderen etwas gezeigt, um sie zum Staunen, zum Wundern oder zum Lachen zu bringen. Als Kinder haben wir oft Zirkus gespielt. Ich erinnere mich, dass ich mit einer Peitsche Zeitungsblätter, die mir jemand hinhielt, in immer kleinere Schnitzel zerlegt habe. Man musste etwas wagen und genau treffen. Ich genoss das Staunen der Zuschauer und das Vertrauen meiner Mitspieler, die die kleiner werdenden Schnitzel in ihren Fingern hielten. Auch spielte ich gerne Zirkusdirektor und präsentierte unsere Darbietungen als Programm.

Ich konnte mir immer schlecht Fakten merken. Dafür konnte ich Zusammenhänge gut verstehen und hatte Freude daran, sie anderen zu erklären. Daher wollte ich gerne Lehrer werden. Doch leider war ich ein unangepasster Schüler mit schlechten Noten. Als ich hörte, dass man auch im Fach Wirtschaft Lehrer werden kann, entschloss ich mich, den mir völlig unbekannten Beruf des Handelslehrers zu ergreifen. Ich war dann auch ein erfolgreicher, wenn auch eigenwilliger Student. Ich passte nirgends so richtig rein. Den Ökonomen war mein Engagement für Hochschuldidaktik suspekt. Die Pädagogen störten meine Aktivitäten in Gruppendynamik und Tiefenpsychologie. In die Schule wollte ich nicht, weil mir alles zu reglementiert vorkam. Auch an der Hochschule sah ich keinen Platz für mich, weil ich die dort geforderten Anpassungen an traditionelle Wissenschaft nicht leisten wollte. Irgendwie war meine eigene Spur nicht mit traditionellen Fächereinteilungen oder Berufswegen in Übereinstimmung zu bringen. So fand ich mich in den ersten Jahren der Berufsfindung öfter mal in einer Sackgasse wieder, aus der sich dann doch Türen öffneten, durch die ich in neue Räume gehen konnte. Viele kennen das aus Träumen.

Letztlich bot mir nur eine freiberufliche Tätigkeit als Psychotherapeut, Berater und Supervisor die Freiheit und Vielfalt, die ich brauchte. Die Spezialisierung auf Professionalisierung im Bereich Personal-, Organisations- und Kulturentwicklung fügte meine verschiedenen Interessen zusammen und brachte die gesellschaftliche Relevanz, der ich mich verpflichtet fühle.« (Schmid 2003, 259)

6.5.8 Lebensentwürfe und kreative Anpassungen

Die Skriptanalyse in der therapeutischen Tradition der Transaktionsanalyse befasst sich mit problematischen Lebensentwürfen und wie man sich von diesen lösen kann (English 2010). Dabei wird meist davon ausgegangen, dass Menschen sich aufgrund belastender Erfahrungen in der Kindheit eine Art innerer Entscheidung über eine Einschränkung ihrer selbst treffen, die zu einer Fehlentwicklung ihrer Persönlichkeit und ihres Lebens führen kann. Allerdings hat insbesondere Fanita English schon früh darauf hingewiesen, dass dies nur die problematische Seite solcher Prägungen durch Disposition und Lebensgeschichte betont. Vielmehr sei die interessantere Frage, welche Lebensentwürfe Menschen überhaupt haben. Diese mögen problematische Seiten haben, doch repräsentieren sie auch die Einzigartigkeit dieses Menschen auf kreative Weise. Ihr Ansatz der ›Existenzellen Verhaltensmuster-Analyse‹ bietet Möglichkeiten, die wichtigsten Lebensorientierungen und Inszenierungen besser zu verstehen und kreativ weiterzuentwickeln. Hierbei geht es auch um Lebensformen für und Balancen im Umgang mit drei Grundantrieben: ›Survival Motivator‹, ›Passion Motivator‹ und ›Transcendence Motivator‹.

Interessant daran ist der Übergang von inhaltlicher Bestimmung von Persönlichkeit und Lebensentwicklung zu Fragen der Bestrebungen, des Stils und der Lebensweise. Dies wird im folgenden Abschnitt näher ausgeführt. Inszenierungsstile für Wirklichkeit sind oft entscheidender für Stimmigkeit und Zusammenpassen als inhaltliche Themen (Schmid/Gérard 2008, Kap. 4.1.5).

In der von English (1976) entwickelten Vier-Geschichten-Methode werden aus verschieden sensiblen Phasen kleine Geschichten aufgeschrieben und hinsichtlich ihrer Grundinszenierungen verglichen. Dadurch können Merkmale von persönlichen Lebensdrehbüchern und deren Veränderung über die Lebensgeschichte identifiziert werden.

6.5.9 Als WER und WIE leben?

In Zeiten, in denen die Individualität jedes Einzelnen eine so große Rolle spielt, stoßen Menschen immer wieder auf die folgenden existenziellen Fragen:

Wer bin ich? Was kann aus mir werden? Was ist meine Berufung? Was kann/ was will ich aus meinem Leben machen? Für wen möchte ich wirklich wichtig sein? Wann werde ich am Ende zufrieden sein?

Aber gibt es auf die Frage, was aus jemandem werden soll, überhaupt Antworten? Welche könnten das sein? Man sollte sich das nicht so vorstellen, dass eine Endversion von Anfang an bekannt sein könnte. Doch kann man versuchen, zu begreifen, aus welchem Holz man ist und was man daraus machen könnte. Dabei sind viele Versionen möglich, aber intuitiv weiß jeder, dass es auch viele Versionen gibt, die nicht stimmig sein würden. Meist kann man auch weniger Ziele bestimmen, also Punkte in der Zukunft, sondern eher Richtungen und Entwicklungslinien, die besser stimmen als andere.

Dies illustrieren wir mit einem Beispiel aus der Beratungspraxis.

Es ist das zweite Coaching-Gespräch mit einem Geschäftsführer aus einer Edelbranche im Handel. Er ist Mittvierziger, hat Familie und auch sonst alles Angenehme, mit dem man sich in gehobenen Positionen umgibt. Es ist ihm ein Anliegen zu definieren, wo er in zehn, fünfzehn, zwanzig Jahren sein möchte.

Er hatte sich vor zwanzig Jahren vorgenommen, Geschäftsführer zu werden und hat dieses Ziel seit einiger Zeit erreicht. Nun sucht er ein neues Ziel, auf das er in gleicher Weise hinleben kann. Doch geht es irgendwie nicht. Denn es gibt nur eine begrenzte Menge an solchen Zielen, und kein neues Ziel will ihn so recht begeistern. Und andere Arten von Zielen, wie gut alt zu werden, eine hoffentlich gute Lebensentwicklung der Kinder erleben zu dürfen, weiß er nicht in der gewohnten Weise anzugehen. Unser Klient ist ein gescheiter und gebildeter Mensch und hat begriffen, dass er mit der Bildung von Zielen wie bisher nicht wirklich weiter kommt, er weiß aber nicht recht, wonach er suchen soll.

Wir sehen das oft in dieser Phase der Lebensmitte. Menschen versuchen, nach dem alten Modus neue Wege zu beschreiten. Doch wäre für unseren Klienten wichtig zu verstehen, dass nicht ein neues Ziel im alten Modus, sondern ein neuer Modus der Lebensorientierung wirkliche Entwicklung bedeutet und Chancen bietet, dem Leben neuen Sinn zu verleihen.

Zunächst aktiviert in diesem Fall der Klient sein bislang erfolgreiches Steuerungsprogramm: Ziele definieren, Zielerreichung planen und Aktivitäten Richtung Zielerreichung starten, loslegen! Das ist wie Motorboot fahren. Egal, was Wind und Wasserströmungen nahe legen, er wirft den Motor an und düst wie immer mit viel PS los! Die Alternative wäre Segeln. Man weiß sich auf Wind angewiesen, arrangiert sich mit den Strömungen, muss gelegentlich gegen den

Wind kreuzen, Umwege in Kauf nehmen, um letztlich doch in die richtige Richtung voranzukommen. Ausstattung und Können sind wichtig, doch garantieren sie kein Vorankommen. Drifts und Unwägbarkeiten geben Gelegenheit, sich in Wagemut, aber auch in Demut zu üben. Demut kommt von ahd. diomuoti (= dienende Gesinnung) und ist daher keine beliebige Unterwürfigkeit gegenüber fremden Einflüssen, sondern eine freiwillig gewählte Haltung.

Hier stünde also eher ein neuer Entwurf an, wie das Berufsleben und die weitere Entwicklung angegangen werden könnten und zu wem man sich dann entwickeln wird.

6.5.10 Persönliche Orientierung

Als persönliche Orientierung bieten wir Ihnen Fragen, die am besten in wechselseitiger Spiegelung mit anderen beantwortet werden können. So kann man die intuitive Urteilskompetenz und Fähigkeit zur Wesenschau anderer nutzen und Resonanz auf Selbstbeschreibungen bekommen. Was ist auch für andere stimmig, was greift nicht? Welche ergänzenden oder kontrastierenden Impulse kommen von ihnen?

Berufliche Bühnen – Was zählt wirklich?

Dialogrunde in der Gruppe — 90 Min.

Zunächst Paare bilden:

I Je zwei erzählen sich entlang der Fragen gegenseitig — je 20 Min.

Bilder, Ideen, Einfälle zu folgenden Fragen:

1. Wann in meinem Berufsleben habe ich das Gefühl, an wirklich Wesentlichem dran zu sein? Was macht es so wichtig?
2. Was gehört zu solchen Wirklichkeiten, zu Vorhaben wesentlicher Art? Welche Bühnen? Welche Stücke? Welche Rollen? Welche Themen? Welche Werte? Was kann jeweils mein Part sein? Was brauche ich als Unterstützung/Ergänzung?
3. Was wird von anderen bestimmt? Was ist stimmig für mich? Wie kann ich mit meinem Wesen – wie mit meinem Können – wie mit meinen sonstigen Ressourcen beitragen? Wie passt das zueinander? Wie könnten Zusammenspiel und Integration gelingen?

4. Welche Entwicklungen stehen an, damit Gelingen möglich wird? Und wenn Gelingen nur teilweise möglich sein wird, was und wofür wird es sich dennoch gelohnt haben? Was zählt am Ende?

II Austausch und Spiegelung in den Untergruppen 50 Min.

Wer mag, erzählt von dem, was ihn/sie anlässlich der obigen Fragen bewegt hat.

Die anderen hören zu, fragen nur zum besseren Verständnis nach, schildern, welche Bilder in ihnen auftauchen. Keine Beratung, keine Diskussion, nur Austausch und Resonanz.

6.6 Entwicklung der professionellen Identität

Um die professionelle Entwicklung eines Menschen jenseits seiner persönlichen Bilder beschreiben zu können, kann eine Entwicklungslehre hilfreich sein. Diese sollte aber nicht mit der Pubertät enden, wie das bei vielen Entwicklungspsychologien der Fall ist. Sie sollte erstens auch die Entwicklung der erwachsenen Persönlichkeit und Phasen in der Entwicklung des Erwachsenenalters beschreiben. Wir brauchen zweitens eine Entwicklungslehre, die sich an der gesunden Persönlichkeit orientiert und nicht aus dem Umgang mit Krankheiten heraus konstruiert wurde. Wir brauchen drittens eine Entwicklungslehre, in der die Persönlichkeit als ein integriertes Ganzes, bezogen auf sich selbst und bezogen auf die Welt, gesehen wird. Für diese drei für uns wichtigen Dimensionen eignet sich die Entwicklungslehre von Erik H. Erikson, die im Folgenden freimütig nacherzählt und für unsere Belange interpretiert werden soll.

Erik H. Erikson war ein psychoanalytisch orientierter Entwicklungspsychologe. Allerdings ging er in vielen Teilen seines Werkes über die konventionellen Grenzen psychoanalytischen Denkens hinaus. Sein Buch *Identität und Lebenszyklus* (1973) enthält drei Hauptüberschriften. Der erste Abschnitt ist überschrieben mit »Ich-Entwicklung und geschichtlicher Wandel«. Die Entwicklung des Einzelnen wird hier in den Kontext geschichtlicher Entwicklung gestellt. »Wachstum und Krisen der gesunden Persönlichkeit« lautet das zweite Hauptkapitel – Eriksons Entwicklungspsychologie ist keine Krankheitslehre.

Die dritte Überschrift lautet »Das Problem der Ich-Identität«; Erikson beschäftigt sich hier mit einer die einzelnen Persönlichkeitsaspekte übergreifenden Frage, als wer sich jemand erlebt und als wer er handelt.

Nach Erik Erikson weist »der Begriff Identität auf das Band hin, das den einzelnen Menschen mit den von seiner einzigartigen Geschichte geprägten Werten seines Volkes verbindet.« (ebd., 124). Identität ist also etwas, das den Menschen mit seinem Kontext verbindet, mit seiner persönlichen Geschichte und mit der Geschichte der Gruppierungen, in denen er sich bewegt nach dem Motto: Sage mir, wohin du gehörst und ich sage dir, wer du bist. Eine weitere Dimension der Identität: mit seinem Wesenskern gleich sein. Man fühlt, wer man ist, wenn man etwas im Kern des Individuums Angelegtem und wesentlichen Aspekten des inneren Zusammenhalts der Gruppe, der man angehört, entspricht.

Der Erikson'sche Begriff Identität fokussiert auf eine relativ stabile wechselseitige Beziehung zwischen Selbsterleben und Zugehörigkeit, hebt ein dauerndes inneres Sich-selbst-gleich-Sein wie ein dauerhaftes Teilhaben an bestimmten gruppenspezifischen Charakterzügen hervor.

Wir selbst bevorzugen eine Konzeption, in der Identität nicht durch Abgrenzung, sondern durch eigeness Zusammenfügung von Dingen, die es auch sonst wo gibt, beschrieben wird. (Zur Diskussion von Identität und Abgrenzung vgl. Schmid 2004b, Schmid 2004a, 140-141.) Die Eigenart eines Menschen lässt sich nach unserer Auffassung mehr durch die besondere Zusammenstellung von Merkmalen erkennen als durch die Einmaligkeit der Komponenten.

In diesem Wechselspiel muss Identität situativ immer wieder neu gefasst werden. Als wer man sich empfindet, kann von Situation zu Situation recht verschieden sein, zumal man ja nicht nur verschiedenen Gruppierungen in verschiedenen Rollen angehört, sondern auch aus verschiedenen Perspektiven verschiedene Verhältnisse zu sich selbst hat und unterschiedliche Erzählungen der eigenen Geschichte und Selbstbeschreibungen im Vordergrund stehen können. Daher ist es hilfreich bei Spiegelungen, auf diese beiden Dimensionen Wert zu legen und sich immer wieder neu in verschienen Kontexten zu spiegeln.

6.6.1 Entwicklungsstufen – nach Erik Erikson

Für die Identitätsentwicklung unterscheidet Erikson acht Stufen, die zunächst noch an der üblichen psychoanalytischen Einteilung in orale, anale, genitale Phase, Latenzzeit, Pubertät, Adoleszenz und spätere Phasen orientiert sind. Die

Stufen beziehen sich aber nicht in erster Linie auf die typischen Lebenskonflikte in dieser Zeit, sondern auf die Frage der Identität: Als wer empfindet sich ein Mensch bezogen auf sich selbst und bezogen auf wichtige Gruppen in dieser jeweiligen Phase? Woraus zieht er seine Identität?

Es handelt sich um ein Phasenschema im Sinne von zeitlich hintereinander ablaufenden Entwicklungsstufen. Aber jede Phase meint auch Fragestellungen, Grundthemen, mit denen sich jeder Mensch im Laufe des Lebens immer wieder auseinandersetzen muss. So ist das Entwicklungsmodell Eriksons eher als ein Perspektivenmodell als ein Phasenmodell zu sehen. In unterschiedlichen Lebensphasen stehen unterschiedliche Fragen zwar im Vordergrund. Sie müssen aber häufig in späteren Lebensphasen und neuen Lebenszusammenhängen, auch in neuen Kombinationen, erneut beantwortet werden.

1. Ich bin, was mir begegnet

In dieser Phase der Entwicklung geht es um die Erfahrung, dass ich mich als das erlebe, was mir entgegengebracht wird. Geht es mir dabei gut, entwickle ich ein Bild von mir, etwas wert zu sein, und werde gerne initiativ, um weitere solche Bestätigungen zu erfahren. Ich entwickle das Selbstverständnis, dass ich jemand bin, dem das Leben schon bieten wird, was er braucht, und dass zumindest meine Vertrauten mir das gerne zukommen lassen. Geht es mir damit nicht gut, erlahmen positive Erwartungen und Selbstverständnisse. Ich bin mit meinen Bedürfnissen eine Zumutung, was Zuversicht und Initiative zu positiven Begegnungen lähmt. Stattdessen muss ich mir etwas einfallen lassen, um trotzdem nicht zu verkümmern.

2. Ich bin, was ich bewirken kann

Hier geht es um das Wollen und das Gefühl, Macht und Kontrolle über etwas ausüben zu können. Ich bin jemand, dessen Wille etwas bedeutet und der durch sein Dasein und Handeln etwas bewirken kann. Es nährt das Selbstgefühl, wenn eigene Aktionen Widerhall finden, die Umwelt und die mir wichtigen Menschen Wirkung zeigen. Natürlich ist es schöner, wenn die Wirkung als positiv erlebt und beantwortet wird, aber bevor nichts passiert, nehme ich auch negative Wirkungen in Kauf. Eine Identität als wirkungsvoller Mensch zu entwickeln, ist Grundlage dafür, Wirksamkeit auch erwerben und ausdifferenzieren zu wollen.

3. Ich bin, was ich werden könnte

Hier geht es um Vorstellungen, wer man mal sein könnte. Man erprobt sich in verschiedenen Bildern, als wer man sich verstehen und in spannenden Umwelten in Szene setzen könnte. Dabei geht es nicht um Vorhaben oder Wege dorthin, sondern um ein seelisches Erproben von künftigen Selbstbildern und deren Passung zu Weltbildern. Wenn es gutgeht, bleibt das Recht, zu träumen und mit Sehnsucht besetzte Selbstbilder zu haben, daran immer wieder neu die eigene Navigation der Persönlichkeitsentwicklung auszurichten. Es bleibt auch die Freiheit, solche Bilder immer wieder kreativ zu überarbeiten. Es reichen also zunächst Gesten und vage Szenen, da es um ein Selbstgefühl geht. Wenn positive Bilder nicht gelingen oder durch Reaktionen wichtiger anderer verdorben oder voreilig zu ernst genommen werden, dann werden lieber problematische Selbstbilder akzeptiert oder die individuelle seelische Prüfung wird durch Beifall anderer ersetzt. Es ist schwer zu sagen, was stärker beeinträchtigt: das Suchen und Akzeptieren unpassender Bilder oder das Aufgeben, den eigenen Stern zu suchen.

4. Ich bin, was ich kann

Hier geht es um das Selbstgefühl, welches man darin findet, dass man Fertigkeiten erworben hat oder sich im Entwickeln von Fertigkeiten übt. Hier geht es weniger darum, was man damit bewirken oder wer man damit eines Tages werden kann, sondern um die Lust etwas zu können. Hierbei stiftet nicht nur der Inhalt, den man lernt, sondern der Lernvorgang selbst Identität. Man könnte diese Stufe auch nennen: »Ich bin, was ich lernen kann.« Die Genugtuung, die aus dem Erwerb und dem sicheren Beherrschen eines Repertoires von Kompetenzen hervorgeht, ist nicht nur besonders bei Jugendlichen zwischen acht und zwölf Jahren zu beobachten, sondern ganze professionelle Gruppierungen organisieren sich um solche Selbstverständnisse.

5. Ich bin, womit ich mich identifizieren kann

Hier geht es vorrangig um ein Zusammenfügen verschiedener Dimensionen von Selbstverständnissen und darum, sie für sich zu beanspruchen. Vielleicht bin ich es noch nicht aus eigener Kraft, aber durch die Identifikation schon. Und es geht darum, einen ganzheitlichen Entwurf zu machen und sich dabei einer Sache, einer Person, einem Leitbild zu verschreiben, im Sinne von: Ich in mir könnte das noch nicht repräsentieren, aber indem ich mich identifiziere, kann ich diese Gestalt hinkriegen und Anteil daran haben. Es ist draußen und es ist in mir, und dadurch wird ein Selbstverständnis gebildet, in dem ich mich erkenne. Wenn das gut geht, kann ich in eine eigene Version dessen, womit ich mich identifiziere, hineinwachsen; mich von den Vorbildern lösen, diese aber in Ehren halten. Wenn Identifikation nicht gelingt oder verdorben wird, muss man die Aneignung aufgeben oder mit einer eigenen unreifen Integration zurechtkommen. Oder man kann sich schlecht vom Vorbild lösen, weiß dann aber nicht, wer man ist. Dies macht nicht nur Ablösung schwierig, sondern kann auch die Beziehung zu Vorbildern beschädigen.

6. Ich bin, woran ich mich binden kann

Auch bei Identifikation geht es um Hingebung und Treue im Sinne von: Ich mache mir etwas vertraut. Doch man hat nun ein Gefühl dafür entwickelt, wer man selbst ist, ein Gefühl für die eigene Leistungsfähigkeit und ein Gefühl für den eigenen Wert in Beziehungen. Und aus diesem Gefühl heraus wachsen freie Bindung und das Einlassen in Beziehungen auf Augenhöhe, z. B. zum Lehrer, zu erfahrenen Kollegen, zur Institution, zur Klientel und/oder zu dem Team, in dem man arbeitet. Je mehr die Identifikation durch Eigenständigkeit abgelöst wird, umso mehr wächst im positiven Fall eine Bindung zwischen verwandten, aber unterschiedlichen und autonomen Menschen. Hingabe wächst aus ehemaligem Angewiesensein auf das Vorbild. Hingabe an Menschen, aber auch an gemeinsamen Interessen, Werten, Anliegen. Das heißt, in dieser Entwicklungsphase ist es wichtig, sich in den Grundthemen Beziehung und berufliche Leistungsfähigkeit für irgendetwas stark zu machen und zu sich zu finden.

7. Ich bin, wofür ich über mich hinaus sorgen kann

In dieser Phase geht es um die Grundtugenden der Fürsorge und der Produktivität (im Sinne von Kulturbeiträgen). Erikson nennt das die generative Phase. Spätestens wenn man in das fünfte Lebensjahrzehnt kommt, begreift man, dass man selbst von den vielen Lebensmöglichkeiten nur wenige leben kann und die Begrenztheit des Lebens wird deutlich. Man kann in der Selbstkultivierung nur einen kleinen Ausschnitt von dem berühren, was in der Welt geschaffen wird und an Kultur sich entwickeln könnte. An das andere kann man sich dadurch anschließen, dass man für die nächsten Generationen etwas tut und auf diese Weise das Gefühl entwickelt, »es lebt etwas von mir weiter, ich kann mich an etwas anschließen, obwohl ich gleichzeitig die Begrenztheit meines persönlichen Lebens begreife und nahen sehe«. Das können Kinder sein, Schüler, die Pflege eines Vereins oder sonst irgendetwas – auf jeden Fall etwas, was über die Selbstpflege des Menschen hinausreicht.

> »Ich hatte inzwischen eine weitere Ausbildung abgeschlossen, über diesen Weg einen neuen Zugang zu meiner Arbeit gewonnen, einen eigenen Ansatz zur Behandlung meiner Patienten entwickelt und inzwischen einige eigene Beiträge zur Behandlung meiner Klientel veröffentlicht oder zumindest im kleinen Kreis weitergegeben. Mit 48 Jahren veröffentlichte ich mein erstes Fachbuch, das inzwischen bei den Eltern und Mitarbeitern auch anderer Kliniken großen Anklang findet und die Arbeit dort unterstützt.« (Gérard, unver. Erfahrungsbericht)

8. Ich bin, was sich in mir fügen kann

Hier geht es um die Integrität. Während man in Phase 5 (Identifizieren) schon aus Identitätsanteilen auf das Ganze schließen kann, fügen sich diese Segmente nun zu einer Gestalt zusammen. In dieser Phase geht es um Demut und um Weisheit als Grundtugenden. Beide können als Tugenden des Alters betrachtet werden. Man hat gelernt, etwas mit dem rechten Maß zu tun, z. B. sich zu engagieren und gleichzeitig gelassen leben zu können. Man hat gelernt, wichtige Aspekte nicht maßlos überwertig zu behandeln, man kann sich einerseits voll engagieren, muss aber andererseits nicht darauf bestehen, dass sich die Welt diesem Engagement beugen muss. Man ist stattdessen angewiesen auf größere Strömungen, auf Gnade, darauf, dass es sich fügt in einem selbst oder im Umfeld, in dem man tätig ist.

> »In vier Wochen werde ich in Rente gehen. Ich gehöre schon seit einiger Zeit zu den ›Alten‹. Wie in einem Spiegel sehe ich mich wieder in vielen jungen MitarbeiterInnen mit ihrem therapeutischen Eros und Engagement, das gesetzte Grenzen überwinden will, ich sehe die Gruppe der MitarbeiterInnen in dem altersmäßigen Mittelfeld. Ihre Kinder besuchen z. T. schon fortführende Schulen, Frauen spüren erste Anzeichen ihrer Wechseljahre, die Haare mancher Männer werden weniger und deutlich grauer. Sie alle befinden sich oft auch auf dem Höhepunkt ihrer Leistungsfähigkeit und Tatkraft. Ich spüre aber auch ihre Erschöpfung und die beginnenden Zweifel an dieser Art, so mit den eigenen Lebensressourcen umzugehen.
>
> Ich sehe dies wie einen Film von mir selbst und genieße den Frieden, den ich mit mir und meinem Umfeld schließen konnte. Ich muss mich und andere nicht mehr ändern und – wie Bernd (Schmid) einmal sagte – ›ich muss auch nichts mehr werden‹. ›Die Zeit, die ich mir nehme, kann ich den andern lassen.‹ (Flemming 1984) Entwicklung braucht ihre Zeit, man kann sie nicht forcieren.

Verändert haben sich die sozialpolitische Zeit und damit die Umstände, unter denen wir tätig sind. Die Arbeit hat sich verdichtet, die Zeiten für Besprechungen wurden gekürzt, Qualität sinkt zu Lasten der Quantität. Das Arbeiten wurde unbefriedigender. Doch ich weiß heute, wo meine Grenzen liegen, was ich verändern kann und was nicht. Ich kann für mich heute unter diesen veränderten Bedingungen neue Spielräume definieren, in denen ich für mich effektiv und zufriedenstellend arbeiten kann. Diese veränderte innere Haltung der Ruhe, die manchen wie eine Resignation oder Anpassung erscheinen mag, gibt andern im Unternehmen Halt und Hoffnung.

Was ich weitergeben konnte, habe ich weitergegeben. Ich habe gesät und bin sicher, dass auch einige Samen später aufgehen werden. Ich kann gut und dankbar gehen.« (Gérard, unver. Erfahrungsbericht)

6.6.2 Hilfe bei Identitätsfragen

Wozu kann uns ein solches Entwicklungsmodell verhelfen? Wem kann es nützen? Wo kann es Anwendung finden?

Zunächst kann es für Menschen überhaupt hilfreich sein, Weiterentwicklung nicht in einer weiteren Anreicherung von Kompetenzen und Wissen zu suchen, sondern in einer Klärung und Weiterentwicklung von Identität, aus der heraus Vorhandenes neue Kraft entwickeln kann (Schmid 1998b). Professionelle Identität zu entwickeln, ist, wie oben beschrieben, ein wichtiger Bestandteil von Professionalisierung und geht über Kompetenzentwicklung hinaus.

Die Unterscheidung von Identitätsperspektiven lädt dazu ein, Fragen nach der Identität differenziert zu stellen, herauszufinden, welche Perspektiven ausgestaltet sind und welche noch nicht, welche befriedigend beantwortet sind und welche nicht. Hilfe bei der Identitätsfindung besteht oft darin, jemanden von der einseitigen Art der Suche abzubringen und mit anderen, vernachlässigten Dimensionen von Identität in Kontakt zu bringen. Jede Identitätsquelle kann sich in ihrem Nährwert erschöpfen und weder Antworten noch die Perspektive, aus der sie gesucht werden, müssen ihren Wert behalten. Manchmal muss etwas Neues entstehen, um das Gefühl von Identität anders bzw. neu zu füllen.

Man kann manch einseitige Identitätsbildungsversuche auch als ein Vermeidungsprogramm im Adler'schen Sinn verstehen. Vermieden wird dabei, eine Dimension der Identitätsbildung als Herausforderung anzunehmen, der man sich nicht gewachsen fühlt. Adler weist darauf hin, dass viele Probleme Folgeprobleme von Vermeidungen sind. Diese Folgeprobleme allein zu lösen, ohne die Vermeidungen zu identifizieren, würde wenig helfen. Deshalb sollte man immer die Frage stellen: Angenommen, die aktuellen Probleme wären nicht mehr im Weg, welche vermiedene Entwicklung müsste dann angegangen werden? Überträgt man diese Überlegungen auf Identität, dann sollte nicht die Antwort auf die Identitätsfrage gegeben werden, sondern überlegt werden, welche Entwicklung die Frage unwichtig werden lassen würde. Wenn also jemand z. B. chronische Probleme damit hat, ob er genug für sein Engagement bekommt, empfiehlt es sich, zu prüfen, ob er genug Selbstwirksamkeit erlebt und was es dafür brauchen würde. Allein mehr Gegenleistung zu erlangen, würde wenig helfen.

Von daher können wir dem Entwicklungsmodell von Erikson Ideen über vermiedene Identitätsfragen und Ergänzungsbedarf unter der Perspektive Identität und die dafür notwendigen Tugenden entnehmen. Es gibt uns auch Hypothesen über einseitige, manchmal kompensatorische Identitätssuche.

6.6.3 Weitere Beispiele

Nehmen wir Eriksons 6. Entwicklungsstufe: »Ich bin, woran ich mich binden kann.«

Es gibt z. B. manchmal sehr talentierte Leute, die alles interessant finden, die sich aber an nichts binden, weil sie oft sehr lange der Idee anhängen, noch nicht das Passende gefunden zu haben. Die Gefahr besteht, dass sie die Phase versäumen, in der man sich für irgendetwas wirklich engagieren mag und kann. Eine solche Entscheidung ist in späteren Lebensphasen nicht einfach nachholbar.

Deshalb muss man manchmal in der Ausbildung von Beratern, jemanden dazu bringen, diese Vorstellung aufzugeben: »Auch wenn es nicht das absolut Passende ist, binde dich, denn du musst jetzt Bindung lernen.«

Nehmen wir die 7. Entwicklungsstufe: »Ich bin, wofür ich über mich hinaus sorgen kann.« Wenn dieses Engagement über meine eigenen Bedürfnisse hinaus nicht gelingt, wird der Mensch zum Schoßhündchen seiner selbst (Frankl).

Ein Beispiel dafür ist die Hypochondrie. Menschen mit hypochondrischen Neigungen sind dauernd damit beschäftigt, was sie wohl haben könnten. Sie besuchen den Arzt mit immer neuen Wehwehchen, mit denen sie sich spüren und über die sie ein Gefühl haben, wer sie sind. Es ist oft tragisch, mitzuerleben, wie jemand in so einen Kreislauf gerät und nicht herausfindet. Würden diese sich stattdessen mit dem beschäftigen, was sie (noch nicht) sind, könnten sie vielleicht eher ihre Wehwehchen vergessen.

Jemand, der gemäß Phase 3 z. B. immer nur damit beschäftigt ist, was aus ihm werden könnte, und der immer noch den Lehrer sucht, der seine Bestimmung identifizieren könnte, der könnte z. B. die Herausforderungen der nächsten Phase vermeiden. In dieser Phase würde er sich mehr darin suchen, wie gut er das eine oder andere Handwerk beherrscht, sich selbst erleben, dass und wie er lernt, und welches Repertoire er sich dadurch aneignet (Phase 4) Es geht auch umgekehrt, wenn jemand Methoden über Methoden anhäuft, ohne sich damit auseinanderzusetzen, was damit aus ihm werden könnte.

Ein Beispiel für Störungen der Identitätsentwicklung in der 8. Phase wäre, wenn ein Mensch Sinn- oder Identitätsverluste erlebt und kein Gefühl dafür empfindet, wer er privat, professionell oder auch in einer Organisation ist. Hier stellt sich die Frage: Worin hat dieser Mensch schon Sinn gefunden und wo sucht er einen Sinn? Oder kann es sein, dass er einseitig in einer der vorangegangenen Stufen seinen ganzen Sinn und seine Identität sucht?

6.6.4 Identität und Identifizieren

Eine Form einer möglichen Fehlentwicklung könnte dadurch entstehen, dass Menschen Identität suchen, dabei den Weg über Identifikation gehen und Identifizierung mit Identität verwechseln. Sie fragen weniger, wer sie essenziell sind und wofür sie stehen, sondern binden ihr Selbstverständnis an Unternehmen oder Abteilungen, an bestimmte Rollen, einen bestimmten Status, an bestimmte Zwecke oder an bestimmte Methoden und Theorien über die Welt. Dies sind akzeptable Konstruktionen, solange die Menschen im Bewusstsein haben, dass dies Teilaspekte und Oberflächen sind, in denen sich manches, jedoch nicht ihre ganze individuelle professionelle Essenz spiegelt.

Tragisch kann es werden, wenn sich Menschen mit einzelnen Spiegelungsoberflächen gleichsetzen. Sie werden dann von Infragestellungen oder gar vom Zusammenbruch eines Unternehmens in ihrem Selbstverständnis tief getroffen. Ihre Identität kann in diesem Fall krisenhaft infrage gestellt werden. Um ihre Identität zu sichern, müssen sie dann bestimmte Prinzipien oder Gestaltungsmittel überhöhen und sich gegen jede Infragestellung verteidigen, um ihr Selbstgefühl und oft damit verbunden auch ihren Selbstwert zu erhalten. Je mehr es Professionellen hingegen möglich wird, Ausdrucksformen und Spiegelungsoberflächen austauschbar werden zu lassen, umso mehr entwickeln sie eine reife professionelle Identität. Sie wissen, wer sie sind, auch wenn äußere Attribute infrage gestellt sind.

Für das Ausleben einer systemischen professionellen Identität sollte daher ein reiches Repertoire an möglichst kunstvollen Oberflächen zur Verfügung stehen. Jedoch sind wir in der professionellen Selbstpositionierung wie in der Selbstdarstellung nicht mehr auf bestimmte Oberflächen angewiesen, sondern können diese austauschen, ohne Identität zu verlieren. Auf Dienstleistungen,

Konzepte, Methoden, Menschenbilder, Settings usw. z.B. im Bereich Coaching übertragen, können professionelle Identitäten entstehen, wenn wir sie nicht mit uns selbst gleichsetzen, sondern als disponible Ausdrucksform für Essenzielles dahinter ansehen.

6.6.5 Identitätsdebatten in Berufsfeldern

Im Bereich der Beraterverbände gibt es immer wieder solche Identitätsdebatten, wie z. B. im Bereich Coaching. Immer wieder werden Themenbereiche, Arbeitsformen, Kundengruppen oder Arbeitsfelder herangezogen, wenn man definieren will, was ein Coach ist. Der Vorteil besteht in nachvollziehbaren Konkretisierungen, der Nachteil darin, dass man sich unnötig auf die gewählte Dimension festlegt und alles andere entweder ausgrenzen oder mit anderen Namen belegen muss. Dagegen gibt es eine Strömung, die Coaching viel allgemeiner als professionelles Arbeiten aus einer bestimmten Perspektive Mensch–Profession und Mensch–Organisation versteht (Schmid/Messmer 2005, Kap. 11). Klienten, Themen, Arbeitsformen etc. müssen dann kontextgeeignet spezifiziert werden. Als Beispiel dafür kann David Megginson, ein führender Vertreter der britischen Coaching-Szene (University of Sheffield), zitiert werden: »Coaching is more a way of doing business than a separate activity!« (Mündl. Äußerung im Rahmen der EMCC-Tagung vom 30.11. – 1.12.2005 in Zürich).

Während eine klassische Betrachtung von Lernen und Professionalität sich mit Theorien, Konzepten und Methoden beschäftigt, interessiert uns zusätzlich eine Qualität, die wir mit Stimmigkeit mit der ganz persönlichen Identität umschreiben. Stimmigkeit ist nicht nur ein privater Luxus, sondern entscheidet mit über Erfolg in anspruchsvollen Tätigkeiten. Nur wer zu einer stimmigen Version seiner selbst findet, entwickelt ein gewisses Charisma und erzeugt ein Kraftfeld, an das sich andere anzuschließen bereit sind. Wer keine Stimmigkeit findet, dem hilft die Anhäufung von Titeln, Fertigkeiten und Kenntnissen nur bedingt.

6.6.6 Entwicklungsfragen in Aus-, Weiterbildung und Supervision

Gerade im Bereich der Psychotherapie und Beratung spielt die Entwicklung einer professionellen Identität, in der das Wesen des Therapeuten bzw. Beraters lebendig und damit authentisch werden kann, eine große Rolle:

»Eine Vielzahl von Forschungsergebnissen bestätigt die Erfahrung, dass bei der Passung und Beziehungsgestaltung auf Beraterseite die Persönlichkeit eine überragende Rolle spielt [...] Das bedeutet aber, dass professionelle Qualifizierungen neben der notwendigen Vermittlung von Wissen und dem Üben von Methoden und Techniken einen Entwicklungsraum zur Verfügung stellen müssen, in dem die Ausbildungskandidaten ihre Persönlichkeit in den oben genannten Bereichen entwickeln und entfalten können.« (Bleckwedel 2006). Wir brauchen also gerade im Bereich der Aus- und Weiterbildung von Beratern Gärtner, die zwischen verschiedenen Pflanzenarten und ihren unterschiedlichen Entwicklungsphasen zu unterscheiden verstehen. Wir brauchen keine allgemeine Gruppenbegießung und/oder -düngung, sondern ein allgemein günstiges Wachstumsklima und für einzelne Pflanzen die spezifischen Mittel, die sie zu der jeweiligen Zeit brauchen. Aber auch ein solcher Gärtner kann Entwicklung nicht »machen«. Jede Pflanze braucht den richtigen Standort und das richtige Kleinklima, damit ihre Wurzeln sich fest in der Erde verankern und die Stängel genügend tragfähig werden, um ihre Früchte austragen zu können.

Jeder Aus- und Weiterbildner und jeder Supervisor sollte daher unserer Meinung nach ein Stück »Gärtnererfahrung« haben. Man sollte als Ausbilder Grundregeln in der lebensgeschichtlichen Entwicklung kennen, um ein Raster zu haben, mit dem man vielleicht auch Ergänzungsbedarf bei dem einen oder andren feststellen kann. Die oben kurz erläuterten Entwicklungsstufen können daher in der Ausbildung als Orientierungshilfe dienen, um zu prüfen, welche Maßnahme im Augenblick gerade am besten Wachstum und Selbstverständnis fördern würde.

6.6.7 Persönliche Orientierung

Zur persönlichen Orientierung lohnt es sich, die persönlichen Resonanzen zu beobachten, die man bei der Beschreibung der verschiedenen Identitätsperspektiven erlebt. Gibt es Bereiche, die Interesse und Sehnsucht auslösen? Solche, die einem fremd erscheinen, Skepsis und Widerspruch auslösen?

In welchen Dimensionen würde man sich leicht positionieren, welche scheinen gut versorgt, vielleicht sogar etwas überstrapaziert? Wie würden andere beschreiben, welche Identitätsdimensionen Ihnen zugänglich sind, mit welchen Sie sich noch nicht angefreundet haben, vielleicht eher auf andere ausweichen. Wie haben es die Menschen in Ihrer Herkunftsfamilie damit gehalten, was ist Tradition in Ihrer Familie, welche Schattenbereiche gibt es? Wie orientiert man sich in Ihrem beruflichen Umfeld, in Ihrer professionellen Gemeinschaft, welche Aspekte sind im Marketing, auf Ihrer Website in der Kategorie »Über uns« im Vordergrund?

Selbstverständlich können Sie mit solchen Fragen und gegenseitigen Spiegelungen auch in privaten oder beruflichen Gruppen umgehen. Sie könnten darüber reflektieren, wie berufliche Selbstdefinitionen und wahrgenommene Identitäten die verschiedenen Perspektiven repräsentieren und nähren.

6.7 Entwicklung von professionellen Haltungen

6.7.1 Einleitung

Cogito, ergo sum. Frei übersetzt nach Erikson bedeutet dieser Satz: Ich bin, was ich denke und – ergänzend – worin ich meine geistige Heimat finde.

Wir haben im Kapitel 6.6 Entwicklungsaspekte der professionellen Identität beschrieben. Jetzt werden wir den magischen Würfel drehen und damit einen anderen Teilaspekt dieser Identität in den Vordergrund stellen und näher beleuchten. Es geht um die Entwicklung professioneller Haltungen. Dabei nehmen wir auf ein Modell für geistige und spirituelle Entwicklung Bezug.

Individuation durch Neinsagen

Schauen wir auf unsere Kindheit zurück, so scheint eine typische Entwicklung der Identitätsfindung zu sein, dass man am Anfang eher weiß, was *nicht* der eigene Weg ist. Man kann aber überhaupt nicht ausdrücken, was bin ich im Unterschied zu dir, ihm, ihr …

Das Kind sieht noch nicht, was der eigene Weg ist, aber es hat rudimentäre Bedürfnisse, Unterschiede zu machen. Diese Entwicklungsstufe entspricht individual-psychologisch dem zweiten bis vierten Lebensjahr. Es ist die Zeit, in der man noch nicht recht weiß, was man ablehnt, aber man hat schon entdeckt, dass das Neinsagen irgendetwas damit zu tun hat, eine kleine Persönlichkeit zu sein.

Im Laufe der Zeit lernt das Kind eher, zu bestimmten Sachen Nein zu sagen, und lernt dann nach und nach das, was übrig bleibt, zu bejahen. Es erscheint ganz wichtig, dass man dieses Neinsagen-Lernen, so irrational und unvernünftig es nach elterlichen Gesichtspunkten erscheint, nicht stört.

Geistige Heimat

Vielleicht hat diese Entwicklung damit zu tun, dass es in jedem eine unverwechselbare Eigenart gibt und eine Art Richtungsweiser für den Weg, den jeder gehen will und der für jedes Individuum anders ist. Diese Gerichtetheit zeigt sich in einer ganz bestimmten eigenen Kombination von Merkmalen und in der Art und Weise, wie man etwas anders tut als andere.

Wir erahnen – und später empfinden wir dies deutlicher – »wes Geistes Kind wir sind«. Dadurch finden wir Heimat. Heimat steht aber für uns nicht für einen Ort, an dem man ankommt, sondern eher für eine Gerichtetheit, also einen Weg, den man geht. Man geht seinen (eigenen) Weg, obwohl man anerkennt, dass es auch andere gibt.

Gerichtetheit meint, einen eigenen Weg zu ertasten, ihn gelegentlich zu verlieren und wiederzusuchen. Gleichzeitig gibt es ohne Ziel keinen Weg. Wir empfinden diese Gerichtetheit, manchmal ohne sagen zu können, wohin es geht, wenn wir eine Richtung einschlagen. Aber wie in dem oben angeführten Beispiel des Kindes spüren wir, ob wir abweichen, d.h. der Gerichtetheit entsprechen oder nicht. Offensichtlich gibt es also eine Art Vorstellung davon, was »mein Weg« ist. Wir steuern doch unbewusst eine Richtung an.

Dass wir eine geistige Heimat im Laufe unserer Entwicklung finden, erscheint uns besonders wichtig bei Berufen, in denen Ausbildungen und Schulen zwar Handwerkszeug und Orientierung vermitteln, in denen man aber letztlich nicht nach wissenschaftlichen Kriterien arbeiten und urteilen kann, sondern sich auch auf seine inneren Messgeräte, d. h. seine Intuitionen und Wertmaßstäbe, verlassen muss. Dies ist der Fall in der Beratung, an der wir daher vorwiegend unsere Ausführungen exemplarisch orientieren werden.

Als Berater schließt man sich mehr oder weniger einer theoretischen Richtung oder Schule an und findet dort vorübergehend oder auch für immer sein geistiges Zuhause. Das Durcharbeiten und das Sich-zu-eigen-Machen der Welt- und Menschenbilder dieser und auch anderer Schulrichtungen gehören für uns zur Entwicklung von Berufsidentität.

Wie könnte nun unser Weg als Professionelle beschrieben werden? Wie orientieren wir uns, wie finden wir unsere geistige Heimat. Wessen Geistes Kind sind wir? Müssen wir manchmal in Neuland aufbrechen, um wieder zu Hause ankommen zu können? Wie also kann es gelingen, eine Grundhaltung einzunehmen, durch die man seine geistige Heimat findet und dennoch darüber hinauszublicken versteht, und wie könnte man diese Vorgänge konzipieren. Dazu möchten wir eigene Gedanken vorstellen, die dem Entwicklungsmodell von Vincent Lenhardt (1991) folgen.

6.7.2 Das Stufenmodell von Lenhardt

Lenhardt hat ein siebenstufiges Entwicklungsmodell entworfen. Die ersten vier Stufen beziehen sich auf die Persönlichkeitsentwicklung, bei der es um die Befreiung von Einschränkungen aus der Vergangenheit geht. Uns interessieren in unserem Zusammenhang besonders die Stufen fünf bis sieben:

Auf der fünften Stufe erkennt der Mensch, dass er ein geistiges Wesen ist und dass geistige Bezüge für ihn bedeutsam sind, um Identität zu entwickeln. Er anerkennt, dass er einen geistigen Bezug haben, d. h. eines Geistes Kind sein muss, um jemand zu sein.

Die sechste Stufe ist die Spiritualität. Der Mensch erkennt, dass es eine höhere Form von Bezogenheit gibt, die man anerkennen muss, um zu wissen, wer man ist. Lenhard meint damit eine Spiritualität im Sinne einer überkonfessionellen Orientierung oder einer Empfänglichkeit für Glaubensdinge. Man ist ergriffen von etwas, was einen unbedingt angeht.

Die siebte Stufe ist die Ausrichtung an einem Glauben. Man ist sich einig mit den Menschen, die überhaupt gläubig sind, und entscheidet sich dann aus der vielfältigen Welt der möglichen Glaubensformen für diejenige, in der man Heimat findet.

6.7.3 Weiterentwicklung des Stufenmodells

Lenhardt entwickelt in seinem siebenstufigen Modell, dass auf eine geistige eine spirituelle Entwicklung folgt. Im Unterschied dazu, gehen wir davon aus, dass es sowohl eine geistige Entwicklung als auch eine spirituelle Entwicklung gibt, die jeweils in verschiedenen Stufen dargestellt werden kann. Deswegen wollen wir diese beiden Entwicklungsbereiche getrennt ansetzen und ein Schema daraus entwickeln. Dieses Schema wollen wir in einem zweiten Schritt auf die Entwicklung von Professionalität anwenden. Wir bitten den Leser um ein wenig Geduld, da wir zuvor noch einige Begriffe klären müssen.

Wir unterscheiden einmal die geistige Entwicklung und die spirituelle Entwicklung. Innerhalb dieser beiden Bereiche unterscheiden wir noch einmal zwischen einer Art konventioneller Orientierung, d.h. eine Orientierung am Herkömmlichen, Gewohnten gegenüber einer Art universeller Orientierung. Die dritte Stufe ergibt sich durch eine gewandelte, gereifte oder geläuterte Haltung gegenüber Konventionellem (und Universellem) und führt zu einer Art Beheimatung des Geistes, der Spiritualität bzw. der Professionalität.

Beginnen wir mit der Entwicklung der Geistigkeit. Für viele Menschen führt der geistige Entwicklungsweg von der traditionellen Geistigkeit über eine Universalität zur geistigen Beheimatung

1. Traditionelle Geistigkeit

Zunächst gehen wir von Lenhardts fünfter Stufe der geistigen Entwicklung aus: Menschen erkennen an, dass es wichtig ist, sich als geistige Wesen zu verstehen und sich mit geistigen Inhalten zu beschäftigen. Sie erkennen, dass es Sinn macht, sich neben der üblichen Befriedigung der Grundbedürfnisse und Lebensinteressen auch als geistiges Wesen weiter zu entwickeln. In dieser Phase besteht die Gefahr, dass man die eigene Geisteshaltung für das Universum hält, das nur noch nicht jeder begriffen hat, und man sucht Wege, die anderen überzeugen. Man hat z.B. eine Meinung zu Führung entwickelt und will diese als richtige Lösung anderen beibringen. Eine Metaorientierung würde helfen, nicht einfach im eigenen Glaubensuniversum gefangen zu bleiben und sich missionarisch zu bemühen, anderen dessen Segnungen zuteil werden zu lassen.

2. Universelle Geistigkeit

Zum Glück entdecken in der weiteren Entwicklung viele, dass sie bestimmte Geisteshaltungen bisher einfach konventionell, d. h. gewohnheitsmäßig gelernt und entwickelt und sich mit bestimmten geistigen Inhalten identifiziert haben. Diese Entdeckung führt zu einer Neupositionierung. Man steht neben sich und entdeckt, dass man ein geistiges Wesen ist, das seine Geistigkeit bisher in diesen konventionellen Formen beheimatet und aufgehoben hat. Durch diese Distanzierung löst man sein Selbstverständnis als geistiges Wesen von den einzelnen Überzeugungen bzw. Geisteshaltungen und begibt sich auf (geistige) Suche. Man beginnt, sich für verschiedene Geisteshaltungen und Überzeugungen zu interessieren, beschäftigt sich mit ihnen, durchdringt sie und löst sich dabei von denen, die das bisherige Leben konventionell bestimmt haben.

Dadurch gelangt man zu einer universellen Geistigkeit. Nathan der Weise ist ein gutes Beispiel hierfür. Er fühlt sich Menschen einer anderen Geistesrichtung auf eine Weise näher als dem Personenkreis aus der eigenen geistigen Kultur. Menschen dieser Entwicklungsphase sind an geistigen Inhalten und Anregungen interessiert und finden Formen, sich miteinander mit unterschiedlichen geistigen Ausrichtungen von Denkrichtungen konstruktiv auseinandersetzen zu können. Die Lösung von der gewohnheitsmäßigen Identifikation mit bestimmten geistigen Vorstellungen macht die Menschen frei, und dies wird in der Regel auch als Befreiung empfunden.

3. Geistige Beheimatung

Aber diese Befreiung führt bei den meisten Menschen nicht automatisch zu dem Gefühl, auch beheimatet zu sein. Da die bisherigen geistigen Konventionen auch ein Gefühl von Dazugehören mit sich gebracht haben, erleben manche mit der Befreiung einen Heimatverlust. Es stellt sich nämlich heraus, dass mit dieser neuen Freiheit nicht alle Bedürfnisse befriedigt sind, sondern dass ein weiterer Entwicklungsschritt zu leisten ist:

Nun muss man sich frei entscheiden, zu welcher Geisteshaltung und zu welchen Überzeugungen man sich gehörig fühlt. Man muss sich entscheiden, eines bestimmten Geistes Kind zu sein und für diesen Geist einzustehen. Es geht jetzt darum, eine ganz bestimmte eigene Geisteshaltung auszuformen und zu entwickeln. Man steht dann gerne für diese und findet dadurch eine geistige Heimat. Es kann sein, dass man nun wieder auf dieselben geistigen Grundhaltungen zurückgreift, die man schon vorher konventionell eingenommen hatte. Jetzt aber entscheidet man sich als freier Mensch für sie, da man die Wahl nun bewusst aus Alternativen – und aus einer anderen Position heraus – getroffen hat. Man steht zu diesen Überzeugungen, ohne sie für Wahrheit zu halten.

Von dieser neuen Position des Beheimatet-Seins kann man sich neu ans Universelle anschließen. Doch definiert man sich als dieses bestimmten Geistes Kind. Man teilt nicht die Ansichten anderer, die anderes Geistes Kind sind. Man kann sie aber verstehen und auch sehen, dass sie in einer pluralistischen Gesellschaft eine Bedeutung haben. Man kann andere Geisteshaltungen tolerieren in dem Sinn, dass man sie auch richtig und möglicherweise ergänzend findet oder aber, dass man sie als nicht förderlich betrachtet und sich dann kritisch von ihnen distanziert. Ich bin dann aber nicht irgendwo, sondern ich bin angesiedelt, beheimatet und stehe für einen bestimmten Geist.

Ein Beispiel für diese Art, in einem universellen Überblick Position zu beziehen, ohne zu missionieren oder zu kolonialisieren, bietet der 2007 erschiene Band des Philosophen und Publizisten Richard D. Precht über die großen philosophischen Fragen des Lebens. Hier wird gleichzeitig deutlich, dass es auch in der geistigen Entwicklung der Menschheit Fortschritte nur dadurch gab, dass sich Menschen vom herkömmlichen Denken lösten. Man erlebt beim Lesen des Buches auch, wie und dass der Autor selbst zu einer Art Beheimatung als Philosoph kam.

Von der traditionellen Spiritualität über die spirituelle Universalität zur spirituellen Beheimatung führen ähnliche Wege, die im Folgenden parallel beschrieben werden.

1. Traditionelle Spiritualität

Wir wachsen in einem Kinderglauben der einen oder anderen Art auf. Das kann der Marxismus/Leninismus sein, die Marktwirtschaft oder was immer konventionell dem Kinderglauben angeboten wird.

Wer kleine Kinder hat, weiß, dass sie eine bestimmte Gläubigkeit brauchen, z. B. an das Christkind oder den Weihnachtsmann. Auch wir sind wie die Kinder in einer Konventionalität verhaftet, die uns Halt gibt. Sie ermöglicht uns erste Formen von Glaubensorientierung, wo wir eine universelle Orientierung noch nicht leisten können.

Und wenn man Kinder zu früh entzaubert, beraubt man sie ihrer Gläubigkeit. Das führt dann entweder zu einer spirituellen Entleerung oder dazu, dass sie zu anderen Formen der Gläubigkeit Zuflucht nehmen, die dann mit allerlei magischem Denken behaftet sind und die man dann umso schwerer auflösen kann.

Wenn man andererseits umsichtig aufklärt, kann man Kindern durchaus neben das Christkind und den Weihnachtsmann vorsichtig ein universelles Verständnis desselben Vorgangs, des Nicht-identifiziert-sein-Müssens vermitteln, ohne dass sie den Zauber verlieren müssen.

2. Universelle Spiritualität

Wenn wir also über eine bestimmte Grenze unseres konventionellen Glaubens hinauskommen, werden wir entzaubert. Und wenn das gut gelingt, können wir die Konventionen nach und nach erkennen, hinterfragen und hinter uns lassen, ohne den spirituellen Gehalt, den die Konventionen transportiert haben, zu verlieren. Die Sehnsucht nach diesem spirituellen Zauber bleibt, sucht aber nach neuen Formen. Dadurch kommen wir zu einer universellen Spiritualität. Durch sie erkennen wir das Bedürfnis des Menschen nach Sinn hinter den Dingen an und sehen, dass verschiedene Kulturen auf ganz verschiedene Weise danach suchen und ihre Sinnerfüllung finden. Menschen mit einer universellen Glaubens- oder auch Geistesausrichtung können sehr zu einer Befreiung des Geistes und der Spiritualität von Konventionen beitragen, sie leisten aber nicht unbedingt die Neuformung auf höherem Niveau.

3. Spirituelle Beheimatung

Nach Lenhardt ist universelle Spiritualität nicht gleichzeitig mit dem Vollzug von Spiritualität verbunden. Ich muss stattdessen irgendwann entscheiden, in welcher Form ich Spiritualität leben möchte und wessen Glaubens Kind ich sein möchte.

Robert Lay, ein Jesuitenpater, der in Wirtschaftskreisen für seine Ethik- und Philosophieorientierung bekannt ist, ist z. B. ein absolut aufgeklärter Mensch. Er unterwirft sich als Pater freiwillig dem Gehorsamsgelübde seines Ordens. Es ist also möglich, dass Menschen durch den freiwilligen Verzicht auf Alternativen auf ihrem Weg einen Tiefgang erreichen, den sie durch Offenhalten der Alternativen nicht erreichen könnten. Sie können Kirchen errichten, doch Kreuzzüge sind mit diesen Menschen nicht zu machen.

6.7.4 Entwicklung professioneller Haltungen

Nun werden wir dasselbe Schema auf die Entwicklung von Professionalität übertragen.

1. Traditionelle Professionalität

Wir bezeichnen die erste Stufe als traditionelle Professionalität. Darunter verstehen wir, dass z.B. ein Berater sich einer Organisation oder durch eine Ausbildung einer Schule zugehörig fühlt und die dort gelebte Wirklichkeit als die ihm gemäße annimmt. Er lernt die Kulturtechniken, die zu dieser Wirklichkeit gehören, und fühlt sich dort gewohnheitsmäßig nach einiger Zeit der Einpassung zu Hause – als Transaktionsanalytiker, Systemiker, als Personalleiter oder Manager usw.

2. Universelle Professionalität

Diese konventionelle Professionalität kann überführt werden in universelle Professionalität, indem man jeden Fall als einen Niederschlag einer universellen Richtung ansieht, der aber je nach Rollenverständnis und Kontext auch ganz anders (auf-)gefasst werden könnte. Durch dieses Probedenken und -handeln übt man sich in Universalität. Universal in dem Sinn, dass alles zu allgemeineren Prinzipien in Bezug gesetzt wird. Da aber konkretes Handeln eine Abstraktion allein nicht erlaubt, geht es eher um bewusst multispezifisches Vorgehen. Bei einer multispezifischen Praxisorientierung versuchen wir,

Universalität herzustellen, indem wir wahrnehmen, dass Wirklichkeiten sehr unterschiedlich spezifizierbar und konkretisierbar sind, und wählen unsere Vorgehensweise dann nicht aufgrund von scheinbar selbstverständlichen Gewohnheiten, sondern nach bewusster Reflexion. Hier ein einfaches Beispiel aus der klinischen Praxis:

> Für bestimmte Symptome wird Entspannung verordnet. In diesen Gruppen befinden sich meistens sehr unterschiedliche Menschen – trotz gleicher Symptome. Auch ich habe einmal so begonnen, an die Wirksamkeit der Entspannung für alle zu glauben. Mit der Zeit aber entdeckte ich, dass Entspannung zwar wirklich gegen Schmerzen gut ist, dass aber Menschen sehr Unterschiedliches brauchen, um zu diesem Zustand zu gelangen. So war es wichtig, bei der geleiteten Fantasie mit den Luftballons vorher zu fragen, ob jemand eine Phobie vor dem Platzen von Ballons hat. Ein Mann, der einen Herzinfarkt erlitten hatte und an einer Entspannungsgruppe mithilfe des autogenen Trainings teilnehmen musste, erzählte, er wäre fast vor Aufregung gestorben, da er sich als sehr logisch orientierter Mensch an den Behauptungen störte, heiß, kalt oder schwer zu sein.
>
> Manche Patienten erzählten, sie machten diese Traumreisen verrückt, in denen man nichts tun solle. Sie fänden am ehesten Entspannung bei der Vorstellung von Aktivität im Urlaub, usw. (Gérard, unver. Erfahrungsbericht)

Alle diese Situationen sind trotz gleicher Indikation und scheinbar gleicher Symptomatik multispezifisch und brauchen entsprechend unterschiedliche Interventionen.

Ein anderes Beispiel aus einer Ausbildungsgruppe:

> Auch Systemisches kann man äußerst konventionell handhaben. In einer Psychotherapeuten-Ausbildungsgruppe mit Leuten, die eine systemische Ausbildung hatten, befand sich ein systemischer Lehrtherapeut. Als ihm gesagt wurde, er hätte auch einfach mal mit der Frau als Individuum sprechen können, statt sie immer als Mitglied der Familie zu sehen, war das für ihn wie eine Erlösung. Er hat verstanden, wie viel einfacher an der Stelle alles gewesen wäre, wenn er etwas getan hätte, was von seinem neu erworbenen Glaubensverständnis absolut vorsintflutlich ist. Für ihn war diese Emanzipation jetzt wieder die Lösung von einer scheinbar modernen professionellen Kindergläubigkeit.

Dass dieser Prozess der Entzauberung durchaus sehr verwirrend und schmerzhaft sein kann, kann man in folgendem Ausbildungsbericht wiederfinden:

> »Umgekehrt hatte ich selbst das Problem, mich in meinem Handeln und Denken zu sehr durch die TA-Konzepte einzuengen. So erkläre ich es mir, dass mir Bernd

> [Schmid] am Ende des vierten Ausbildungsjahres empfahl, ich solle alles, was ich bisher über TA gelernt hätte, vergessen und mich ohne Schablonen auf freie Geistesfahrt begeben.« (Schmid 2004, 282)

Aufgabe ist es also, sich von einer kindergläubigen, d.h. einer lediglich als Tradition erworbenen, Professionalität zu lösen und Professionalität zu erreichen, die abstrahieren und dann wieder vielgestaltig spezifizieren und konkretisieren kann.

3. Professionelle Beheimatung

Es geht aber nicht nur um die Fähigkeit, Handwerkszeug zu hinterfragen und flexibel, situationsspezifisch und nicht nach vorgefertigter Anleitung anzuwenden, sondern auch darum, eine eigene Identität zu entwickeln. Wie in Kap. 6.7 dargestellt, umfasst Identität die beiden Dimensionen, einerseits einer bestimmten Kultur zuzugehören und darin ein unverwechselbares Profil zu haben. Also der Satz »Sage mir, wer die deinen sind und ich sage dir, wer du bist!« kombiniert mit dem anderen Satz »Sage mir, welche Kultur du verbreitest und ich sage dir, wer du bist!«

Die Kunst besteht darin, in der eigenen Identität und vertretenen Kultur deutlich lesbar zu sein, ohne neuem Dogmatismus oder Kulturkolonialismus Vorschub zu leisten. Obwohl ich weiß, dass es vielfältige Möglichkeiten gibt, Dinge zu sehen und zu beurteilen, dass es also vielfältige »Wahrheiten« und »Richtigkeiten«, wie Robert Lay es ausdrückt, gibt, setze ich manche Wirklichkeitsposition und vertrete diese auch. Denn es ist für uns gleichermaßen wichtig, dem eigenen Selbstverständnis Raum zu geben, als auch diese Gewissheit nicht dogmatisch zu vertreten, sondern anschlussfähig an andere Arten von Richtigkeit zu bleiben und mit diesen auch sensibel und respektvoll umzugehen.

Wir vermuten, dass diese innere Haltung, tolerant gegenüber anderen Wirklichkeitsauffassungen zu sein und gleichzeitig deutliche Orientierungsmarken als maßgeblich zu setzen, die Wirkung erfahrener Professioneller ausmacht. Vielleicht ist die Entwicklung der Professionalität von der Traditionalität zur professionellen Beheimatung zu vergleichen mit der Entwicklung eines Kindes, das zunächst gläubig die elterlichen Vorstellungen übernimmt, sie dann in der Pubertät in Frage stellt, danach hinaus in die Welt zieht, anderen Weltbildern begegnet, sich ihnen anschließt und sich innerlich neu strukturiert und sich neu (er-)findet. Mit der Zeit entwickelt es ein Gefühl dafür, was es von seinem Elternhaus und den neuen Erfahrungen in der Welt in sein eigenes Zuhause mitnehmen will, d.h. was zu seiner eigenen Gewissheit geworden ist. Und auch wenn er, der nun Erwachsene, jetzt manchmal so spricht, denkt und fühlt wie die Eltern, so ist es doch sein eigener Standpunkt, den er vertritt – nicht nur, weil er herkömmlich im Sinne von konventionell begründet ist.

Insofern kann eine Schule keine bleibende Heimat sein, sondern sie hilft uns, wenn es gut geht, die Heimat in uns einzurichten bzw. zu finden. Wir adaptieren sie und/oder uns an sie, sodass sie oder Teile von ihr bei uns eingemeindet werden können.

6.7.5 Professionalitätsschulen und Sektenbildung

Man kann häufig beobachten, dass neue Schulen aus der Unkonventionalität ihrer Gründer entstehen. Erstaunlich ist dann oft, mit welcher Gläubigkeit und welchem Dogmatismus deren Schüler den neuen Lehren verfallen. Dies hat wohl damit zu tun, dass die Schulengründer selbst nicht wirklich reif geworden sind oder zu wenig gegen eine unreife Verklärung ihrer Lehren unternommen haben. Während manche Lehrer sich selbst Flexibilität vorbehalten, tolerieren sie, dass Schüler sie als Wahrheiten übernehmen und fördern so Sektenbildung (Schmid 2004c). Oft nehmen sie die Vorteile opportunistisch in Kauf und erklären sich als für die Entwicklung nicht verantwortlich. Hier stellt sich die Frage, ob man um Gefolgschaft werben sollte, wenn man solche Wirkungen nicht verantworten mag.

Moses und Aron

Wir haben es mit einem klassischen Konflikt der Kulturbildung zu tun. Schon im Alten Testament wird die Spannung zwischen Moses und Aron dargestellt. Moses verlangt die Gottsuche ohne Netz und doppelten Boden. Aron will dem Volk Bildnisse anbieten, damit sie etwas Anschauliches für ihren Glauben haben. Die Gefahr in Arons Ansatz liegt dann darin, dass die Menschen die anschauliche Oberfläche für die Essenz nehmen und das Interesse an weiterer Suche verlieren. Die Gefahr von Moses' Ansatz liegt darin, dass sich die Menschen orientierungslos und verloren fühlen.

Ich (Bernd Schmid) war zunächst auf der Moses-Seite und beargwöhnte jede Form von Götzendienst. Aber auch Aron hat recht, wenn er das Volk für überfordert hält, ohne Übergangsobjekte und ohne vermittelnde Metaphern, die das Göttliche greifbar machen, die helfen, den unsicheren Weg durch die Wüste motivationsmäßig durchzuhalten. Ich verstehe, dass er Gold sammeln und das Kalb gießen ließ, mitten in der Wüste, als ihr Anführer 40 Tage im Gebirge verschollen war. Und Moses Wüten nach seiner Rückkehr mit vielen

Toten ist mir fremd und eher ein Beispiel dafür, wie Fundamentalismus das, wofür man ficht, zerstören kann. In der Professions- und Lernkulturentwicklung am ISB haben wir zu einer Balance zwischen beiden Ansätzen gefunden. Einerseits haben wir eine Didaktik entwickelt, die eine orientierende und leicht übernehmbare Oberfläche bietet, andererseits halten wir uns und unsere Teilnehmer dafür wach, dass mit diesen Konzepten und Methoden nur Beispiele geboten werden. Diese dürfen nicht blind kopiert und zu gültigen Erkenntnissen erhoben werden. Stattdessen müssen die dahinterstehenden Prinzipien und notwendigen Neubetrachtungen für neue Situationen und passend zu den Persönlichkeiten dargestellt werden. So bieten wir gefühlte professionelle Heimat bei gleichzeitiger Anforderung, sich jeder Dogmatisierung zu enthalten und sich stattdessen kreativ und flexibel zu halten.

6.7.6 Persönliche Orientierung?

Sich im Lichte der obigen Überlegungen einzuschätzen ist nicht ganz einfach. Zu viele Berufe gibt es, in denen die Art zu denken, sich auf Geistiges zu beziehen und zu konzipieren unterschiedliche Bedeutung hat oder in denen die Freiheit, mit unterschiedlichen Wirklichkeiten zu jonglieren, eingeschränkt ist. Oder in denen Wirklichkeit sinnvoll durch Konventionen festgelegt ist, wie z. B. in der Mathematik bei der Addition oder Subtraktion.

Die Vielfalt der Berufe und ihrer unterschiedlichen Voraussetzungen und Bedingungen ist das eine. Der andere Aspekt ist das unterschiedliche Lebensalter und die Jahre der Berufserfahrung unserer Leserschaft und die damit verbundenen realistischen Ansprüche an Traditionalität, Universalität oder Beheimatung des professionellen Denkens.

Zum Dritten aber halten wir in diesem Falle – auch bei schon Berufserfahrenen – eine Selbsteinschätzung für schwierig. Was für ein Außenkriterium würde es geben, um einen Menschen, der meint, aus Gewissheit heraus zu handeln, weil er seinen Standpunkt unter vielen anderen möglichen gefunden zu haben glaubt, von jemanden zu unterscheiden, der dieses ebenfalls meint, sich jedoch bisher zu wenig offen auf Alternativen eingelassen hat und wenig vergleichen kann? Angeblich haben Konservative ein eingeengteres Blickfeld als liberal Denkende. Vielleicht ist das bei konventionell Denkenden ähnlich? Waren wir nicht alle mehr oder weniger überzeugt von unserem Denken und Handeln, als wir uns als Berufsanfänger mit einer Richtung identifizieren konnten?

Und ist jemand, der mal diesen, mal jenen Standpunkt einnimmt, gleich unbedingt multispezifisch professionell tätig und damit eine Stufe weiter als der konventionell Denkende?

Woran also sollte man selbst erkennen – als alter Hase –, ob man nach angemessener Offenheit in seiner professionellen Heimat angekommen ist? Wir wissen es nicht.

Vielleicht aber spürt man es an der eigenen Haltung der Welt gegenüber: an der Offenheit gegenüber Unterschieden, an der Bereitschaft, diese als solche wahrzunehmen, ohne abzuwerten, an der Freude, mit unterschiedlichen Wirklichkeiten immer wieder zu spielen, an der Bereitschaft, auch die eigene Gewissheit immer wieder auf neue mögliche Scheuklappeneffekte zu überprüfen, an der Neugierde an anderen fremden Sichten, an der Bereitwilligkeit, Anschluss zwischen verschiedenen Wirklichkeiten herzustellen, ohne missionieren, belehren, verhandeln zu müssen …

Erkennen Sie etwas davon wieder?

6.8 Professionelle Essenz – eine Metapher

Die eigene professionelle Essenz zu bestimmen gehört zu den schwierigsten Übungen. Dazu braucht man andere, die dabei durch Rückmeldungen, Bestätigungen, Anregungen, Irritationen und Ermutigungen helfen, ja manchmal braucht man sogar ihren Segen.

Die Frage nach Essenzen, nach Wesenhaftigkeit, kann durch konzeptuelle Darstellungen nicht angemessen beantwortet werden. Es handelt sich um persönliche Mythen. In einem Mythos werden Fakten, Erfahrungen und Erlebnisse ausgewählt und zu einer Sinnerzählung zusammengefasst, mit der sich jemand mehr oder weniger identifiziert. Letztlich geschieht in der Begegnung der Essenzen auch das Entscheidende im persönlichen Kontakt. Durch Begegnung wird aus dem Universum der Möglichkeiten etwas wirklich. Dieser Wirklichkeitsstoff ist nicht unbedingt wahr, aber bedeutsam und daher auch wirksam. Er spiegelt und schafft Wirklichkeiten.

Sich mit systemischer Professionalität theoretisch auseinanderzusetzen ist kompliziert und verständlicherweise nicht für jeden von erkenntnistheoretischem Interesse. Hier mag es uns gehen wie Menschen, die im Bereich klassischer Physik und Quantenphysik arbeiten: für den Praktiker reicht Erfahrung von Naturgesetzen aus. Für Erklärungen im gewohnten Geltungsbereich reicht die klassische Physik. Doch erst Quantenphysikalische Betrachtungen bieten neue Verständnisse, wenn Entwicklungen verfolgt werden, für die klassische Physik nur unbefriedigende Erklärungen bietet. Während z. B. jeder ein Verständnis davon hat, was Schwerkraft oder Zeit ist, sind solche Phänomene quantenphysikalisch grundsätzlich diskussionsbedürftig. Auch dort bemüht man sich um Anschaulichkeit mithilfe von Metaphern (Dürr/Oesterreicher 2005).

Daher nähern auch wir uns der erkenntnistheoretischen Schwierigkeit bei der Bestimmung von systemischer Professionalität am besten mithilfe einer Metapher. Es geht bei persönlicher Professionalität letztlich um eine Essenz, die sich in vielem spiegelt, die aber nicht über das eine oder andere Spiegelbild definiert werden kann.

Dies drückt sich auch in folgendem Spruch aus:

> »Professionalität ist wie der Charakter einer Musik: er bleibt, auch wenn die Melodien und die Instrumente wechseln.« (Schmid 1998a)

Stellen Sie sich bitte vor, es gäbe ein Licht aus einer nicht genau definierbaren Quelle mit einer nicht genau definierbaren Qualität. Dieses Licht wäre Ihre persönliche Professionalität. Das Auge kann Licht nicht als solches erkennen, weil es nur dann wahrnehmbar wird, wenn es auf eine Oberfläche trifft. Stellen Sie sich vor, diese Oberflächen wären z. B. Tätigkeiten aus dem Bereich Coaching, Führung oder Personalentwicklung. Wie wir sehen, ist Licht immer eine Kombination dieser Lichtqualität und der Oberfläche, die das Licht spiegelt. Es gibt weder die Möglichkeit, die Oberfläche ohne das Licht noch das Licht ohne die Oberfläche wahrzunehmen.

Selbst wenn man nur an den Oberflächen interessiert ist, hat man es mit Licht zu tun, denn Oberflächen zeigen sich nur im Licht. Dies könnte man ignorieren und glauben, die Oberflächen wäre objektiv so, wie sie erscheinen. Erst wenn die Oberflächen bleiben, aber die Lichter variieren und dadurch die Oberflächen unterschiedlich erscheinen, bekommt man eine Ahnung davon, was Licht für die Eigenschaften von Oberfläche bedeutet.

Manchmal ist man mehr am Licht interessiert, etwa weil man dessen Qualität verstehen will. Dazu will man sich vorstellen, wie andere Oberflächen in diesem Licht (statt in einem anderen) erscheinen würden. Oder man will eine Fantasie entwickeln, wie die Lichtqualität sich verändern müsste, um Oberflächen anders darstellen zu können. Man könnte mehrere vertraute Oberflächen in dieses Licht tauchen und beobachten, was bei allem Wechsel bleibt oder bei konstanter Oberfläche versuchen, das Licht zu variieren. Auf diese Weise beginnt man die Qualität des Lichtes und die Beeinflussungsmöglichkeiten zu erahnen.

Übertragen auf unser Beispiel wären die Oberflächen die professionellen Gestaltungselemente, mit deren Hilfe wir uns organisieren und unsere Arbeit tun, oder auch unsere Themen, Produkte und Projekte, mit denen wir am

Markt teilnehmen. Das Licht wäre unsere persönliche Professionalität, die diese Gestaltungselemente als Ausdruck braucht, weil sie als Abstraktum bestenfalls intuitiv wahrgenommen werden kann. Wie dramatisch sich alles verändern kann, erfährt man z. B. durch eine Beraterübung, in der mitten in der Beratung der Berater ausgetauscht wird. Alles kann anders werden: der Klient, sein Problem, die Vorgehensweise, Lösungsfantasien usw. Im Lichte einer anderen Professionalität entstehen andere Wirklichkeiten.

Doch auch Professionalität ist nicht aus einem Guss, sondern bildet sich aus vielen, sich überlagernden Perspektiven. Jeder hat das schon erfahren, dass er ganz anders arbeitet, wenn von innen oder außen andere Kräfte in ihm wach gerufen werden. Daher müsste in der Metapher von Lichtern gesprochen werden. Man kann sich als Metapher dafür die Beleuchtungseinrichtungen eines Theaters vorstellen. Professionalisierung setzt sich dann mit der Ausstattung und Steuerungslogik dieser Lichttechnik auseinander. Dass einige einfach gebaute, fest miteinander verschaltete Scheinwerfer weit weniger möglich machen als eine vielfältige und differenziert steuerbare Technik, liegt auf der Hand. Damit können auf der Bühne Wirklichkeiten sichtbar gemacht werden, die mit der alten Technik undenkbar gewesen wären. Mit einfacher Technik kann man Dinge nur einfach darstellen, mit komplizierter Technik nur kompliziert. Mit komplexer aber variabler Technik kann man Dinge so einfach wie möglich und so differenziert wie nötig darstellen. Durch diese technische Metapher ist Professionalität wieder in die Nähe des technisch Beherrschbaren gerückt. Dahinter gibt es ein ureigenes Licht jeder Person, das moduliert und angereichert, aber nicht direkt beeinflusst werden kann.

Bleiben wir in dieser Metapher, so leuchtet ein, dass nicht jeder gleich die optimale Form und Technik findet, sich auszuleuchten. Es braucht Erfahrung, Spiegelungen, Reifungsprozesse usw., also auch eine professionelle Identität braucht Entwicklung. Wie aber könnte man eine solche Entwicklung professioneller Identität konzipieren? Hierfür haben wir kein verbindliches Repertoire zu bieten, wohl aber beispielhafte Perspektiven, mit denen manches befragt und von der Gesamtfragestellung eine Ahnung erworben werden kann.

7. Professionelle und ihre Wirklichkeiten

In diesem Kapitel werden Themen behandelt, die Professionelle, z. B. Berater aller Art, von Psychotherapeuten bis Coaches, betreffen. Zunächst wird auf die Bedeutung von Milieu für Selbsteinschätzung sowie für eine Erweiterung mancher Situationen von Klienten eingegangen. Dann wird die Frage von Störungen unter verschiedenen Perspektiven diskutiert. Dadurch sollen einer ›Reparatureinstellung‹ differenzierte Betrachtungen gegenübergestellt werden. Schließlich geht es um Wirklichkeitserzeugung durch Beratung und um weitere Perspektiven.

7.1 Milieu – ein wenig beachteter Faktor (vgl. Schmid 2007a)

7.1.1 Einleitung

Zu den Mythen der westlichen Welt gehört, dass jeder, wenn er professionell nur genügend Kompetenzen erwirbt und tüchtig ist, an jeden Platz der Gesellschaft kommen kann. Tatsächlich sind z. B. in Deutschland gesellschaftliche Aufstiege in größerem Umfange nur in Zeiten möglich gewesen, in denen bessere Schichten Nachwuchsprobleme aus den eigenen Reihen hatten. Trotz viel höherer Kompetenzen breiter Schichten zu anderen Zeiten war da wenig möglich. Ausnahmen gibt es immer, aber man sollte sich der Milieubedingtheit auch beruflicher Entwicklungswege bewusst sein. Dies hilft nicht nur bei der Reflexion des eigenen Werdeganges, sondern auch beim professionellen Arbeiten mit Milieus, die anderen Spielregeln folgen als sie im eigenen Milieu zu erwarten wären.

7.1.2 Eine Geschichte

Der Physiker und Philosoph Carl Friedrich von Weizsäcker berichtete in einem Vortrag (v. Weizsäcker 1992), dass er schon als Bub in den Himmel geschaut habe und einerseits gewusst habe, dass Gott dort wohnt, andererseits aber das Weltall als physikalisches Phänomen zu verstehen ist. Er hat ein Leben lang daran gearbeitet, diese Grundüberzeugungen mit einander zu verbinden und wissenschaftlich zu untermauern und hat mit einem beeindruckenden Entwurf, in dem er physikalische und geisteswissenschaftliche Weltbilder in einen Rahmen bringt, Geltung erlangt (v. Weizsäcker 1995).

Wäre diese Geschichte bei Hans Maier, einem Kind aus einem Kleinhandwerkermilieu, auch so weitergegangen? Bei den Weizsäckers kam öfter Werner von Heisenberg vorbei und Carl Friedrich konnte seit seinen Teenager-Jahren im vertraulichen Austausch mit ihm seine Ideen entwickeln.

Bei Hans Maier wäre Werner von Heisenberg wohl nicht vorbeikommen, vielleicht eher der Dachdeckermeister Gerhard Müller oder der Naturkundelehrer Franz Grün. So wäre aus Hans Maier bei gleichen kindlichen Visionen vielleicht ein Aktivist im Vogelschutzbund geworden.

Weitere Episoden mit Milieu-Bezug:

Beispiel 1: Da wundert sich ein Kollege darüber, dass er, obwohl er sehr gut ausgebildet und bemüht ist, allen Etikettenvorstellungen seiner Umgebung zu entsprechen, bei Topmanagern doch nicht wirklich andocken kann. Er hörte oft nach kurzem Kontakt Äußerungen wie: »Das ist nicht unser Weg.«, obwohl das aus den fachlichen Diskussionen nicht abzuleiten war. Hingegen würde sein Kollege, der doch deutlich weniger qualifiziert und in vielem eher etwas aus dem Lot wäre, nach kurzer Zeit »dem Vorstand auf dem Schoß sitzen«, wie er sich auszudrücken pflegte. Nun, der Kollege stammt aus einer Unternehmerfamilie, in der man selbstverständlich Umgang mit hochrangigen Führungskräften und Unternehmern pflegte. Zwar distanziert er sich immer wieder von dieser Herkunft, doch steckt sie ihm in den Knochen, liegt sie ihm im Blut. Der sich wundernde Kollege stammt aus einem Akademikermilieu und ist doch eher am öffentlichen Dienst und Richtung Sozialbereich orientiert.

Beispiel 2: Da ist ein Soziologe, den man früher als links eingeordnet hätte, recht kritisch mit unserem heutigen Wirtschaften und für ungewöhnliche Forschungen jenseits der üblichen ideologischen Blasen, für Unternehmerschelte und alternative Netzwerke bekannt. Er wird dennoch in Unternehmer- und Managerkreisen speziell im technologischen Bereich immer wieder eingeladen. Warum?

In einem persönlichen Gespräch wird die Vermutung geäußert, dass er aus diesem Milieu stammen könnte. Das lehnt er zunächst ab, weil er als Kind zeitweise in verarmten Verhältnissen leben musste. Auf Nachfrage kommt zum Vorschein, dass der Vater Ingenieur und Unternehmer war und zeitweilig mit unkonventionellen Projekten in Unternehmerkreisen Furore gemacht hatte, bis er schließlich Schiffbruch erlitt. Daher hatte der Sohn von der Vorortvilla bis zur Einzimmerwohnung für die ganze Familie alles kennengelernt. Auch heute lebe er diese ganze Spanne und manchmal fürchtet er, daran zu zerbrechen.

Beispiel 3: Der Leiter einer Akademie für Management wird gefragt, warum er bei seiner Qualifikation und seinen in den Lehrgängen überzeugenden Konzepten nicht selbst direkt mit dem Topmanagement in den Unternehmen arbeite. Er antwortet, er fühle sich nicht wohl mit dem dort gezeigten Habitus, den Ritualen in diesen gesellschaftlichen Rahmen, den Umgebungen, in denen ihr Berufsleben stattfindet. Er passe nicht in Edelhotels oder Konzernzentralen, in weltläufigen Geschäfts-Tourismus oder in gesellschaftliche Ereignisse, in denen es nach seinem Empfinden hauptsächlich um Image gehe.

Er habe gelernt, sein Repertoire kurzzeitig so ausdehnen, dass er sich an diese Welten (in bestimmten Funktionen zu bestimmten Zwecken) gut ankoppeln kann, doch habe er nicht das Gefühl, dort hinzugehören oder gar ein Heimspiel zu haben.

Ausgehend von diesen Bildern soll hier die Bedeutung von Milieu für das Verständnis eigener beruflicher Erfahrungen und für die Begegnung mit Menschen in Organisationen beleuchtet werden. Das Thema Milieu spielt zwar schon lange eine Rolle in soziologischen Betrachtungen doch kaum in der konkreten Beziehungsgestaltung zwischen Individuen und den damit verbundenen inneren Vorgängen der Beteiligten.

7.1.3 Was meint Milieu?

Wir verwenden den Begriff Milieu für die Kultur einer Lebenswelt. Diese Lebenswelt kann eine dörfliche Gemeinschaft, eine Schule, eine nationale Gemeinschaft, ein bestimmter gesellschaftliche Kreis, eine Berufsgruppe, ein Unternehmen oder dort eine Abteilung sein. Ob eine Hervorhebung als Milieu Sinn macht, muss sich aus dem Kontext ergeben, daraus, ob darauf die hier vorgetragenen Überlegungen angewendet werden können. Wichtig für Milieu ist dabei der Umstand, dass man Wirklichkeitsauffassungen, Erlebens- und Verhaltensweisen begegnet, die in dieser Lebenswelt selbstverständlich gelebt werden und von den Dazugehörenden in ihrer ganzen Komplexität eingeatmet werden, ohne dass dies bewusst geschehen oder gewollt sein muss.

Wir können hier nicht auf die wissenschaftlichen Diskussionen in einem so differenzierten Wissenschaftsgebiet eingehen. Doch sei auf einige dort benutzte Begriffe wie Milieu, Klasse, Habitus zumindest hingewiesen:

Soziales Milieu

Unter einem Milieu versteht man in der Soziologie die Gesamtheit der räumlichen, kulturellen und sozialen Bedingungen, die ein Individuum, bzw. eine spezifische Gruppe von Individuen prägen. Zu den sozialen Bedingungen zählen z.B. Normen, Gesetze sowie wirtschaftliche und politische Bedingungen. Nach Hippolyte Taine zählt auch die innere geistige Umgebung (z. B. Mentalitäten und Gesinnungen) zum sozialen Milieu. Alle diese Bedingungen wirken sich auf die bloße Subsistenz, aber auch auf die Möglichkeiten zur Entwicklung (Sozialisation, d.h. Lern- und Reifungsprozesse) und Entfaltung (d.h. soziales Handeln) aus. Terminologisch bezeichnet man diese Bedingungen als Milieufaktoren.

Klassen, Habitusformen und Milieus

Die Klassenlagen determinieren nach Pierre Bourdieu grundsätzlich den Habitus und damit die konkreten Praxisformen der Individuen. Dies manifestiert sich in ähnlichen Arbeitserfahrungen, Formen der Konsumption, Lebensperspektiven etc. Eine kohärente Gesamtheit solcher Praxisformen wird als Lebensstil oder als soziales Milieu bezeichnet.

Der Begriff Klasse bezeichnet in der Soziologie (genauer Sozialstrukturanalyse) eine Gruppe von Menschen, die sich durch bestimmte gemeinsame (insbesondere ökonomische) Merkmale, aber häufig auch durch ein spezifisches Zusammengehörigkeitsgefühl oder Klassenbewusstsein auszeichnen.

7.1.4 Milieu, Anlagen und Kompetenzen

Kehren wir zu der eingangs skizzierten Geschichte mit Hans Meier und Carl Friedrich von Weizsäcker zurück.

Hätte man die beiden Menschen austauschen können? Hans zu den Weizsäckers und Carl Friedrich zu den Meiers? Wären dann die gleichen Lebenswege nur eben mit ausgetauschten Darstellern möglich gewesen? Oder hätte dies wegen der unterschiedlichen genetischen Ausstattung dieser beiden keine Chance? Wir wollen die alte Anlage-Umwelt-Diskussion hier nicht neu aufrufen. Sie ist durch die neueren wissenschaftlichen Verständnisse z. B. von

Gehirnentwicklung ohnehin noch schwieriger geworden. Es spricht vieles dafür, dass eben auch körperliche Entwicklung von Anfang an durch Erlebnisse mitbedingt wird. Milieuprägung findet vermutlich in einem nicht erwarteten Maße schon im Mutterleib statt, z. B. über die Stresshormonlagen der Mutter, die als Orientierungswerte für die Eigenregulation übernommen werden. Wenn sich solche frühen Prägungen immer mehr bestätigen, können Anlage- und Umweltfaktoren immer weniger voneinander unterschieden werden.

Entsprechend müssen wir von Anfang an von einer erfahrungs- und nutzungsbedingten Gehirnentwicklung ausgehen (vgl. z. B. Hüther 2010). Die »Gen-Ausstattung« Hans' bekäme von der Zeugung an die Milieuprägung der Weizsäckers. Anlage- und Umweltfaktoren sind kaum mehr zu trennen.

Vielleicht sollten wir am anderen Ende anfangen und uns fragen, welche Rolle Milieu bei vergleichbarer Kompetenz spielt?

Wie im Kapitel 4.9 beschrieben, lautet die am Institut für Systemische Beratung benutzte Wiesloch-Formel für Professionelle Kompetenz (Schmid/Messmer 2005):

Professionelle Kompetenz =
Rollenkompetenz x Kontextkompetenz x Passung

In der Theatermetapher (ebd. 151 ff.) gesprochen, hat Kompetenz damit zu tun, welches Rollenrepertoire man kennt, bzw. beherrscht (Rollenkompetenz) und damit, ob man sich in Themen, Inszenierungen und Bühnen auskennt, in denen diese Rollen zu spielen sind (Kontextkompetenz). Darüber hinaus kommt es darauf an, dass die eigene Art, sich in seinen Repertoires auszudrücken und zu bewegen, zu den Anforderungen und Stilen der jeweiligen Umgebungen passt (Passung). Es geht z. B. um Passung des Professionellen zum Unternehmensstil und zur Organisationskultur bzw. dem dort vorherrschenden Führungsstil. Oder es geht auch um die Passung zu bestimmten Märkten oder beruflichen Vereinigungen etc.

Gelebte Kompetenz hat auch mit Kraftfeldern zu tun, die man aufbauen und in die man andere einbeziehen kann bzw. an die man sich ankoppeln und sich von anderen einbeziehen lassen kann. Zwar ist Milieu eine bedeutsame Perspektive der Passung. Doch zuvor hat Milieu auch schon mit Rollen- bzw. Kontextkompetenz zu tun. Ob man gelernt hat, die Milieu-Logik der Rollen und der Inszenierungen zu verstehen und zu bedienen, ist auch schon ein schwer abtrennbarer Aspekt der professionellen Kompetenzen. Bei Kompetenz geht es darum, ob man sie situations-, rollen- und kontextgerecht einsetzen kann. Im Unterschied dazu geht es bei Passung darum, ob man dabei zu sich selbst finden kann und von anderen als zugehörig erlebt wird.

7.1.5 Passungsprobleme und Lösungsrichtungen

Wenn Menschen sich begegnen, treffen auch durch sie Milieus aufeinander. Bei Milieu-Passung geht es darum, ob die sich begegnenden Milieus zueinander passen. Bei Persönlichkeits-Passung geht es entsprechend darum, ob die Persönlichkeiten zueinander passen. Hierbei ist schwer zu unterscheiden, was als Milieu-Faktoren und was als andere Persönlichkeitsfaktoren einzustufen ist.

Wie sonstige Begegnungsfaktoren werden Milieufaktoren z. T. bewusst, zum größeren Teil aber intuitiv aneinander wahrgenommen. Man koppelt sich im Guten wie im Schlechten intuitiv aneinander an. Und man hat über diesen Vorgang genauso viel oder wenig Bewusstheit wie über Grammatik beim Sprechen. Erst wenn diese Ankoppelung Schwierigkeiten bereitet, wird Passung zu einem Thema. Wenn Passung nicht stimmt oder mit der Zeit verloren geht, ist eine Kompensation oft nur begrenzt und mit hohem Aufwand bzw. zu überhöhten Kosten möglich. Daher ist verständlich, dass bei Passungsproblemen die Antwort oft eher in New- oder Right-Placement gesucht wird als in Zusatzqualifikationen.

Oft ist es auch leichter, das Milieu, das zu einer wie auch immer gewachsenen Eigenart eines Menschen passt, zu finden, als ihn auf ein gegebenes Milieu zu trimmen. Dies erfordert jedoch eine Neuorientierung der damit befassten Berufsstände, wie z. B. neue Strömungen der Personalberatung in den USA (Bolles 2002) verdeutlichen. Gleichzeitig sollte dabei das Aushalten und Durchleben von Passungsproblemen als Motor für Entwicklung nicht aus den Augen verloren werden. Einschätzungen, welcher Fall eher gegeben und welche Lösungsrichtungen chancenreicher sind, gehören zu dem Wesentlichen der Dimensionen professionellen Urteilsvermögens.

7.1.6 Milieu und professionelle Qualifizierung

Hier berühren wir Fragen der professionellen Qualifizierung. Was kann wo, wie, von wem und in welcher Umgebung überhaupt gelernt werden? Einige der hier vertretenen Ideen entstanden im Dialog mit Wolfram Jokisch am 17. April 2007.

Bei Milieufaktoren handelt es sich eher um Identitäten als um Fertigkeiten. Übernommene Selbstverständlichkeiten prägen Milieuausstattung mehr als bewusster Erwerb. Dabei kommt es nicht so sehr darauf an, wie man selbst oder andere die erlebten Milieufaktoren bewerten. Sie werden unabhängig von ihrer Wertschätzung eingeatmet und organisieren intuitiv Erlebens- und Verhaltensweisen, wenn sie durch entsprechende Anreize aktiviert werden. Es handelt sich eher um gelernte komplexe Muster, die man selbst nicht unbedingt bewusst wahrnimmt oder zu benennen weiß. Sie strahlen hintergründig nach außen und werden von anderen intuitiv aufgenommen und beantwortet.

Die inneren Steuerungen werden dabei oft über den Habitus, die äußeren Gesten, aktiviert. Schon kleine Kinder lernen dadurch, dass sie die Gesten einer interessanten Identität proben, auch wenn sie Inhalte, Haltungen und Kompetenzen dahinter noch lange nicht verstehen. Wahrscheinlich ist, dass sich Menschen an solchen Gesten als Milieu-nahe erkennen, auch wenn entsprechende Identitäten nicht ausgearbeitet sind.

Schon die Wahl der Ausbildungseinrichtung ist hier kein Zufall. Da gibt es Orte, an denen neben einer fachlichen Ausstattung ein Flair von Bedeutsamkeit und Weltläufigkeit entscheidend ist, während an anderen Orten persönliche Verbindlichkeit und Auseinandersetzung mit Sinn zählen.

7.1.7 Milieu-Beheimatung und Milieu-Mobilität

Um sich professionell finden zu können, muss man sich mit dem Milieu beziehungsweise mit den Milieus, in denen man sozialisiert wurde, auseinander setzen. Dann kann man für die Gegenwart prüfen, in welchen Milieus nicht nur Zugehörigkeits- und Wirksamkeitswünsche befriedigt werden sollen, sondern wo man sich auch beheimatet fühlen kann. Natürlich sind Milieuzugehörigkeiten nicht für alle Zeit festgeschrieben, doch Mobilität lässt sich auch nicht einfach durch Gelegenheit oder Qualifizierung erlangen. Das Zurechtfinden in einem unvertrauten Milieu dauert oft lange.

Milieu-Mobilität braucht eher sogar eine Entwicklung mehrerer Generationen. Selbst wenn Rollenverhalten und Stil für ungewohnte Milieus gelernt werden können, bleibt immer noch etwas, was seelischer Migrationshintergrund genannt werden könnte. Wie wir wissen, kann Migration gelingen, doch ist dies auch eher eine Frage langfristiger Entwicklungen. Natürlich fällt Integration auch leichter, wenn man in einem Milieu groß geworden ist, in dem die Milieugrenzen offen waren und man einen unbefangenen und fruchtbaren Umgang mit Menschen anderer Milieus hatte. Man lernt dann Milieu-Flexibilität als Teil der eigenen Milieu-Ausstattung.

7.1.8 Milieus und gesellschaftliche Klassen

Trotz gegenteiliger Mythenbildung muss man davon ausgehen, dass Deutschland in vielem eine Klassengesellschaft ist. Anfang dieses Jahrzehnts hat der Spiegel berichtet, dass von den wichtigsten deutschen Topmanagern nur einer aus einem einfacheren Milieu stammte. So leicht wird man also hier nicht vom Tellerwäscher zum Millionär, zumindest nicht, was gesellschaftliche Geltung in mächtigen und gebildeten Kreisen betrifft. Dies hat wenig mit professioneller Kompetenz und viel mit Milieu-Stallgeruch zu tun. Was es ausmacht, dass Milieu-Wechsel oder Milieu-Verbindungen manchmal gut gelingen, wäre näher zu untersuchen.

Auch die Hoffnung, dass durch Bildung sozialer Aufstieg möglich wäre, muss gedämpft werden. Die einzige Zeit nach dem Zweiten Weltkrieg, in der ein verbreitetes Aufrücken möglich war, war die Zeit der Expansion in den siebziger Jahren. Wer da aufgerückt ist, wäre zu untersuchen – vielleicht die Kompetentesten aus den nachfolgenden Schichten. Sie sind aber nicht wegen ihrer Kompetenz vor dem Nachwuchs aus den höheren Schichten bevorzugt worden, sondern weil die höheren Schichten die zu vergebenden Positionen nicht mit eigenem Nachwuchs besetzen konnten. Auch heute sind viele besser professionell gebildet als mancher Nachwuchs in gehobenen Schichten. Dies hilft ihnen aber nicht zum sozialen Aufstieg, solange der Bedarf innerhalb der eigenen Reihen gedeckt werden kann.

7.1.9 Gläserne Zäune und Milieu-Aufstieg

In manchen Bereichen wird von gläserner Decke gesprochen, zum Beispiel wenn von den Aufstiegsblockaden für Frauen gesprochen wird. Gläsern deshalb, weil die empfundene Decke nicht als real bewiesen werden kann. Entsprechend könnte man wohl auch von gläsernen Zäunen sprechen, wenn man eher beschreiben möchte, dass man sich wegen Milieufremdheit, nicht an Menschen und Organisationen eines Milieus ankoppeln kann, obwohl man fachlich und professionell alle Voraussetzungen erfüllt.

Wer versucht, in ein Milieu aufzusteigen, versucht normalerweise, durch besondere Leistung die Berechtigung dafür zu erwerben. Jemand, der in einem heimischen Milieu eine Funktion anstrebt, fühlt sich dazu relativ unabhängig von der konkreten Leistung berechtigt, da der Verbleib in einem Milieu etwas Selbstverständliches hat. Diese Selbstverständlichkeit ist schwer zu lernen, auch wenn man sich die Zugehörigkeit zum neuen Milieu durch kontinuierliche Leistung eigentlich verdient hat. Es scheint z. B. zur Befähigung eines Topmanagers zu gehören, große Risiken in Kauf nehmen zu können, und auch dann relativ gut zu schlafen, wenn er allen Grund hat, sich um das Schicksal des Unternehmens zu sorgen. So kann man eher handeln, wenn man zeitlebens gewohnt war, durch familiäre Rückendeckung größere Risiken ohne persönliche Gefährdung übernehmen zu können. Für ähnliches Verhalten braucht man als Angehöriger anderer Schichten wahrscheinlich eher eine Spielermentalität, was Betroffene auch nicht unbedingt ruhig schlafen lassen sollte. Es scheint in bestimmten Kreisen sogar zu den Initiationsritualen zu gehören, mal größere Unternehmungen richtig in den Sand gesetzt zu haben, um auf diese Weise auch daraus lernen zu können. So wie wir uns manchmal wünschen, dass unsere Kinder in einem kleineren Autounfall verwickelt werden sollen, um ein angemessenes Risikoverhalten im Verkehr zu lernen, so kann man sich vielleicht solche Initiationsrituale erklären. Tragisch wird es, wenn man bedenkt, wie viele Menschen Leidtragende solcher Initiationsrituale werden.

7.1.10 Beratermilieus und Tabus

Es gibt Standesvertreter, die darauf hinweisen, dass Berater oft deshalb nicht als Executive Coaches geeignet sind, weil sie aus einem sozial orientierten Mittelschicht-Milieu kommen und von daher nicht an Executives andocken können. Solche Coaches würden ihrer Schichtlogik gemäß noch immer glauben, dass es bei ihren Klienten um Einsicht, Beziehungsfähigkeit und Lernen geht und es daher in erster Linie darauf ankommt, sie in Coaching-Kompetenz-Dimensionen zu unterstützen. Sie würden unterschätzen, wie sehr es in diesen Kreisen in erster Linie um Klassen- und Machterhalt geht. Inwieweit und für wen diese Beurteilung gilt, ist schwer zu beurteilen, aber es wäre wichtig, sich im konkreten Fall davon ein Bild zu machen.

Natürlich gehen wir nicht davon aus, dass sich Milieu-Reproduktion primär gegen Menschen anderer Milieus richtet. Menschen jeder gesellschaftlichen Gruppe sozialisieren ihren Nachwuchs nach den Regeln in ihrem gewohnten Milieu. Soweit dieser dabei notwendig auch in anders geprägten gesellschaftlichen Kreisen erzogen wird (Managersohn im örtlichen Fußballverein), verhelfen sie ihm zu einer Milieu-Rückendeckung, die es ihm erlaubt, sich einerseits dort zu bewegen, aber auch andererseits Abstand zu halten und ein milieugemäßes Selbstverständnis aufrecht zu erhalten. Wenn es dann darum geht, weitere berufliche Lebenswege einzuschlagen, nutzen sie selbstverständlich ihre Beziehungen, um sich gegenseitig den Nachwuchs ans Herz zu legen. Natürlich gelingt dies nicht in allen Fällen, weil Herkunft nur ein Faktor unter vielen ist, doch ist die Wahrscheinlichkeit, dass es passt, auch dann recht gut, wenn andere propagierte Kriterien nur mittelmäßig erfüllt werden.

Jedoch ist es schwierig, über Milieus und Grenzen offen zu kommunizieren, weil dies leicht an Minderwertigkeitsgefühle und Unbehagen rührt. Es kränkt, sich als quasi schicksalhaft von bestimmten gesellschaftlichen Bühnen und

Rollen und damit von Geltung und Einkommen abgeschnitten zu sehen. Da ist manchem die Vorstellung, durch Ehrgeiz, Bildung und Bemühen aufsteigen zu können, lieber, selbst wenn sie illusionär sein sollte. Auch ist fraglich, ob die Betroffenen ihre gesellschaftliche Position reflektieren können und wollen. Wirklich Privilegierte reden ohnehin selten gerne über Privilegien und warum diese ihnen zustehen. Dies gilt besonders, wenn Privilegien mehr mit Zugehörigkeit als mit Leistung zu tun haben.

Über dem Thema liegt ein Tabu. Tabus anzusprechen macht Angst. Es werden Beschämung, Verlust von Aufstiegshoffnungen auf der einen, Rechtfertigungsprobleme und Privilegienverluste auf der anderen Seite befürchtet. Wer will schon gerne in Neid-Debatten verwickelt werden?

Auf einem Klassentreffen 40 Jahre nach dem Abitur berichtet eine heute 60-jährige Frau, die aus einem sehr reichen Elternhaus kam, sie habe damals ihren Klassenkameraden nie erzählen wollen, was sie in ihrer Freizeit (z. B. Besuch einer Wagneroper in Bayreuth, Fernreisen, privaten Malunterricht) erlebt habe, weil sie sich geschämt habe und Angst davor gehabt habe, ausgeschlossen zu werden.

Gibt es eine Managerausbildung oder eine Beraterausbildung, in der das Milieuthema Teil des Lehrplans für Selbsterfahrung und Auseinandersetzung mit Wirksamkeitsmöglichkeiten ist? Würde jemand einem anderen offen sagen, dass er sich nicht näher auf ihn einlassen mag, weil er empfindet, dass er einem anderen Milieu angehört. Würden sich Kollegen in einer Arbeits- oder Lerngruppe sagen, dass bei aller Gemeinsamkeit, die in der gemeinsamen Lern- oder Arbeitskultur entsteht, milieubedingt etwas Trennendes bleiben kann? Vielleicht ist dies auch nicht unbedingt wünschenswert, weil wir uns gegenseitig ja auch vor Kommentaren über unsere Körperlichkeit oder intimere Verhaltenseigenarten verschonen, obwohl auch diese Dinge entscheidende Auswirkungen darauf haben, ob wir mit jemandem gemeinschaftlich schwingen oder nicht.

7.1.11 Es geht um Enttabuisierung

Zu unterschiedlichen Zeiten haben wir es mit unterschiedlichen Tabus in der gesellschaftlichen Kommunikation zu tun. Das sexuelle Tabu wurde zumindest an der Oberfläche weitgehend überwunden. Danach gab es lange Zeit ein verbreitetes Tabu, über religiöse Bedürfnisse zu sprechen. In letzter Zeit beginnt sich dieses Tabu aufzulösen, wenn auch in vielen Kreisen eher über spirituell genannte Themen. Andere Tabuthemen könnten empfundene Sinnlosigkeit trotz relativem Wohlstand oder auch Ehrgeiz und Stolz in sonst eher depressiver Umgebung sein.

Wenn über Milieufaktoren diskutiert wird, ist sicherlich Achtsamkeit geboten, denn es besteht die Gefahr, in Stereotypen von denen da oben oder denen da unten oder denen da drüben zu verfallen. Dieses Bedenken sollte jedoch nicht dazu führen, die Faktoren Milieu und Schichten auszublenden.

Uns ging es hier darum, das Milieuthema zunächst in den Horizont der inneren Auseinandersetzung mit uns selbst einzubeziehen. Bei genügend intimem und vertrauensvollem Kontakt mit anderen kann diese Perspektive in den Dialog einbezogen werden. Es ist das Anliegen dieses Textes, das Thema Milieu in den Fokus zu holen und Gespräche darüber zu starten, vielleicht als Diskussion über diese Ausführungen.

7.1.12 Persönliche Orientierung

Um sich professionell finden zu können, muss man sich mit dem Milieu beziehungsweise mit den Milieus, in denen man sozialisiert wurde, auseinandersetzen. Man kann für die Gegenwart prüfen, in welchen Milieus nicht nur Zugehörigkeits- und Wirksamkeitswünsche befriedigt werden sollen, sondern wo man sich auch wohl fühlen kann. Natürlich sind Milieuzugehörigkeiten nicht für alle Zeit festgeschrieben, doch Mobilität lässt sich nicht einfach durch Gelegenheit oder Qualifizierung erlangen (Schmid 2007a), und das Zurechtfinden in einem unvertrauten Milieu dauert oft lange.

Um sich der Milieu-Perspektive persönlich anzunähern, kann man erst mal folgenden Fragen nachgehen (vgl. ›Fragen zu Ihren Herkunfts-Milieus‹) und sich vielleicht im vertrauten Kreis dazu austauschen, ja womöglich sich gegenseitige Milieu-Fantasien spiegeln.

Fragen zu Ihren Herkunfts-Milieus

- Woher kommen Sie, und wie passt Ihr Herkunftsmilieu mit dem Milieu zusammen, in dem Sie arbeiten?
- Gab es vergleichbare Rollen und Inszenierungen in ihrem Herkunftsmilieu, und hätten Sie diese für Sie als zugänglich erlebt?
- Wo fühlten Sie sich am ehesten beheimatet, zugehörig, und woran machen Sie dieses Zugehörigkeitsgefühl fest?

- Haben Sie das Gefühl, dass Sie selbstverständlich zu dem Milieu gehören, in dem Sie leben, oder hatten Sie eher den Eindruck, Sie müssten Besonderes leisten, um als »ebenbürtig« anerkannt zu werden?
- Haben Sie Erfahrungen in Ihrer Kindheit mit unterschiedlichen Milieus machen können (z. B. Vereine, Freunde, Klassenkameraden usw.) und wenn ja, welche? Wie würde ein Milieu-Mosaik von ihren Milieus aussehen?
- Gab es von Seiten der Erwachsenen bestimmte Botschaften (verbal und/oder nonverbal) gegenüber Menschen, die nicht zu Ihren Milieus gehörten? Wie lauteten diese?
- Haben diese Milieu-Botschaften heute noch Auswirkungen an Ihrem Arbeitsplatz? Und wenn ja, welche?

Fragen zum heutigen Umgang mit dem Milieu-Thema:

- Was ist Ihnen beim Thema Milieu zuerst eingefallen? Welche Gefühle haben Sie damit verbunden?
- Haben Sie mit Kollegen schon einmal über Ihre jeweiligen Herkunftsmilieus gesprochen? Was löst diese Vorstellung bei Ihnen aus?
- In welchen Milieus findet Ihr Leben konkret statt? Wie würden Sie diese beschreiben? Wie finden Sie diese? Wie ergeht es ihnen selbst darin?
- Welche Milieus Ihrer Lebensgeschichte sind Ihnen willkommen? Welchen begegnen Sie mit Vorbehalten? Welche sind ausgeblendet? Was könnte eine Neuentdeckung von Zugehörigkeit bringen?
- Welche Milieus erscheinen Ihnen heute attraktiv? Wo wünschen Sie sich Zugang? Von welchen grenzen Sie sich gerne ab? Welche meiden Sie?
- Wo nimmt man Ihr Dabeisein als selbstverständlich, macht es Ihnen leicht? Wo erleben Sie Vorbehalte oder Ausgrenzungen?
- In welchen Milieus finden Sie leicht/schwer Zugang? Wo fühlen Sie Anstrengung, stehen auf dem Prüfstand? Wo bewegen Sie sich selbstverständlich?
- Kann man in Ihrer Umgebung unbefangen über Milieus, über Zugehörigkeit und Grenzen sprechen? Wo sind Tabus oder Empfindlichkeiten?

7.2 Störungen und Störungsbeseitigung

Das folgende Kapitel ist ein Exkurs in die verschiedenen psychotherapeutischen Schulen, der sich besonders an Psychotherapeuten, Berater und an diesem Bereich Interessierte richtet.

Nachdem wir ein mögliches Entwicklungsmodell aufgezeichnet haben, wollen wir uns noch einmal einige Sichtweisen aus Therapie und Beratung und ihre Unterschiede vor Augen führen. Einige Denkweisen dieser Schulen, die wir nur exemplarisch aufführen, haben auch unser Denken beeinflusst und uns unterstützt, unsere geistige Heimat zu finden.

7.2.1 Vorstellungen von Störungen und Heilsein

Wenn wir psychotherapeutische Schulen miteinander vergleichen, brauchen wir einen Bezugspunkt, um uns nicht in dem Gestrüpp der vielfältigen Möglichkeiten eines Vergleichs zu verirren. Wir haben uns entschieden, die psychotherapeutischen Konzepte in Bezug auf ihre Definition von Störungen und Beeinträchtigungen und ihren Umgang mit diesen zu betrachten.

Psychotherapeuten werden tätig, wenn Menschen als gestört betrachtet werden. Sie können z. B. kein Flugzeug besteigen, ohne durch Angstanfälle gestört zu sein, sie fühlen sich durch den Zwang, den Inhalt ihrer Brieftasche wieder und wieder kontrollieren zu müssen, gestört, dadurch, dass sie in Gegenwart von Autoritäten stottern oder dadurch, dass sie aus nahen Beziehungen Reißaus nehmen müssen.

Manchmal fühlt sich eher die Umwelt gestört, z. B. durch die Alkoholfahne am Arbeitsplatz oder durch den erkennbaren Verlust von Realitätssinn oder durch gewissenloses Handeln bis hin zu Verhaltensweisen, die als abartig und kriminell eingestuft werden.

Die Aufgabe der Therapie besteht dann darin, den betroffenen Menschen zu einer Veränderung zu verhelfen, die Störungen beseitigt oder zumindest erträglich macht.

Wodurch Störungen verursacht werden und wie sie zu beseitigen sind, darüber haben unterschiedliche Schulen allerdings unterschiedliche Vorstellungen.

Zur Einstimmung möchten wir kurz beschreiben, was verschiedene Personen mit dem Begriff Störung verbinden.

Frau P. (strategisches Personalmanagement in einem Energiekonzern):

Störungen haben etwas mit nicht-geplant, nicht-gewünscht, Überraschung, Unterbrechung, angenehmen oder unangenehmen Gefühlen zu tun. Störungen halten auf. Störungen gibt es auf der Gefühlsebene und auf der Prozessebene. Störungen können Informationsquellen sein bzgl. Befindlichkeiten von Menschen und dem Funktionieren von Prozessen. Störungen können einladen zum Innehalten.

Herr H. (Führungskraft in der Automobilindustrie):

Unprofessionelle Störungen verschwenden viel Energie in Organisationen und besonders bei den Menschen. Das Management nimmt Störungen im System wahr, doch werden die Störungen auf der Symptomebene angegangen. Da dies die falsche Ebene ist, führen »Lösungen« zu neuen Störungen. Die eigentlichen Ursachen für die Krise werden nicht gesucht und daher natürlich auch nicht gefunden.

Frau D. (Vize-Präsidentin eines Rückversicherers):

Alle innerhalb einer Organisation tätigen Personen definieren Störungen, jedoch aus unterschiedlicher Sicht; alle Personen sind dann auch zur Bewältigung solcher Störungsbeseitigung berechtigt und verpflichtet, aber das Management muss die treibende Kraft sein.

Störungen können und müssen immer Impulse zur Entwicklung mit sich bringen, da durch die Störung klar geworden ist, dass die Organisation so nicht funktioniert. Dies setzt jedoch die Aufgeschlossenheit, die Fähigkeit zur Veränderung und den Willen der Beteiligten voraus.

Ein Jugendlicher:

Eltern sind gestört, wenn sie Dinge verlangen, die in meinem Alter nicht passen.

Junger Erwachsener:

Bildstörung … wenn nicht klar ist, was gesendet wird.

Eine andere junge Erwachsene:

- *Störung ist, wenn die Dinge nicht so laufen, wie man sie sich vorstellt.*

7.2.2 Realität und Autonomie

Offensichtlich versteht jeder unter einer Störung implizit etwas anderes. Bei allen Definitionen versteckt sich jedoch hinter dem Begriff ein gestörter Bezug zur Wirklichkeit. Wesentliches Ziel eigentlich aller Persönlichkeitsentwicklungslehren und Psychotherapieschulen ist damit die Realitätsfähigkeit des Menschen, verbunden mit Autonomie. Unterschiede zwischen den einzelnen Schulen ergeben sich an den Stellen, an denen definiert wird, was Realität und was Autonomie ist, zu der jemand fähig ist, und was ihn daran hindert. Darüber haben die Schulen sehr verschiedene Vorstellungen und entsprechende Vorgehensweisen. Aber alle stimmen darin überein, dass die sogenannten »gestörten« Menschen in der einen oder anderen Weise Schwierigkeiten haben, sich der für sie, ihrem Lebensalter, ihrem Kontext und ihrer Umgebung entsprechenden Herausforderungen der Wirklichkeit zuzuwenden.

Das andere Ziel, das mit Realitätsfähigkeit verknüpft wird, ist Autonomie. Robert Lay, den wir in dem vorangegangenen Kapitel schon erwähnt haben, übersetzt Autonomie mit verantwortetem Dasein. Vom Griechischen wörtlich übersetzt heißt Autonomie Selbstbestimmtheit, im Unterschied zu Heteronomie, der Fremdbestimmtheit. Damit kommen wir zu der Frage, was sinnvolle Selbstbestimmtheit und was sinnvolle Fremdbestimmtheit ist und wie beides zusammenspielt. Was jemand in seiner Entwicklung braucht, um selbstbestimmt leben zu können, darüber bestehen zwischen den Schulen unterschiedliche Ansichten.

7.2.3 Gestörte Wirklichkeiten und Veränderung durch Störungen

Die meisten Schulen gehen davon aus, dass gestörte Wirklichkeitsbezüge und gestörter Lebensvollzug bzw. gestörtes Empfinden die Folge von nicht konstruktiv verarbeiteten Herausforderungen oder Belastungen in der Lebensentwicklung eines Menschen sind. Das heute Problematische daran ist weniger, dass Menschen solche Erfahrungen gemacht haben, da diese ja Geschichte sind, sondern, wenn sie deswegen ihre heutigen Möglichkeiten nicht ausschöpfen und im Lernen unter objektiv besseren Bedingungen behindert bleiben. Diese Behinderung ist die eigentliche Störung.

Unabhängig von der Bewertung ist jede Störung auch ein organisiertes Verhalten, das wahrscheinlich seinen (wenn auch verqueren) Sinn hat und öfter als stabile Gewohnheit zu einem Teil des Lebens, vielleicht des Selbstverständnisses, geworden ist. Dann sind Störungen zum (unerwünschten) Programm geronnen. Dieses muss wiederum durch Erfahrungen, die das Programm aufweichen und verändern, gestört werden. Therapie ist so gesehen die Kunst des konstruktiven Störens.

Wenn z. B. ein Mensch im Herkunftsmilieu unter undurchsichtigen und unsicheren Beziehungen zu leiden hatte, belastet dies das Vertrauen und die Offenheit in Beziehungen heute. Wenn dann zum Schutz Beziehungen extrem versachlicht oder gemieden werden, können ausgleichende Erfahrungen unter gegenwärtig besseren Bedingungen ausbleiben. Der Mensch erlebt sich als beziehungsgestört und/oder verhält sich entsprechend. Der Kreis hat sich geschlossen. In der Vorstellung, welche Konsequenzen daraus zu ziehen sind, unterscheiden sich psychotherapeutische Richtungen erheblich.

In diesen auf wesentliche Aspekte reduzierten Darstellungen können nur die wichtigsten Richtungen Berücksichtigung finden. Eine breitere Darstellung von Schlüsselideen psychotherapeutischer Schulen finden die Leser an anderer Stelle (Schmid 2001b, Schmid/Caspari 1998).

7.2.4 Psychoanalytisch orientierte Ansätze

Psychoanalytisch orientierte Therapien gehen davon aus, dass die dem heutigen Bewusstsein oft schwer zugänglichen Belastungen der Vergangenheit ins gegenwärtige Bewusstsein gehoben werden müssen. Dies wird nur möglich und bedeutsam, wenn die damit verbundenen Gefühle anerkannt und angenommen werden. Denn zur Vermeidung der problematischen Gefühle werden die belastenden Erinnerungen oder die damit verbundenen Gefühle verdrängt. Dies führt zur Vermeidung von heilenden Erfahrungen heute oder es werden gar neue Erfahrungen wie unter einem Wiederholungszwang so inszeniert, dass sie den gestörten Wirklichkeitsbezug betätigen.

Aufarbeitung der Geschichte von Störungen

Im Beispiel der undurchsichtigen Beziehungen im Herkunftsmilieu müsste sich dieser Mensch z. B. vergegenwärtigen, wie sehr er als Kind auf familiäre Beziehungen angewiesen war und er sich nach Verlässlichkeit sehnte bzw. Schmerz und Angst erlebte, wenn solche Geborgenheit fehlte. All dieses in der als nah erlebten Beziehung der Therapie zuzulassen und so Vertrauen zu entwickeln, mindert Angst und Schmerz. Dies lockert Vermeidungen und Beziehungen in der Gegenwart so weit, dass aktuell bessere Erfahrungen gemacht und in die Wirklichkeitsverständnisse aufgenommen werden können.

Eine Aufarbeitung der Vergangenheit stellt so die Weichen dafür, dass sich die Störungen im heutigen Wirklichkeitsbezug und Befinden verlieren können.

Störungen in Vertrauensbeziehungen beheben

Da belastende Ereignisse bzw. die damit verbundenen Erinnerungen und Gefühle als dem Betroffenen unbewusst angesehen werden, muss sich der Betroffene bei der Einschätzung, ob er bei den bedeutsamen geschichtlichen Ereignissen angekommen ist, dem Therapeuten und seinem Verfahren anvertrauen. Daher erfordert dieses Verfahren meist eine ausführliche Auseinandersetzung mit dem Vertrauen in Beziehungen und allen diesbezüglichen Störungen. Diese Auseinandersetzung ist zwangsläufig ein Hauptthema psychoanalytischer Therapien, unabhängig davon, ob dies mit der Störung, die Anlass der Therapie war, zu tun zu haben scheint. Für diese Auseinandersetzung stellt sich der Therapeut als Beziehungspartner in einer meist längeren therapeutischen Beziehung zur Verfügung.

7.2.5 Verhaltenstherapeutisch orientierte Ansätze

Störungen durch Lernen beheben

Verhaltenstherapeuten beschäftigen sich mit Entstehungsgeschichten von Störungen weniger. Sie studieren Verhalten, Erleben und Lernen in der Gegenwart und inszenieren Lernsituationen, in denen die mit den Störungen verbundenen Verhaltensweisen verlernt und angemessene stattdessen gelernt werden. Die Entstehungsgeschichte der Störungen gibt bestenfalls Hinweise darauf, was die Störungen aufrechterhält, wie sie gelernt wurden und in welcher Hinsicht Lernfähigkeit gefördert werden sollte, um beides zu verlernen und Neues zu erlernen.

Lernstörungen beheben

Verhaltenstherapie beschäftigt sich zwangsläufig mit dem Lernverhalten von Menschen. Damit die zur Beseitigung der Störungen notwendigen Verhaltensweisen gelernt werden können, müssen Störungen im Lernverhalten beseitigt werden, wenn sie die betroffenen Menschen dabei behindern.

Bei diesem Verfahren versteht sich der Therapeut als Fachmann für Lernprozesse sowie als Architekt und Moderator von Lernprogrammen. Die Sitzungen dienen zur Klärung der Lernanliegen und zum Entwickeln von Lernprogrammen, bzw. zum Auswerten gemachter Lernerfahrungen. Das Lernen findet in heutigen konkreten Lebenssituationen statt, z. T. in der Therapiesituation, soweit eine geeignete Lernsituation dort hergestellt werden kann. Der Patient kann direkt beurteilen, ob bezüglich seines Therapieanliegens Fortschritte erzielt werden. Vertrauen ist nur insoweit erforderlich, dass der Patient bereit ist, seine aktuellen Probleme zu besprechen und sich auf die Lernexperimente einzulassen.

Patient der Psychoanalyse und Verhaltenstherapie ist der Einzelne und »seine« Störung.

7.2.6 Familientherapeutische Ansätze

Die Familientherapie hat den Blickwinkel auf Störungen und ihre Zusammenhänge auf die Familie als Ganzes ausgedehnt. Die Störung bei einem Familienmitglied wird als Störung im Zusammenspiel der ganzen Familie, als Störung des Systems gesehen. Ohne Mitwirkung anderer können Störungen nicht aufrechterhalten werden oder verlieren ihren Sinn. Dementsprechend wird meist auch möglichst die ganze Familie in die Therapie einbezogen.

Beispiel Schulschwierigkeiten:

Ein Kind zeigt Schulschwierigkeiten wie schlechte Leistungen, provokantes Benehmen etc. Nun wird untersucht, wie das gezeigte Verhalten als eine Störung im Familiengleichgewicht beschrieben werden kann. Vielleicht entzieht sich der Vater der Ehe zunehmend durch berufliche Abwesenheit. Das Kind meint, eine zunehmende Verzweiflung der Mutter zu spüren, ohne dass dies in der Familie beachtet wird. Gelegentliche Schulprobleme haben die Mutter von ihrer Verzweifelung abgelenkt und den Vater zu mehr Engagement in der Familie bewegt. Je größer diese Probleme wurden, desto notwendiger wurde die Anwesenheit des Vaters und das Zusammenrücken der Eltern, wenn auch in Sorge um das Kind. Als nach einer vorübergehenden Besserung der Schulprobleme des Kindes die Distanz der Eltern und die Verzweifelung der Mutter wiederkehrte, erlitt das Kind einen Rückfall.

Störungen sind nur im Kontext zu verstehen.

Diese Fallbeschreibung verdeutlicht, dass aus familientherapeutischer Sicht die Störung Schulschwierigkeit beim Kind ohne ein Einbeziehen des Kontextes vielleicht gar nicht verstanden werden kann. Störungen verlieren ihren selbsterklärenden Charakter und ihren selbstverständlichen Ort.

Es muss erwogen werden, was als Störung beschrieben werden kann und wo sie anzusiedeln ist, vielleicht in der Beziehung der Eltern oder im Verständnis der Familienereignisse durch das Kind. So beschrieben, legen die Ereignisse nahe, in der präsentierten Störung des Kindes einen Beitrag zum Familienerhalt zu sehen. Diese würde ihren Sinn verlieren, wenn das Thema Familienerhalt und Wohlergehen der Mutter auf andere Weise versorgt würde oder für das Kind erkennbar durch Schulschwierigkeiten gar nicht beeinflusst werden könnte.

Störungen im Zusammenspiel des Systems beheben

Die Familientherapeuten erforschen mögliche Sinn- und Interaktionszusammenhänge und geben den Familien dabei neue Beschreibungen, vorzugsweise ihrer Beziehungswirklichkeit. Oder sie verschreiben Experimente zwischen den Sitzungen, mithilfe derer die Familie selbst auf wesentliche Fragen ihres Familiengleichgewichts aufmerksam wird und es zu Klärungen oder zu neuem Zusammenspiel kommen kann.

Familientherapie kann psychoanalytische, verhaltensorientierte oder andere Elemente enthalten. Entscheidend ist, dass nicht der Einzelne und seine Störung, sondern die Familie als System betrachtet wird und die präsentierte Störung auf die Funktionsweise dieses Systems verweist.

7.2.7 Der systemische Ansatz

Der systemische Ansatz versteht nicht nur Familien, sondern allgemeiner auch Teams, Organisationen, aber auch Einzelne als Systeme in ihrem Kontext. Es wird also auf das Zusammenspiel von Teilsystemen (auch innerhalb einer Person) geschaut und auf das Zusammenspiel mit dem Umfeld. Es werden gewohnheitsmäßige Grenzen, was in die Betrachtung einzubeziehen ist, aufgehoben und von Fall zu Fall entschieden, was zum Klientensystem gehört und was zum Umfeld. Systemische Therapie und Beratung sind in der Regel gegenwarts- bzw. zukunftsbezogen und interessieren sich für kreative Lösungen mehr als für Störungsentstehungen nach dem Motto: ›Wenn man weiß, wie man den Karren in den Dreck gefahren hat, weiß man noch lange nicht, wie man ihn wieder herausbekommt.‹

Konstruktivismus und Metaebenen

Zum systemischen Ansatz gehört die wirklichkeitskonstruktive Perspektive. Hierbei wird eine Metaebene einbezogen, von der aus man erkennt, dass jede Wirklichkeit etwas mit den Beschreibungen eines Beobachters zu tun hat und dass die Menschen sich entsprechend ihrer Wirklichkeitsverständnisse organisieren. Um eine Ankoppelung des Therapeutensystems an das Klientensystem zu erreichen, studieren die systemischen Berater, welche Impulse im Angesicht der Eigengesetzlichkeiten vom Klientensystem als konstruktive Störungen wirksam aufgenommen werden könnten. Gelingt diese Ankoppelung nicht, wird dies nicht als Störung im Klientensystem, sondern als Scheitern der Wirklichkeitsbegegnungen betrachtet. Ein Begriff wie Widerstand wird nicht verwendet. Vom eigenen Wirklichkeitsverständnis aus betrachtet, wird die Abweichung im Umgang mit Wirklichkeit und das Nichterfüllen von Erwartungen durch die Umwelt als Widerstand bezeichnet. Von einer Metaebene aus betrachtet könnte man genauso gut vom Widerstand der Berater sprechen. Dies illustriert ein Mara Selvini Palazzoli zugeschriebener Ausruf vor einem Auditorium von Psychotherapeuten: »Widerstand? – Das ist die Dummheit der Therapeuten!« Die Therapeuten sind als Spezialisten für konstruktiv störende Wirklichkeitsbegegnungen gefordert und müssen sich eben etwas Hilfreicheres einfallen lassen. Daher tut man gut daran, evtl. gemeinsam mit den Klienten die Zutaten zu konstruktiven Begegnungsmöglichkeiten zu studieren.

Störungen sind Lösungen

Was für den einen eine Störung ist, kann für den anderen die beste Lösung gemessen an seinem Wirklichkeitsverständnis sein. Im Familientherapie-Beispiel wurde vielleicht plausibel, dass eine Störung wie Schulschwierigkeiten aus dem Verständnis von der Wirklichkeit eines Kindes als Beitrag zum Versorgen wichtiger Anliegen betrachtet werden kann. Generell wird vermutet, dass die Störung die gegenwärtig beste Lösung in einem System darstellt. Daher forscht man nach Beschreibungen, die dieser Annahme Plausibilität verleihen. Die Störung nur beseitigen zu wollen hieße, in dieser Logik Lösungen beseitigen, wogegen dann verständlicherweise Gegenkräfte erwachen, wenn das mit der Störung versorgte Problem bleibt.

Sich auf die Seite der Störungsbeseitigung zu stellen ist also nur klug, wenn der Klient seine Wirklichkeitslogik verstanden oder zumindest gewürdigt sieht. Erst wenn andere Perspektiven erschlossen und bessere Lösungen für die durch die Störung versorgten Gesichtspunkte in Sicht sind und die Betroffenen dies auch so sehen, sind Störungen entbehrlich.

Komplexität und systemische Haltungen

In lebendigen Systemen muss man davon ausgehen, dass niemand die vollständige Einsicht in die Wirklichkeitsverständnisse und Wirkkräfte hat. Man muss mit Komplexität umgehen, also mit prinzipieller Unmöglichkeit einer vollständigen Beschreibung oder Kontrolle, wie sie lebendigen Systemen eigen ist. Das legt partnerschaftliche Haltungen gegenüber den Beteiligten nahe und empfiehlt Kooperation mit den Betroffenen, die man als Experten in Sachen eigener Wirklichkeit ernst nimmt.

Damit kommen systemische Haltungen ins Visier, die vielleicht wichtiger sind als systemische Theorien und Vorgehensweisen. Die eben dargelegte systemische Haltung der Würdigung steht neben der Lösungsorientierung, die oben schon erläutert wurde. Dazu kommt die Ressourcenorientierung. Bei dieser geht man davon aus, dass meist genügend Ressourcen für die befriedigende Wirklichkeitsgestaltung in den Systemen selbst zur Verfügung stehen. Diese sind aber vielleicht noch nicht aktiviert, auf die aktuelle Fragestellung zugeschnitten und mit anderen Ressourcen synergetisch vernetzt. Bevor man glaubt, nacherzieherisch auf ein System einwirken zu müssen, werden noch brachliegende Kompetenzen eingeladen und kreative Prozesse der Eigensteuerung und Eigenentwicklung angestoßen. Allerdings darf man aus dieser Haltung nicht verkennen, dass auch Sach- und Kontextkenntnisse sowie professionelle Kompetenz erworben werden müssen.

Homöostase, Störung und Verstörung

Wenn Systeme sich in einem bestimmten Gleichgewicht eingespielt haben, trachten sie danach, dieses zu erhalten, auch wenn diese Homöostase nur um den Preis einer auftretenden Störung zu halten ist. Dann ist es nötig, das vorhandene Gleichgewicht zu verstören, damit Bewegung ins System und in die Wirklichkeitsverständnisse kommt. Normalerweise werden diese Störeinflüsse durch das Leben geleistet. In professionellen Beziehungen sind hierzu manchmal (im Rahmen des Kontraktes) Beraterinduzierte und für die Betroffenen nicht unmittelbar verständliche Verstörungen nötig.

Eine strategische Beeinflussung des Klientensystems, insbesondere, wenn sie einseitig beschlossen wird, kann in einen Widerspruch zu den genannten systemischen Haltungen führen. Da in frei gewählten Beziehungen Wirkung nur durch aktive Kooperation des Gegenübers zu erzielen ist, kann das Ansprechen auf Verstörung auch als eine Art von Kooperation betrachtet werden. Da Systeme nicht aus einem Guss sind, können Subsysteme kooperieren, um andere Subsysteme zu verstören. Hierzu gäbe es sicher vieles weiterführend zu diskutieren.

Durch therapeutische Verstörung soll die Reproduktion stereotyper Muster der Wirklichkeitsrekonstruktion und der Selbstorganisation des Systems blockiert werden, um Raum für Such- und Neufindungsprozesse zu schaffen. Inwieweit man dabei auf die Ausrichtung und Architektur der Neuorganisationsprozesse steuernd Einfluss nehmen kann und soll, ist eine häufig diskutierte Frage.

Beispiel für eine systemische Intervention

Beispiel: Einem Team, das Entscheidungen durch immer wieder neue Diskussionen bis zur Verhinderung kompliziert und vertagt, kann angeboten werden, dass dies in wechselnden Rollen, aber im Zusammenspiel getan wird, um neue Entwicklungen aufzuhalten, solange nicht höchste Gewissheit über allseitige Verträglichkeit gesichert ist. Alle zusammen würden dafür sogar das Risiko in Kauf nehmen, das natürlich auch im Aufhalten von Entwicklungen für alle liegt. Um dieses Fürsorgeverhalten näher zu studieren, wäre es hilfreich, dieses Verhalten beizubehalten, ja sogar für eine Zeit bewusst und intensiv zu leben. Alle sollten studieren, welche Interessen genau von wem gewahrt werden und ob die Risiken des Aufschiebens dabei die gleiche Beachtung finden wie die Risiken der anstehenden Entscheidungen. Die Beobachtungen sollten unauffällig gemacht und zunächst einander verschwiegen werden. Trotz eventuell besserer Einsichten und der Impulse, ihnen entsprechend zu handeln, sollte das bisherige Verhalten in 90 Prozent der Fälle beibehalten und höchstens in zehn Prozent diskret verändert werden.

Bei dieser Art von Interventionen wird auf positive Konnotation der Beiträge und Motive gesetzt. Anstatt dass etwas Störendes beseitigt wird, werden akzeptable Gesichtspunkte hinzugefügt. Durch die Verhaltens- und Beobachtungsaufgaben werden gewohnte Verhaltensweisen blockiert und/oder in ihrer Bedeutung fraglich gemacht.

Dann kann sich das System in neue Suchprozesse begeben und hoffentlich in einem neuen Gleichgewicht einspielen, das ohne die vorher aufgetretene Störung auskommt. Man vertraut weitestgehend darauf, dass das neue Gleichgewicht flexibler ist und geeignet, der aktuellen Herausforderungen besser zu entsprechen.

7.2.8 Hypnosystemische Ansätze (vgl. Schmidt 2004)

Stärker als die klassischen systemischen Ansätze betonen hypnosystemische die Nutzung der Störung selbst als Brücke zu kreativen Ansätzen. Auch werden hier weniger die Störung der Homöostase als die Anregung zu kreativen Lösungen betont. Hypnosystemische Ansätze stellen hierbei die Gestaltung von Wirklichkeit durch Aufmerksamkeitsfokussierung in den Vordergrund. Die Berater beeinflussen das Perspektiven- und Aufmerksamkeitsmanagement. Ihre Interventionen zielen auf Betrachtungsweisen, Vordergrund-Hintergrund-Verschiebungen und auf das Zusammenspiel von hintergründig-intuitiv gesteuerten Prozessen. Sie gehen davon aus, dass wegen der Komplexität ohnehin immer nur Aspekte der Wirklichkeit in den Vordergrund treten. Viele andere Kräfte und Logiken wirken zwangsläufig im Hintergrund.

Lösungstrancen statt Problemtrancen

Systeme induzieren bei sich selbst und in ihren Subsystemen wechselseitig wie auch in ihrer Umwelt Problemtrancen statt Lösungstrancen. Ordentliche Analysen und vordergründig methodische Steuerungen allein führen meist nicht weiter. Wenn hintergründig wirkende Kräfte nicht eingebunden werden, sind die so gefundenen Lösungen nur oberflächlich bedeutsam. Sie sind daher wirkungslos oder können zwar kurzfristig durchgesetzt werden, verlieren aber ihre Eigendynamik, wenn die Kontrolle nachlässt. Nachhaltige Lösungen gehen hingegen in die von vielen, auch hintergründigen Kräften getragene kreative Eigensteuerung über.

Störanfälligkeit einseitig rationaler Ansätze

Selbst wenn rational-kontrollierende Ansätze funktionieren, erfordern sie ein zermürbendes Maß an Durchgestaltung aller Vorgänge und regelmäßige Kontrolle von außen. Solche Systeme sind aus systemischer Sicht in einem übergeordneten Sinn störanfällig, da sie Störungen nicht eigenständig, situativ und kreativ ausbalancieren. Fehlentwicklungen werden nicht erkannt oder es wird keine Verantwortung übernommen, weil dafür keine Kompetenz entwickelt wurde oder nicht genügend auch hintergründige Interessen aller Beteiligten damit verbunden werden.

Die generelle Antwort aus hypnosystemischer Sicht heißt: das Verstören solcher einseitiger Ansätze und mit den im Hintergrund wirkenden Kräften Dialog halten! Deren Anliegen, Mitwirkung und Kompetenzen Interesse entgegenzubringen, führt zum Zusammenspiel der vordergründig-methodischen Ebenen mit den hintergründig-intuitiven.

Argumentationshilfe aus der Hirnforschung

Neuerdings werden Fragen der Steuerung komplexer Systeme durch Verweis auf das Funktionieren des menschlichen Gehirns veranschaulicht. In der Hirnforschung wird gegenwärtig betont, dass die wesentlichen Entscheidungen im limbischen System (vereinfacht auch emotionales Hirn) fallen. Das Großhirn, dem Sprache und Bewusstsein zugeordnet werden, spielt dabei eher eine untergeordnete Rolle und ist hauptsächlich mit nachfolgendem Argumentieren, Ausführen und Überwachen befasst. »Der Vorstand der Ich-AG sitzt im lymbischen System« (Schmidt 2004). Für kluge Systemsteuerung in komplexen Situationen wird daher eher mehr Intuition und emotionale Intelligenz gebraucht als mehr rationale Systematik. Darüber hinaus scheinen verarbeitbare Störungen alternde Gehirne anzuregen, nicht abzubauen, ja sogar sich noch zu entwickeln. Dies kann auch alternden sozialen Systemen zu denken geben.

Manchmal sind Störungen nur Störungen

Systemische Ansätze haben sich weit über therapeutische Fragestellungen hinaus für ein Verständnis von und das Arbeiten mit Systemen aller Art empfohlen. Sie eignen sich besonders im Organisationsbereich und dort speziell dafür, menschliche Systeme mit technischen und wirtschaftlichen Systemen in einen Zusammenhang zu bringen.

Störungen und Verstörungen sind aus systemischer Sicht interessante Vorgänge, doch dürfen sie umgekehrt auch nicht verklärt werden. Störungen dürfen nicht stereotyp als Ausdruck wichtiger Anliegen betrachtet werden, sonst wird diese Sichtweise wieder zum Schema, das gestört werden sollte. Sicher gibt es viele Bereiche, in denen es sinnvoll ist, Störungen einfach als Funktionsfehler zu betrachten und zu beseitigen.

7.2.9 Störungen aus Sicht der Analytischen Psychologie

Um es vorweg zu nehmen: Die Betrachtungsweise ähnelt sehr der Hypnosystemischen. Gerade diese Tiefenpsychologie (von C. G. Jung und seinen Nachfolgern) beschreibt viele Prinzipien von Entwicklung zwar zunächst auf seelische und psychische Prozesse Einzelner bezogen, aber ihre Prinzipien kann man auf Organisationen und gesellschaftliche Prozesse gleichermaßen anwenden. Sie können dort zu einer geläuterten Umgangsweise mit Störungen beitragen.

Entwicklungsstillstand bedeutet Störung

Wesentliches Merkmal von lebenden Systemen ist, dass sie sich entwickeln. Stehen bleiben auf einem, wenn auch akzeptablen Funktionsniveau, wäre Ausdruck einer Störung und führt zu Störungen. Einseitigkeit führt auf Dauer zu Störungen. Zumindest ist die lebenslange Aufgabe des einzelnen Menschen die Individuation, das immer neue Ringen, auf neue Weise zu sich selbst zu finden. Was dies für unterschiedliche Charaktere in verschiedenen Lebensphasen und -umständen bedeuten kann, muss jeweils herausgefunden werden. Damit ist ein – wenn auch schwer definierbares – Kriterium eingeführt. Letztlich kann niemand objektiv und im voraus sagen, welche Wege wesensgemäß sind, doch hat jeder sensible Mensch bei der Betrachtung von sich selbst und anderen durchaus ein Gefühl dafür, wann Wege stimmig sind. Ganzheitliche Entwicklungen bedeuten konkret immer neue Ergänzungen. Manchmal sind sie gehaltvoll, wenn auch nicht einfach, manchmal sind sie daneben oder belanglos, selbst wenn sie vorteilhaft scheinen. Je mehr Aufbrüche in weitere Dimensionen der eigenen Persönlichkeit und Lebenserfahrung verschleppt werden, desto eher treten sie als Störungen ins eigene Leben. Wenn solche Störungen nicht als Verbündete, wenn auch manchmal sehr heruntergekommene, erkannt werden, können sich die Kräfte gegeneinander richten. Als Folge können nicht nur die anstehenden Entwicklungen, sondern auch das bisherige Funktionieren blockiert werden. Dann kann es schwierig werden, diese Kräfte aus der Polarisierung zu lösen und durch Begegnung zueinander finden zu lassen. Dies sei zunächst an privatpersönlichen Entwicklungen veranschaulicht und dann auf größere Systeme übertragen.

Störungen als Mahnung zur Entwicklung

Im Falle des Einbrechens einer Störung von außen, einem Schicksalsschlag wie Tod, Krankheit oder unverschuldetem Misserfolg bleibt einem System nur, sich zu stellen, die Geschehnisse zu akzeptieren und daran zu reifen. Die Störungen können aber auch von innen kommen und zunächst ganz unspektakulär in Erscheinung treten. Zum Beispiel kann sich die Freude an einer bestimmten Tätigkeit verlieren, ohne dass man nach neuen belebenden beruflichen Möglichkeiten Ausschau hält. Dies kann zur Verflachung des Lebensgefühls, aber auch zu Minderleistungen führen, wenn der berufliche Erfolg davon abhängt, ob die handelnden Menschen ganz dabei sind. Vielleicht wagt man den Aufbruch nicht, weil die äußeren Möglichkeiten nicht leicht zugänglich sind oder man gewohnte Sicherheit nicht mindern, neue Unsicherheiten nicht ertragen mag.

In beiden Fällen gilt, dass die verweigerte Entwicklung zur Störung führt. Die Notwendigkeit zur Entwicklung ist oft nicht leicht einzusehen, weil man sich in seinen Erfolgsrezepten gestört fühlt. Doch Tugenden, die einseitig, im Übermaß oder über die passende Zeit hinaus im Zentrum stehen, mutieren zu Lastern und unterdrücken neue ins Leben drängende Perspektiven. Umgekehrt wiederum sollte man Laster nicht unbedacht als störend bekämpfen, denn sie können auf unerlöste Tugenden verweisen. Manche Laster werden zu Tugenden, wenn sie mit neuen Kompetenzen und Lebensqualitäten angereichert und dadurch erneuert und ins rechte Maß gebracht werden.

Störungen als Repräsentanten anstehender Entwicklungen sollten angenommen und davon positive Varianten entwickelt werden, um sie in die eigene Persönlichkeit und Lebensgestaltung aufzunehmen.

Erst wenn schließlich Entwicklungen angegangen werden und der Preis dafür bezahlt wird, können sich schließlich die Störungen, die den Anlass gebildet haben, durch Integration neuer Lebensqualitäten auflösen. Solche Überlegungen kann man auf Organisationen übertragen.

Ein Beispiel aus dem Organisationsbereich:

Ein Unternehmen war durch die Kreativität seines Gründers bis zu einem bestimmten Niveau erfolgreich. Zwar gab es immer wieder Probleme im kaufmännischen Bereich, doch wurden diese bei guter Konjunktur durch kühne Neuentwicklungen und Expansion ausgeglichen. Die kaufmännischen Abteilungen wurden eher als notwendiges Übel empfunden und entsprechend behandelt. Je größer das Unternehmen, je schwieriger der Markt, je lahmer die Konjunktur wurden, umso mehr verlangten kaufmännische Fragen als Störungen Beachtung und dies umso mehr, je länger ihnen angemessene Bedeutung für den Unternehmenserfolg verweigert wurde. Nach und nach erlahmte auch die Kreativität im Unternehmen. Diese bekam erst wieder Luft unter die Flügel, als das Unternehmen nach einem Beinahe-Konkurs saniert und nachfolgend wirtschaftliche Gesichtspunkte angemessen berücksichtigt wurden.

Ein Beispiel aus dem gesellschaftlichen Bereich:

> *In der BRD der 70er-Jahre des letzten Jahrhunderts regte sich eine außerparlamentarische Opposition u.a. mit Umweltanliegen. Die Versuche des etablierten Politsystems, die Themen abzudrängen, führten zu einer Radikalisierung dieser gesellschaftlichen Kräfte. Die Störer unter Kontrolle zu bringen war ein sehr aufwendiges und letztlich erfolgloses Unterfangen und drohte die Integrität der staatstragenden Kräfte auszuhöhlen. Erst die Lockerung von zu rigider Unterdrückung einerseits und Dialog halfen der Umweltbewegung aus ihrer renitenten Ecke heraus. Heute sitzen ihre Vertreter in etablierten Verbänden und in der Regierung. Heute stören neue gesellschaftliche Erscheinungen, wie z. B. Armutskriminalität. Sie nur zu bekämpfen, könnte den Privilegierten ein Leben hinter Elektrozäunen und mit Wächtern bescheren. Wäre dies Wohlstandsgesellschaft?*

7.2.10 Was ist dann Heilung?

Die hier vorgetragenen Gedanken zur Bedeutung von Störungen sind eng mit einem Verständnis von selbstheilenden Entwicklungen lebendiger Systeme verbunden. Aus der Balance zu kommen und sich neu zu finden sind wichtige Entwicklungsprinzipien komplexer Systeme. Störungsfreies Funktionieren ist nicht unbedingt ein Ideal dieser Sichtweise. Dem gegenüber steht ein mechanisches Verständnis, das in Systemen letztlich Uhrwerke sieht, die heute zwar hochkompliziert, aber doch als voll berechenbar angesehen werden und störungsfrei funktionieren sollen. Beide Sichtweisen haben ihren Gültigkeitsbereich und ihre Berechtigung. Im praktischen Gebrauch werden auch technische Systeme als komplex erlebt, weil ihre Funktionsweise nur begrenzt verstanden wird und sie daher nur begrenzt unter Kontrolle sind. Sie scheinen ein Eigenleben zu haben, und die Menschen beziehen sich entsprechend auf sie. Dies kann jeder Benutzer z. B. im Umgang mit dem Computer beobachten. Ebenso können lebendige Systeme zwar als kompliziert, aber auch als berechen- und steuerbar behandelt werden, und dies kann durchaus hilfreich sein. Allerdings dürfte nicht überraschen, wenn sie sich dann doch ganz anders verhalten als erwartet. Dafür ist es gut, auf noch unbekannte Eigengesetzlichkeiten in Begegnungen mit lebendigen Systemen eingestellt zu sein.

Sicher könnte man als Gegenstück zu den Störungen hier einiges Vernünftiges über Heilsein und Heilung zusammentragen. Doch lösen Beschreibungen das Problem nicht unbedingt und können eher zu Belastungen beitragen. Objektivierende Betrachtungen, was heil oder Heilung sei, scheinen eher dazu geeignet, Maßstäbe zu errichten, an denen Menschen in ihrer Vielfalt auf belastende Weise gemessen werden.

Systemisch betrachtet sehen wir Überzeugungen zu Heil und Heilung als Ausdruck von Beziehungswirklichkeit zwischen beteiligten Menschen. Die Wirklichkeit, die zwischen diesen entsteht, kann Heil und Heilung bedeuten oder eben auch Unheil. Daher kann es auf der anderen Seite nicht der Beliebigkeit überlassen bleiben, was dabei herauskommt und welcher Gehalt dem zugemessen wird. Beliebig subjektive Wertungen lösen das Problem also auch nicht.

Wir glauben, dass wir Antworten in diesem Spannungsfeld nur situativ und vor dem Hintergrund der jeweiligen Kultur finden können. Geht man so pragmatisch heran, ist es wiederum nicht so schwierig. Wir gehen davon aus, dass Heil einerseits etwas mit vollständigerem Kontakt mit der Wirklichkeit zu tun hat (Vollständigkeit vor Vollkommenheit) und mit einer zur eigenen Wesensart und Lebensentwicklung (die bei dieser Gelegenheit erforscht werden) stimmigen Komposition der Wirklichkeitsbezüge. Stimmigkeit kann nur an der Berührtheit der Partner, also an einer Qualität gemessen werden, die wiederum selbst subjektiv und im Werden ist. Oder wenn Heil an Maßstäben von außen gemessen wird, muss über diese diskutiert werden.

Ganzheitlichkeit in diesem Sinne brechen wir situativ auf die Frage nach einer der möglichen sinnvollen Ergänzungen an einer bestimmten Stelle im Lebensweg herunter. Wir wissen also nicht, wie eine Persönlichkeit oder eine für sie heilende Entwicklung insgesamt zu beschreiben ist, doch an jeder Stelle im Prozess ist es in unserem Kulturrahmen doch möglich, ein Gespür für den Unterschied von irreführenden oder unwesentlichen Schritten zu bekommen.

Wir ermutigen bei unserer Arbeit zu solchen situativen Wertungen, da ohne sie keine Entscheidungen über sinnvollen Ressourceneinsatz (inkl. Lebenskraft und Aufmerksamkeit) getroffen werden können. Dadurch entsteht so etwas wie eine Urteilsfähigkeit, die einerseits den vielfältigen Spielarten des Lebens gegenüber aufgeschlossen und andererseits einer Wertegemeinschaft verpflichtet ist.

Damit wir von einer solcher Werte- und Kulturorientierung nicht ins Sektiererische abrutschen, sind solche Begegnung in ein partnerschaftlich diskursives Beziehungsverständnis eingebettet. Die Integrität einer solchen Gemeinschaft zeichnet sich eher durch ihre Kultur des Umgangs mit Wertung als durch einen inhaltlichen Kanon bestimmter Werte aus. Im Rahmen einer solchen Kultur kann und muss dann die Frage, was Heilung ist, immer wieder neu beantwortet werden.

7.2.11 Persönliche Orientierung

Für Ihren persönlichen Umgang mit dem Thema Störungen haben wir Ihnen einige Orientierungsfragen aufgelistet.

Fragen zum persönlichen Umgang mit Störungen

- Wenn Sie Ihren Lebensfluss betrachten, in welchen Bereichen erleben Sie am ehesten Störungen? Wer oder was stört wen oder was?
- Wie reagieren Sie unmittelbar? Was machen Sie sonst noch daraus? Wieviel Kraft und Beeinträchtigung bedeutet Ihr Umgang mit den Störungen? Für wen?
- Wie ordnen Sie mit etwas Abstand diese Störungen ein? Wäre alles in Ordnung, wenn die Störungen einfach entfielen? Gäbe es Umstände oder eine Entwicklung, die diese Art von Störungen unbedeutend machen würden?
- Gäbe es positive Varianten, die diese Störung zu sinnvollen Anreizen machen? Nutzen Sie Störungen, um sich neu auszurichten?
- Welche Figuren in ihren Träumen irritieren Sie? Könnten Sie sich vorstellen, ihnen als unerlöste Kräfte ihrer eigenen Seele zu begegnen?
- Welche der Betrachtungsweisen vom Umgang mit Störungen hat Sie am meisten angesprochen, welche war fremd? Zu welchem Umgang mit Störungen anderer neigen Sie? Ist das hilfreich? Entlastend? Für wen?
- Wann erleben Sie sich als heil? Wann haben Sie das Gefühl zum Heil anderer beizutragen? Wie geschieht das?

7.3 Wirklichkeitserzeugung in Therapie und Beratung

In Therapie und Beratung entstehen spezielle Wirklichkeiten zum Verständnis der Situation, zum Gegenstand und den Spielregeln, zur Kultur der Begegnung. In diese führen der Kontext, die vom Berater intuitiv oder bewusst eingeführten Selbstverständlichkeiten, die wechselseitigen Interpretationen der Situation und des Verhaltens des Gegenübers ein. Dies geschieht schnell. Und die Berufsgewohnheiten der Berater setzen so selbstverständlich Bezugsrahmen, dass dieser Vorgang der Wirklichkeitserzeugung normalerweise der bewussten Wahrnehmung entgeht. Die Aufmerksamkeit auf Neues wird dann innerhalb der so errichteten Bezugsrahmen gerichtet. Beim Rechtsanwalt, beim Betriebsarzt, beim Pfarrer, beim Finanzberater, in Privatbeziehungen verschiedener Art (Kumpel, Ehepartner, usw.) entstehen ganz andere Wirklichkeiten und erst recht in anderen Kulturen.

Daran ist nichts auszusetzen, doch geschieht es immer wieder, dass die Plausibilität der so erzeugten Wirklichkeit mit dem Herausfinden von vorhandener Wirklichkeit verwechselt wird. Dabei kann das Bewusstsein verlorengehen, wie sehr dies alles Kulturbedingt und speziell ist. Alles könnte auch ganz anders sein und nicht weniger plausibel und bedeutungsvoll. Weil soziale Wirklichkeit erzeugt ist, müssen wir Verantwortung für unsere Schöpfungen übernehmen. Dass wir Traditionen fortsetzen, dass wir nur durch Gewohnheit oder Duldung beigetragen haben, befreit uns nicht davon. Jeder Berufsstand und jede Schule, jeder Professionelle, ja jeder Mensch hat letztlich die gestalteten Wirklichkeiten zu verantworten. Um dies bewusst zu tun, ist wichtig, zur eigenen Wirklichkeitserzeugung eine Metaposition zu erlangen und diese nicht nur prinzipiell anzuerkennen, sondern auf vielfältige Weise fähig zu werden, sich bewusst für Wirklichkeitssphären und mögliche Optionen zu entscheiden.

7.3.1 Eine Übung

In der Weiterbildung in systemischer Familientherapie für Vertreter verschiedener Schulen illustrierten wir durch eine Übung drastisch, wie sehr Wirklichkeit durch Therapeuten erzeugt wird.

Mehrere Therapeuten wurden hinausgebeten, während wir, die durch Teilnehmer gespielte Familie, angeblich instruierten, welche Familie mit welchen Themen und Dynamiken wir darstellen sollten. Die Therapeuten sollten dann nacheinander diese Familienmitglieder je zehn Minuten interviewen, um Probleme und notwendige Therapien herauszufinden. Tatsächlich wurden zwar die Teilnehmer, die die Familie spielen sollten, bestimmt, sonst aber gar nichts. Absprachen untereinander waren nicht erlaubt. Die Familie formte sich dann also erst unter dem Eindruck der Fragen während des Interviews. Verblüffend war zu beobachten, wie diese Wirklichkeitserzeugung vor sich ging, wobei die Interviewer überzeugt waren, das Bild der Familie durch ihre Fragen herauszufinden. Interessant war auch, dass sich beim Wechsel der Interviewer nicht nur die Themen und Dynamiken, sondernd sogar die Familienstrukturen und Rollen in der Familie veränderten. Was dabei jeweils entstand, hatte viel mit den in die Situation getragenen Wirklichkeitsvorstellungen der Interviewer zu tun. Durch neue Interviewer hineingetragene Wirklichkeiten erzeugten Wirklichkeiten, sie hatten also eher sogar mehr Gestaltungskraft als die im vorigen Durchgang erfundenen und schon etwas etablierten Wirklichkeiten. Die Interviewer hatten danach erhebliche Mühe, zu glauben, wie wenig vordefiniert war.

7.3.2 Die Entstehung gemeinsamer Wirklichkeit

Um den Vorgang der Wirklichkeitserzeugung für lernende Transaktionsanalytiker sichtbar zu machen, hat Bernd Schmid in einem Seminar zur systemischen TA in den 1980er-Jahren mit einer fiktiven Begegnung zwischen einem Patienten und Eric Berne die Wirklichkeitserzeugung in Begegnungen geschildert. Die im Folgenden skizzierte Situation ist eine freie Erfindung. So hätte es sein können, als Eric Berne die Anfänge der Professionstraditionen erfand, in denen wir heute noch leben. Damit möchte ich verdeutlichen, was mich am Problem der Professionalität und an der Art, dabei mit Intuition umzugehen, beschäftigt. Das Interesse Bernes, seinen Intuitionen jenseits der damaligen Konventionen der Psychoanalyse Bedeutsamkeit zu verleihen, führte zur Erfindung der Transaktionsanalyse.

Eric Berne und Herr S.

Da sitzt also dieser Dr. Berne, Arzt und angehender Psychoanalytiker, in seiner Praxis. Zunächst lässt er noch keine Patienten herein, befindet sich also in seiner Wirklichkeit, einer Welt, in der er gelernt hat, sich selbstverständlich zu bewegen. Es gibt keinen Anlass, darüber nachzudenken, dass dies nur eine von vielen möglichen Welten ist. Sie hat für ihn Selbstverständlichkeit erlangt, so wie das bei entstandenen beruflichen Konventionen eben der Fall ist. Dabei werden Varianten als persönliche Gewohnheiten konstruiert, Wirklichkeit zu erfahren und in Kontakten mit anderen hervorzubringen. Gelingt es, unser Verständnis von Wirklichkeit im gewohnten Rahmen erneut zu etablieren und andere zur hinreichenden Übernahme zu bewegen, sehen wir uns in unserer Expertise bestätigt.

Diese ist also die Welt des Dr. Berne. Sie ist bislang durch Professionskonventionen nur grob angedeutet. Potenzielle Dynamiken für die anstehende

Begegnung haben mit der Biografie der Person Berne, mit seinem Verhältnis zur Psychoanalyse dieser Zeit etc. zu tun. Und dann kommt ein Patient – sagen wir Herr S. Herr S. kommt in die Praxis und setzt sich ihm gegenüber. Herr S. befindet sich in einer Wirklichkeit, die im Laufe der Jahre auch zu seiner ihm gewohnten geworden ist. Er ist Rechtsanwalt. Nehmen wir einmal an, Herr S. hat noch nie etwas von Psychotherapie gehört. Ihm war aber empfohlen worden, einmal zu Dr. Berne zu gehen. Herr S. schaut sich das Büro ganz selbstverständlich aus der Perspektive seiner Wirklichkeit an. Er wundert sich, dass Dr. Berne da eine Couch hat, denn in seiner Kanzlei hat er keine Couch zum Schlafen. Aber vielleicht weiß der Doktor, was gesund ist. Hätte er auch eine Couch, würde er vielleicht entspannter sein. Dass die Couch eine andere Funktion haben soll, ist in seiner Wirklichkeit zunächst nicht vorgesehen. Da er keine Vorstellung davon hat, wie Psychotherapie geht, setzt er sich und wartet ab, was passiert.

Dr. Berne hat Vorstellungen über die zu erwartende Wirklichkeit. Er muss sich keine Gedanken darüber machen. Die Konventionen seines Berufsstandes, seiner individuellen Professionalität und seine privatpersönlichen Vorlieben bewirken eine bestimmte Art, sich zu organisieren. Vielleicht fragt er: »Wie geht es Ihnen?« Damit löst er ein Verständnis des Herrn S. für die gemeinsame Situation aus und erhält erste Informationen. Herr S. könnte vielleicht die mitgebrachte Vorstellung haben, dass es eine gute Voraussetzung sei, wenn man dem Doktor sagt, was einen belastet, weil dieser einem dann etwas gibt, was hilft. Also erzählt Herr S., was ihn belastet, was aus seiner Sicht nicht funktioniert. Er könnte das auch besonders dringlich und dramatisch machen, denn er könnte denken, dass dann der Doktor versteht, dass er ein Interesse an Heilung hat. Und nachdem er eine dringliche Schilderung dessen, was ihn im Leben belastet, in seiner eigenen Sprache abgegeben hat, wartet er ab, was der Doktor daraufhin macht. Neben dem, dass Dr. Berne vielleicht inhaltlich etwas zu den geschilderten Lebensumständen und Lebensbezügen sagt, hört Herr S. aus seiner Antwort auch heraus, in welche Richtung das Gespräch gehen soll. Er findet intuitiv heraus, was Dr. Berne interessieren könnte, was er mehr und was er vielleicht weniger erzählen sollte. Und er erzählt etwas anderes, als wenn er gefragt worden wäre, wofür er im Leben begeistert ist.

Diese Annäherung in Zeitlupe soll illustrieren, wie sich hier zwei Wirklichkeiten, die zunächst überhaupt nichts miteinander zu tun hatten, und zwei Arten der Selbstorganisation von zwei Personen annähern und aufeinander einspielen (Schmid 2003, 71-77). Wenn Therapie begonnen wird, müssen zwei Personen gemeinsam ein Verfahren herstellen, über das Gemeinschaftswirklichkeit etabliert wird und über das sie den Wirklichkeitserzeugungsprozesses Therapie gemeinsam steuern.

7.3.3 Intuition als Beurteilungsvorgang

Eric Berne hatte schon einige Wirklichkeitsschulungen professioneller Art durch Ausbildungen in der Psychoanalyse und durch eine eigene Lehranalyse erhalten. Er hat also durch Vorstellungen seines Berufsstandes etwas darüber gelernt, was in anderen Wirklichkeiten vor sich geht. Und er war vielleicht der kritischen Meinung, dass viele dieser Vorstellungen abgehoben seien und konkrete Lebenssituationen und Lebensumstände anderer Menschen eigentlich nicht nachvollziehbar abbilden. Später sollte er von therapeutischen Konzepten fordern, dass sie wirkliche Lebenssituationen und wirkliche Menschen abbilden. Nun war Berne ein Mensch, der begabt war, in Bildern zu sehen. Während er mit Herrn S. spricht, entstehen in ihm außer den protokollierbaren Daten eine Reihe anderer Eindrücke, an denen er sich orientiert. Sie werden dadurch zu Informationen, weil sie einen Unterschied in der Selbststeuerung machen. Wäre Berne Interviewer in einer demoskopischen Umfrage, dann wären solche Bilder unbedeutend für das weitere Vorgehen – sie blieben also Daten.

Wir nahmen an, Herr S. sei Rechtsanwalt. Da zeigt sich manchmal etwas in ihrer gemeinsamen Wirklichkeit, was bei Berne das Bild eines Kindes in einer bestimmten Lebenssituation auslöst. Berne möchte gerne mit diesem bildhaften Erleben arbeiten. Er findet das praktisch, und er kann sich, wenn er sich den anderen in einer konkreten Lebenssituation vorstellt, Lebensvollzüge vorstellen, aus denen heraus er falsche Lösungen bildet. Er kann dann Ideen entwickeln, wie bessere Lösungen gewesen wären (s. Abb. 3).

Erste Skizzen zu Ich-Zuständen von 1957 zeigen, dass Berne zunächst lediglich einen durch seine Berufsrolle oder -identität vorgestellten Erwachsenen von dem dabei aufscheinenden Kind unterscheiden wollte (Berne 2005, 156, 160). Das Modell mit drei Ich-Zustands-Kategorien folgte nach. Er hatte den Eindruck, dass sich die durch das Bild eines Kindes repräsentierten Dynamiken in die des Rechtsanwaltes unerkannt und unkontrolliert einmischen. Ziel war die Entmischung der beiden Erscheinungsformen, die ohne ein Selbstverständnis Bernes und einem von ihm eingeführten Bezugsrahmen kaum Thema geworden wären.

Wie kommt dieses Bild vom Kind Dr. Berne plötzlich in den Kopf? Wie ist dieser Vorgang des Intuierens zu beschreiben? Berne meinte dazu, dass Intuition ein Wissen über Wirklichkeit sei, ohne dass der Intuierende weiß, wie er zu diesem Wissen kommt, und sehr häufig sogar, ohne dass er weiß, was der

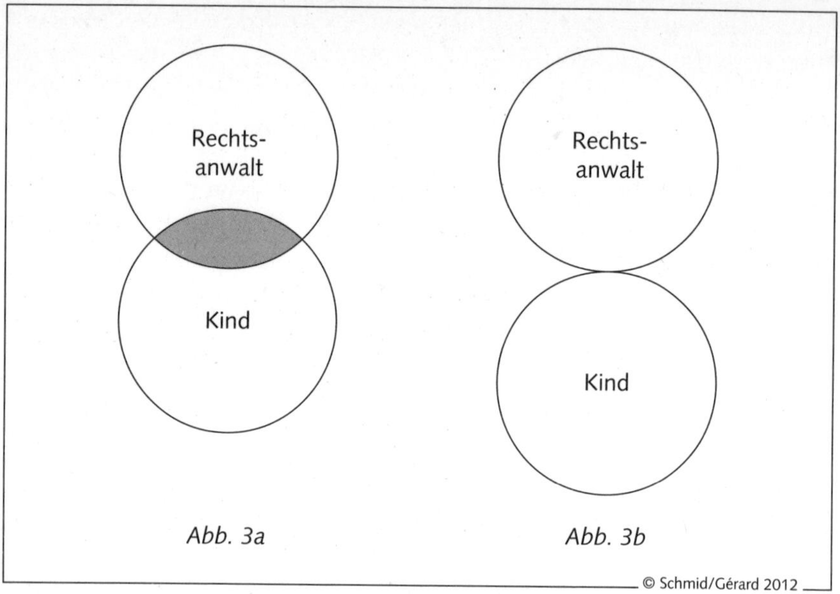

Abb. 3: Ich-Zustände

Inhalt dieses Wissens ist. Er kann dieses Wissen nicht sprachlich formulieren, sondern kann das Wissen nur in Handlung umsetzen. Er handelt, als ob er wüsste. In meine Sprache übersetzt würde ich sagen: Es ist nicht ein Wissen über Wirklichkeit, sondern eine Beurteilung von Wirklichkeit. Es ist eine Konstruktion. Aus den vielen Möglichkeiten, Wirklichkeiten zu sehen, wird eine ganz bestimmte herausgehoben. Also ist Intuieren ein Wirklichkeitserzeugungs- und Beurteilungsvorgang.

7.3.4 Informationsbegriff des Systemischen (vgl. Schmid 2003, Kap. 2.3.1)

Bei dieser Gelegenheit soll der Informationsbegriff des Systemischen kurz in Erinnerung gerufen werden. Im Systemischen verwenden wir einen Informationsbegriff, der sagt: Eine Information ist ein Unterschied, der einen Unterschied macht. Das heißt, aus der Vielfalt der möglichen beobachtbaren Signale nehmen wir welche, die wir voneinander unterscheiden, und zwar so voneinander unterscheiden, dass es einen Unterschied macht. Für wen macht es einen Unterschied? Natürlich für den Beobachter. Und was will er mit diesem Unterschied machen? Sich selbst organisieren. Das heißt, es muss einen Unterschied zwischen A oder B machen, der dazu dient, dass, wenn ich mich für B entscheide, ich einen anderen nächsten Schritt in meinem Verhaltensprogramm realisiere, als wenn ich mich für A entschieden hätte. Das nennt man Differentialdiagnose. Wenn es keinen Unterschied macht, ob ich mich für A oder B entscheide, weil ich mich sowieso in einer ganz bestimmten Weise verhalten werde, dann ist das keine Information, sondern eine bloße Etikettierung, die keinen Steuerungswert für einen professionell Handelnden hat. Insofern ist Diagnose, die erläutern soll, dass sich jemand steuert, und nach welchen Kriterien er das tut, immer Differentialdiagnose. Das andere sind Etikettierungsvorgänge, die ein Gefühl von »man kennt sich aus« verbreiten, aber keinen Erklärungswert für den praktisch Handelnden haben.

Die beiden Erkenntnisbiologen Maturana und Varela (1980, 1987) sagen, Erklärungen im Sinne von Etiketten seien Schnuller. Sie dienen nicht dazu, etwas zu steuern, sondern beim Nuckeln das Gefühl von »man hat etwas« zu verbreiten. Provokativ gesagt, finde ich es sehr wichtig, dass wir lernen, Etikettierungen dieser Art von wirklich situativ Handlungssteuernden Informationsbildungen zu unterscheiden.

7.3.5 Intuition als Information

Ich wende den systemischen Informationsbegriff jetzt auf unser angefangenes Bild an. Eric Berne hat diese eine Intuition: Manchmal ist Herr S. wie ein Kind und dann wieder mehr wie ein Erwachsener oder beides vermischt (Abb. 3). Wofür ist diese Information nun wichtig? Berne bemerkt, dass in dem Vorgang, der zwischen ihnen stattfindet, er selbst ein anderes Gefühl seiner Organisation und unterschiedliche Steuerungsimpulse bekommt, je nachdem, ob er sich auf den Erwachsenen oder das Kind im Gegenüber bezieht. Ob er also den anderen vorwiegend als Kind oder als Erwachsenen sieht, löst in ihm unterschiedliche Erlebnisse in seiner Wirklichkeit aus und es gibt ihm andere Einschätzungen seiner Handlungsmöglichkeiten. Es ist also ein Unterschied, der einen Unterschied macht, ob er im Moment eher die Intuition hat, hier sei das Kindliche im Vordergrund, und sich darauf bezieht oder ob er die Intuition hat, da sei ein Erwachsener, und sich auf den bezieht. Wenn er sich irritiert fühlt und Mühe hat, sich klar zu beziehen, spiegelt dies vielleicht eine Vermischung auf Seiten von Herrn S. Darauf kann er sich durch Umschalten auf Metakommunikation beziehen.

Berne kommt auf die Idee, dem Gegenüber zu sagen, was er beobachtet bzw. was er erlebt. Daraus werden später Verhaltensdiagnose und soziale Diagnose der TA entstehen. Herr S. wäre vielleicht überhaupt nicht auf die Idee gekommen, sich damit zu beschäftigen, wie das Gespräch läuft und wie sich der Herr Berne und er dabei befinden, und er wäre vielleicht auch nicht auf die Idee gekommen, einen Erwachsenen und ein Kind zu unterscheiden. Aber es ist etwas zwischen den beiden entstanden, was ihn motiviert, diese Unterscheidung anzunehmen, und es interessiert ihn, was Dr. Berne mit dieser Unterscheidung macht. Wenn nun Dr. Berne sagt, jetzt ist der Erwachsene dran, entsteht zwischen ihnen etwas anderes und er gestaltet es zunehmend mit, als wenn Dr. Berne sagt, da ist jetzt ein Kind. Vielleicht gelingt ihnen dann, die zwei Modalitäten getrennt zu etablieren, was dann in die Wirklichkeit von Herrn S. dauerhaft aufgenommen werden kann. Dies gilt als gelungene Entmischung.

7.3.6 Wirklichkeitsfinden

Von außen betrachtet ist es natürlich sehr schwer zu sagen, ob die beiden etwas herausgefunden oder erfunden haben. Ist die Unterscheidung zwischen dem, was Kind und was Erwachsener genannt wurde, jetzt das Herausmeißeln von etwas, das immer da war? Oder ist es eine aufeinander abgestimmte komplementäre Kreation von Wirklichkeit, die für beide Plausibilität hat und an der sie gemeinsam basteln? Es ist ein ganz wichtiger Grundgedanke des Systemischen, dass wir nicht von einem Herausfindens-Modell ausgehen, sondern von einem Erfindens-Modell. Wir sagen, dass durch die handlungsleitenden Intuitionen, an deren Beurteilungsvorgängen beide beteiligt sind, gemeinsam ein Feld und seine Spielregeln geschaffen werden, eine Interpretationslogik und Neigungen, bestimmte Themen und Fragestellungen in den Vordergrund und andere in den Hintergrund gerückt werden. Das dann in den Vordergrund Gerückte wird in einer bestimmten Weise verstanden und be-handelt. Es entsteht eine Architektur von Wirklichkeit, die solche Plausibilität erwirbt, dass sie als die richtige erlebt wird. Es hätte genauso gut eine ganz andere Architektur mit anderen Logiken und Plausibilität entstehen können. Plausibilität und erfolgreiche Etablierung als gemeinsame Erfahrungs- und Handlungsgrundlage sagt nichts über die Richtigkeit und Angemessenheit der Wirklichkeitserzeugung.

In der oben beschriebenen Übung wirkt die jeweils erfundene Familienwirklichkeit bis hin zu körperlichen Befindlichkeiten der Spieler wie z. B. Migräne, einschließlich der somatischen Reaktionen. Es ist unglaublich, wie die Intuitionen aller Beteiligten hier arbeitet und sich untereinander abstimmt. Vermutlich entstehen auch die Plausibilitätsphänomene, z. B. bei der Aufstellungsarbeit, auf diese Weise. Daher dürfen sie nicht mit Wahrheiten verwechselt werden, sondern sind ein Beleg für die enorme Leistungsfähigkeit der Intuition. Intuition steuert Komplexität, wählt in unglaublicher Abstimmung aus dem Universum von möglichen Wirklichkeiten bestimmte plausible Bilder und packt die zusammen. Wenn man sich klar macht, wie das Gehirn arbeitet, muss einen das dann wieder nicht so sehr wundern. Das Gehirn kann als gigantischer Assoziations- und poetischer Integrationscomputer betrachtet werden, für den solche Wirklichkeitsinszenierungen in Abstimmung mit anderen Kleinigkeiten sind (Schrott/Jacobs 2011).

Mit den im intuitiven Prozess wirkenden Motiven, Tabus, inneren Bildern hat sich Berne schon in den 1950er-Jahren intensiv auseinandergesetzt (Berne 2005). Ich selbst habe dem Überlegungen zur Gewohnheitsbildung, zur Intuition des Möglichen und zum Umgang mit Sprache und inneren Bildern hinzugefügt (Schmid 1986, 1989, 1991). Mir ist es wichtig, nicht diese radikale wirklichkeitskonstruktive Position als Glaubenssatz, sondern als Perspektive einzunehmen, um sich mit den Fragen, die daraus entstehen, zu beschäftigen. Ich habe für mich einen Mittelbegriff gefunden, nämlich den Begriff des Wirklichkeitsfindens. Das zeigt den schöpferischen Akt dessen, der sucht und der bestimmte Arten des Findens hat, aber auch, dass es nicht beliebig ist. Ich versuche mich da in der Mitte zu halten.

7.3.7 Verantwortung für Wirklichkeit?

In den 1970er- und 1980er-Jahren flüchteten sich nicht wenige Systemiker in Neutralität, was sie mit der Relativität von Wirklichkeit begründeten. Oder war es vielleicht eher umgekehrt? Flüchteten sich Werte- oder Bindungsunsichere, Rebellische und/oder Belastete in eine Neutralitätszone, für die sie systemische Rechtfertigungen nutzten? Von begeisternden Zeitgeistströmungen ergriffen, erlaubte sich die Szene manche Naivitäten und Überheblichkeiten. Ich erinnere mich an die Kontextvergessenheit eines namhaften Systemikers, der Managern Neutralitätshaltungen predigte und deren Einwände, dass sie dafür nicht bezahlt würden, für Anschauungsträgheit hielt.

Dann kam das Postulat (der ethische Imperativ nach Heinz v. Förster): Handle so, dass sich die Anzahl der Optionen vergrößert, eine Art Freiheitsmythologie, die mehr Freiheit *von* als Freiheit *für* betonte – gut, was die Verengung der Evolution jeder Art betrifft, unzureichend für die Orientierung in unserer Multioptionsgesellschaft. Schließlich merkte man, dass die Inflation der Deutungsmöglichkeiten und der inflationären Einbeziehung möglicher Zusammenhänge auch zur Blasenbildung einlud. Die Herstellung von intelligenter Übersichtlichkeit und Handlungsfähigkeit wurde als Herausforderung wieder deutlich. Damit kehrte die Frage der wertgeleiteten Auswahl der Prämissen mit Implikationen und Konsequenzen zurück. Jede gewählte Wirklichkeit wird an der ausgesonderten Wirklichkeit schuldig. Manchmal dachte ich, das könnte man Erbsünde nennen. Doch schon der Begriff Schuld weckt oft empfindliche Reaktionen, von Sünde ganz zu schweigen. Aber ist dies kein Grund für schlechte Gefühle, vielmehr zum Streit über Werte oder wenigstens Prioritäten.

Wir brauchen Menschen mit Überzeugungen und sollten reflektierte Überzeugungsgemeinschaften pflegen. Dass es die Wahrheit nicht gibt, ist in unseren Sphären mittlerweile trivial. Dennoch fällt es vielen Menschen schwer, persönlich absolut überzeugt zu sein, ohne in Weltanschauungsimperialismus zu verfallen. Reichen ihnen Gewissheiten nicht? Müssen es Wahrheiten sein?

Im systemischen Feld entstand nach und nach ein Bewusstsein dafür, dass wenn Wirklichkeit menschengemacht ist, Menschen eben auch eine besondere Verantwortung dafür haben, welche Wirklichkeit sie machen. Dies schließt Mitmachen, Dulden, Profitieren, Unterlassen und Wegsehen ein. Ingesamt kommen aus der systemischen Ecke kaum Beiträge, außer eben eine Art Meta-Werte. Die anderen müssen wir uns aus sonstigen Wertesystemen holen. Wir kennen den Schuldbegriff als Zeitgenossen abendländischer Kultur, nicht als Systemiker, und benutzen ihn eher zu der Frage, was wir uns und anderen schuldig bleiben könnten und wie damit konstruktiv und verantwortlich umgegangen werden kann. Lange glaubte ich, eine Gesellschaft könne über das Wertemanagement der Individuen gesteuert werden. Heute meine ich wie unser Alt-Bundespräsident Köhler, dass wir aus vielen Selbstverständlichkeiten des Anstands immer wieder herausdriften und aktiv etwas tun sollten, zu einem So-etwas-tut-man-Nicht zurückzukehren oder voranzuschreiten. Werteregeln und Selbstverständlichkeiten, die durch Bestätigung und Ächtung stabilisiert werden, helfen unserer gelegentlich wertevergessenen Gesellschaft. Ansonsten greifen wir auf Bewährtes zurück, z. B. auf den Kant'schen Imperativ, den Norbert Corpray so erweitert hat: »Handle so, wie du vom anderen behandelt werden möchtest, wenn du auf ihn angewiesen bist.« (2010)

Für Systemiker sind die Zeiten von Anfangsvereinfachungen und -polarisierungen, die jungen, noch unsicheren Strömungen Schonraum und Identität bieten, vorbei. Schade eigentlich, denn Anfangsdynamik ist auch erfrischend und fürs jugendliche Selbstgefühl erhebend. Wir sind bei der Wirklichkeit der konkreten Verhältnisse und damit wieder beim Umgang mit Schuld und Verantwortung angekommen. Wenn wir etwas mit zu verantworten hatten und mit Versäumnissen leben müssen, ist Schuld treffend. Wenn wir glauben, noch konstruktiv etwas tun zu können, sprechen wir lieber von Verantwortung.

Weil es keine gesicherte Wirklichkeit gibt, sind wir jetzt aufgerufen, die Wirklichkeitskonstruktion, an der wir uns beteiligen, zu verantworten. Die

Verantwortungsfrage kann nicht mehr durch Hinweise auf das Faktische weggeschoben werden. Wir können der Verantwortung, als Schöpfer mitzuwirken, nicht entrinnen. Und die Berufung darauf, dass andere Wirklichkeit ähnlich erzeugen, oder dass wir uns einem Berufsverband zugehörig fühlen, in dem unsere Schöpfungen gegenseitig plausibilisiert und durch Konventionen gestützt werden, entlastet uns nicht von unserer Verantwortung

Jedem Einzelnen und der Gesellschaft bleibt die Herausforderung, zwischen Dogmatismus und Beliebigkeit, zwischen Herrschaftsmoral und Verwahrlosung, zwischen *anything goes* und verbindlicher Werteordnung einen Weg zu finden und verantwortlich Dialog zu halten. Da es bei Werten als Extrathema leicht zu sonntäglicher Ergriffenheit unter der Kanzel kommt, von der am Montag wenig bleibt, leisten wir unseren Beitrag dadurch, dass wir uns diesen Dimensionen im Rahmen konkreter beruflicher Fragestellungen und Identitätsbildung widmen.

7.4 Weitere Perspektiven professioneller Entwicklung

7.4.1 Ist Entwicklung machbar?

Zunächst stellt sich für uns die Frage, ob Entwicklung zu beschleunigen ist bzw. machbar ist? Kann man Entwicklungsstufen überspringen oder abkürzen? Oder braucht jede Phase ihre Zeit und ihre dazu gehörigen Erfahrungen und Auseinandersetzungen, ohne die ein Wachstum ausbleiben würde?

> »Manchmal bin ich unsicher, inwieweit wir überhaupt jemanden in seiner Entwicklung nennenswert fördern können. Oder schreiben wir uns nicht Entwicklungen zu, die ohnehin stattfinden?
>
> Nutzen wir nicht manchmal sogar aus, dass wir früher als die Jüngeren selbst erkennen, was in ihnen steckt und welchen Weg sie bereits gehen?
>
> Lässt da nicht gelegentlich Rennbahn-Kalle grüßen? Rennbahn-Kalle sucht sich zahlungskräftige Greenhorns auf der Rennbahn aus und gibt ihnen den ultimativen Insider-Tipp. Gewinnt dann dieses Pferd, ist der glückliche Gewinner gerne bereit, Kalle großzügig zu beteiligen. Der dankbare Spender weiß nicht, dass rein zufällig er der Glückliche ist, denn Rennbahn-Kalle hatte für jedes Pferd einen Tipp an jemanden vergeben. Bei den anderen lässt er sich natürlich nicht mehr sehen.
>
> Gelegentlich bekommen wir Wirkungen illusionär zugeschrieben und glauben auch gerne an gute Gründe für die Dankbarkeit unserer Schüler. Doch aus der Nähe betrachtet, ist lediglich der Schüler zu seiner Kompetenz und seiner Wirkung im Markt erwacht. Nutzen wir nicht oft lediglich die Unkenntnis über

Potenzial, Kompetenz und Marktwert der Nachfolgenden, um unseren Gewinn und unsere Bedeutung zu erhöhen?« (Schmid, 2009b)

Durch lange klinische Erfahrungen wird deutlich, dass Entwicklungen ihre Zeit brauchen. Diese Entwicklung kann bei einzelnen Menschen individuell jeweils länger oder kürzer brauchen, aber Abkürzungen innerhalb dieses Rahmens gibt es nicht. Die Frage müsste umformuliert werden, nämlich: Was fördert bzw. was hindert Wachstum?

Wie bei einer Pflanze kann zu viel Regen genauso wie zu viel Trockenheit die Entwicklung von Trieben verhindern – und auch dies recht unterschiedlich je nach Pflanzenart. Das Gleiche gilt für Düngemittel. Eine allzu fürsorgliche betuliche Betreuung bei einer Ausbildung kann die Entwicklung von Selbstständigkeit und Identität genauso behindern wie die Überforderung durch mangelnde Unterstützung. Manchmal wird dieses Erwachen zur Selbstständigkeit z.B. in der Ausbildung von Beratern oder Psychotherapeuten – bewusst oder unbewusst – zu weit hinausgezogen oder gar die Bewegungsfreiheit der Schüler durch Bindungsverträge oder Zuschreibung von ungelösten Problemen behindert.

Um Entwicklung also zu fördern, braucht es einen Gärtner. Und damit kommen wir zur nächsten Frage: Wie kann die Kenntnis von Entwicklungsphasen in einer Ausbildung, Fortbildung oder einer Supervision von erfahrenen Beratern bzw. Psychotherapeuten nutzbar gemacht werden?

7.4.2 Entwicklungsstreben

Menschen haben meistens eine Art intuitiver Ahnung, was sie (noch) werden könnten, und spüren eine Sehnsucht, dorthin zu gelangen. Wenn man lernt, Menschen aus dieser Perspektive zuzuhören, bekommt man ein Gespür für ihre Sehnsüchte und die Richtung ihres Suchens. Wenn Menschen das Gefühl bekommen, dass wir sie durch die aktuelle Oberfläche hindurch in ihren Suchbewegungen bestätigen oder anregen, fühlen sie sich eher angesprochen. Wenn außerdem eine Tätigkeit, eine Beziehung, eine sich anbahnende Entwicklung Chancen zu bieten scheint, etwas zu werden, was sie gerne sein möchten, ruft dies meistens bei den Betroffenen ein besonderes Engagement hervor. Die magische Anziehung von Begriffen wie »Coaching« oder »systemisch« lebt von dieser Attraktivität. Denn sie dienen in bestimmten Kreisen als Kristallisationspunkte für Entwicklungs- und Identitätssehnsüchte. Trotz mancher Skurrilitäten, sind solche Strebungen wichtig, weil sie auf seelische Entwicklungswünsche verweisen.

7.4.3 Suche und Sucht

Gleichzeitig kann eine starke Entwicklungssehnsucht auch blind machen, sodass die Gefahr von Missbrauch, Ausbeutung und Verletzung wächst. Dies sollte Organisationen im Allgemeinen und Bildungsanbietern im Besonderen eine besondere Verantwortung auferlegen.

Eine andere Gefahr bei der Entwicklung professioneller Identität liegt in der möglichen Vernachlässigung anderer Seiten der Persönlichkeit oder von Lebensbereichen. Wenn das Unternehmen Beruf blüht, finden besonders leistungsfreudige, gestaltungs- und geltungshungrige Menschen darin große Befriedigungen und weitere Verführungen. Aus Freude am wachsenden Erfolg sind sie immer mehr bereit, den Berufslebensbereich zu Lasten anderer Lebensbereiche auszudehnen. Die Entwicklung anderer Talente, die Pflege anderer Beziehungen, das Sich-anderen-Herausforderungen-Stellen, wird dann leicht mal zurückgestellt. Wenn es dann oft nach großen Anstrengungen gelingt, in beruflichen Leistungen und Beziehungen Befriedigung zu erfahren, ist es verständlich, wenn das Engagement in Lebensbereichen, in denen nicht so leicht befriedigende und erfolgreiche Rollen gespielt werden können, schwächelt.

Oft sind sich die Menschen jedoch nicht über die lebensökologischen Kosten ihrer einseitigen Lebensentwicklung im Klaren. Je länger die vernachlässigten Bereiche vor sich hindümpeln, desto verunsichernder können die Herausforderungen dort erlebt und desto größer die Investitionen eingeschätzt werden, die dort nötig wären, um ähnliche Befriedigung zu erfahren.

Bekommt man dann das Etikett arbeitssüchtig umgehängt, enthält das oft ein Körnchen Wahrheit, ist aber nicht gerade besonders hilfreich. Denn sucht man nicht gerade deswegen diese Suchtmittel, weil man mit ihrer Hilfe Wohlbefinden herstellen kann? Wenn man dann mit zunehmender Dosis entstehende Schieflagen zu verdecken sucht, entwickelt sich die Sucht schleichend zu einem Problem.

So versäumen berufsorientierte Menschen gelegentlich wesentliche Weichenstellungen in ihrem sonstigen Leben wie Familiengründungen oder die Pflege anderer Lebensinteressen, z. B. wegen Fehleinschätzungen der richtigen Zeitpunkte. Oft sind es dann Krisen in der (Berufs-)Lebensentwicklung, die es erforderlich machen, sich diesen Fragen zu stellen. Häufig stehen in Weiterbildungen solche Fragen im Hintergrund zur Klärung an oder waren gar unterschwellige Auslöser, sich in eine neue Professionalisierung zu begeben. Gute Weiterbildungen sollten darauf zumindest implizit eingehen, so wie ein erfahrener Gärtner ungesunde Triebe erkennen kann und Wachstum an anderer Stelle durch Beschneiden der Wucherungen fördert.

7.4.4 Entwicklungsfreundlichere Gangarten

Gelegentlich hat man allerdings auch den Eindruck, dass Unternehmen einem gesunden Entwicklungstempo im Wege stehen und von der rechtzeitigen Auseinandersetzung mit wichtigen Lebensentwicklungen ablenken.

So werden manche Mitglieder mit Privilegien und eigentlich nicht alters- und kompetenzgemäßen Aufgaben und Rollen seitens der Unternehmen regelrecht verführt. Oft wird der Standpunkt vertreten, dass die Folgen solcher Bestechungen außerhalb des Verantwortungsbereichs der Unternehmen liegen, weil ja diese Menschen in ihrer Entscheidung frei sind.

Es kann und sollte gefragt werden, ob es nicht nur ethisch geboten, sondern auch wirtschaftlich vernünftig wäre, auch von Seiten der Unternehmen die Selbstüberhebung und Selbstausbeutung ihrer Mitglieder zu mildern. Sollten Unternehmen nicht eher dazu beizutragen, dass Aufgaben, Rollen und die Stufen von Karriereleitern so gebaut werden, dass die Menschen sie in einem guten Rhythmus leben können? Wäre es nicht Luxus der besseren Art, unterwegs Raum für angemessene Entwicklungs- und Lernprozesse zu haben, nicht zu schnell Wichtigkeiten und Privilegien zu verbrauchen? Wäre es nicht befriedigender, äußere Entwicklungen in Harmonie zu innerer Entwicklung zu durchschreiten, anstatt sie vor der Zeit hastig und oberflächlich zu durcheilen? Wichtige Positionen und Privilegien als Motivationen aufzubewahren, könnte als Teil der Organisationskultur begriffen werden. Es kann insgesamt mehr Befriedigung bieten, Entwicklungsstufen sorgfältig zu durchleben und Erstrebenswertes noch vor sich zu haben. Manche finden es besser, wenn es nicht immer Erdbeeren gibt, sondern nur im Frühsommer, wenn die Zeit reif dafür ist.

Dann wäre auch in Organisationen manchem aufgeblähten und dynamischen Leerlauf entgegengewirkt. Weniger wäre dann mehr, und würde sowohl die Ökonomie wie auch Organisationskultur stärken. Langfristige Erhaltung von Leistungsfähigkeit und Zufriedenheitsfähigkeit am Arbeitsplatz wie auch die belebende Lebensgestaltung der Menschen auf den anderen Bühnen kämen als weitere positive Elemente hinzu.

7.4.5 Persönliche Orientierung

Denken Sie an Ihre Berufswünsche als Kind? Was wollten Sie damals alles werden?

Was davon können Sie heute leben und was bleibt unerfüllte Sehnsucht? Dazu haben wir wieder einige Fragen zusammen gestellt.

Berufswünsche

- Wie würden Sie sich heute in Ihrer Berufsrolle beschreiben:

  »Ich bin eine/r, der/ die ...« Formulieren Sie dieses Statement in der Art einer Bewerbung, in der Sie ihre ganz besonderen Vorzüge, Eigenarten, Talente und auch Vorlieben beschreiben. Lesen Sie erst weiter, wenn Sie Ihr Statement abgegeben haben!

- Was stellen Sie in den Vordergrund? Entspricht dies Ihrer inneren Bewertung in seiner Bedeutsamkeit für Sie (oder vermutlich für andere)?

  Fantasieren Sie, wie Sie sich in fünf, zehn oder zwanzig Jahren beschreiben werden.

- Welche Entwicklungsschritte können Sie bei Ihrer beruflichen Entwicklung erkennen? Woran machen Sie diese fest? Angenommen, wir würden Mitarbeiter oder Kollegen von Ihnen zu Ihrer Entwicklung befragen, was würden sie beschreiben?

- Gibt es für Sie ein berufliches Vorbild, an dem Sie sich orientieren? Was ist das, was Sie dort finden, und was haben diese Seiten Ihres Vorbilds mit Ihnen zu tun?

- Angenommen, Sie würden von heute auf morgen Ihre Arbeitsstelle bzw. die Möglichkeit, Ihre Berufstätigkeit auszuüben, verlieren, bekämen aber weiterhin das gleiche Gehalt – was würde Ihnen fehlen? Bilden Sie eine Rangreihe nach der Bedeutsamkeit dieser Attribute, Essenzen Ihrer Berufstätigkeit (z. B. Anerkennung, Einfluss, Beziehungen, Reisen, Struktur ... usw.)

  Wie und womit könnten Sie Ersatz dafür finden?

- Was würden Sie mit der neuen Zeit anfangen? Gibt es Bereiche und/ oder Beziehungen, die Sie bisher vernachlässigen mussten? Welche sind das? Wie würde sich Ihr Leben verändern?

- Was würden Sie über sich denken: »Ich bin eine/r, der/die ...«

  Und wie würde sich diese Beschreibung unterscheiden von der, die sie oben über sich in Ihrer Berufsrolle abgegeben haben?

8. Drei Thesenpapiere

Im folgenden Kapitel finden sich drei Thesenpapiere, die in gestraffter Weise weiterführende Themen anreißen. Sie werden in den nächsten Jahren am ISB-Wiesloch unterstützt durch die Schmid-Stiftung weiterentwickelt.

8.1 Charisma und Professionalität

»Wenn du ein Boot bauen willst, ist die Sehnsucht nach fernen Horizonten vielleicht entscheidend. Wenn eine Flotte benötigt wird, brauchst du noch Werften und Schulen für Bootsbau und Seefahrt.« (Thesenpapier von Bernd Schmid 10/2009)

8.1.1 Ausgangslage

- Am Anfang vieler gesellschaftlicher Projekte stehen begeisternde Ideen, die von charismatischen Vertretern auf wechselnden Bühnen propagiert werden. Dadurch werden Menschen begeistert und motiviert, einen Teil ihres Engagements der Verwirklichung solcher Ideen zu widmen.

- Dann zeigen sich die Visionäre erfreut und sind bereit, Ideen, ihr Charisma und ihre Prominenz bei weiteren Initialveranstaltungen zur Verfügung zu stellen. So soll Begeisterung multipliziert werden. Wie gutes Engagement, Initiativen und Projekte für die so Begeisterten aussehen könnten, bleibt offen. Damit werden auch die diesem Vorgehen immanenten Probleme mit vervielfacht: Es werden diffuse oder unrealistische Perspektiven und Vorstellungen über die Verwirklichung von Vorhaben und die dafür notwendigen Zutaten akzeptiert.

- Notwendig werden über kurz oder lang meist Projektstrukturen bzw. Vorstellungen von einer Projektentwicklung, eine Didaktik für leistbare Entwicklungsschritte und Vorstellungen über die Organisation von Multiplikation. Diese Gestaltungselemente (zumindest rudimentär und ergänzend) stehen aber selten zur Verfügung. Sie werden oft nicht einmal als notwendig erachtet bzw. als Behinderung für Eigeninitiative und schöpferische Lösungen angesehen.

- Nicht selten hinken sogar bei den Visionären selbst ein angemessenes Organisationsniveau, Strukturen und Prozesse in eigenen Projekten hinterher, erst recht solche für die Entwicklung nachhaltiger Multiplikation. In dieser Hinsicht wird weder Orientierung noch Anleitung geboten. Jeder muss vor Ort das Rad selbst und neu erfinden.

  Eine Analogie: Reicht es aus, Menschen für gesunde Ernährung und gesunde Lebensmittel zu begeistern? Wie viele schaffen eine Änderung ihrer Gewohnheiten ohne konkrete Anleitungen bezüglich ihres Einkaufverhaltens und Kochens, sowie vielleicht sogar zum Anbau? Wie viele animieren andere erfolgreich, ohne ein Konzept, wie es nach erfolgter Inspiration weitergehen soll?

- Tatsächlich überfordert die notwendige Entwicklungsarbeit vor Ort ohne Vorlagen meist mögliches Engagement und verfügbare Kompetenzen. Engagierten bliebe nur, selbst die ganze Angelegenheit in die Hand zu nehmen, die notwendige Entwicklungsarbeit selbst zu leisten. Dies lässt sich selten mit verfügbaren Kompetenzen oder dem Bedürfnis vereinbaren, sich begrenzt, aber wirksam zu engagieren, sodass Initiativen schließlich versanden.

- Das Misslingen solchen Engagements wird dann mangels nüchterner Analyse der Zusammenhänge und wegen fehlenden Bewusstseins über hinreichende Gestaltungsmittel und Kompetenzen falsch zugeordnet. Solange der Begeisterungsfaktor überbewertet wird, erleben sich Repräsentanten anderer unspektakulärer Kompetenzen und Mitgestaltungen als weniger wertvoll und gewürdigt, nach außen sowieso, aber auch im internen Verhältnis.

- Dementsprechend misslingt oft ein nachhaltiges Zusammenwirken von Begeisterung, der nachhaltige Aufbau von Projekten und leistbarem bzw. wirksamem Engagement. Es entsteht keine Plattform und keine Strategie für den Einbezug weiteren begrenzten Engagements. Oft steht für gemeinsame Entwicklungen in dieser Richtung auch keine Würdigung in Aussicht.

- Misslingt solches Engagement, ist am Ende manchmal mehr Schaden als Nutzen gestiftet. Beim nächsten Aufruf ist es schwieriger, Begeisterung zu wecken. Das Feld flüchtet in allerlei Rationalisierungen und lernt wenig dazu. Die Skeptischen behalten Recht. Gerade die größten Idealisten sind anfällig, in Richtung Zynismus zu kippen oder sich in neue Begeisterungen ohne Nachhaltigkeit zu stürzen.

- Obwohl im Überfluss vorhanden, wird mögliches Engagement nicht abgerufen, weil es keine Auffanggefäße dafür gibt. Angebotene Kompetenzen können nicht genutzt werden, weil es keine Gerüste gibt, in die sie sich einklinken können. Drehbuch-, Regie- und Intendanzkompetenzen und ein Würdigungssystem für Funktionen im Hintergrund fehlen. Deshalb: Es mangelt nicht in erster Linie an richtigen und begeisternden Ideen, sondern an Haltungen, Kompetenzen und Vorgehensweisen bezüglich einer nachhaltigen Umsetzung.

- Hier setzen Bemühungen um eine nachhaltige Projektentwicklung und den Aufbau entsprechender professioneller Ausstattungen für Intendanten ein. Intendantenprofessionalität kann große Ideen und den charismatischen Faktor nicht ersetzen, sondern zur nachhaltigen Verwirklichung sowie zu einem intelligenten, gewürdigten und sinnvoll begrenzten Einsatz aller Player verhelfen.

8.1.2 Was können Fachleute für Professionalisierung tun?

- Erfahrungen über Bedingungen von Nachhaltigkeit zusammentragen, an Beispielen aufzeigen, wann was gebraucht wird, damit innovative Inszenierungen gelingen (vgl. Initiative www.forum-humanum.eu) State of the art definieren, anschaulich beschreiben und als Gütestandards für Nachhaltigkeit propagieren.

- Entsprechende Landkarten zusammenstellen, Designs von Projekten, deren Formatierung, deren Zeit- und Gestaltungsstrukturen, beschreiben. Sich über Drehbücher, Bühnen, Rollen, Kompetenzen verständigen und diese gut verständlich aufbereiten. Eine Didaktik für Projekte entwickeln.

- Kampagnen betreiben, die den Wert und die Würdigung von »Helden des Hintergrunds« herausstellen und ihren Protagonisten Würdigung und Image bescheren, damit sie sich aus einem gestärkten Selbstverständnis heraus auf Augenhöhe anderen Playern mit komplementären Kompetenzen anbieten können.

- Das Selbstverständnis stärken, d.h. Verständnis und die Bedeutung dieser Konzepte und Funktionen in unseren eigenen Reihen stärken.

- Sich auf Augenhöhe als Kooperationspartner anbieten. Mit Charismatikern und Initiatoren Dialoge über Wirkungszusammenhänge und Verantwortung führen. Aushandeln, wie zwischen den persönlichen Kompetenzen, Stilen, Begehrlichkeiten und Dominanzwünschen Gleichgewichte zugunsten nachhaltiger Verwirklichungen gefunden werden können.

- Weiterbildungen und Beratungen anbieten, die solche Intendantenfunktionen in den Vordergrund stellen. Zertifikate, Titel und spezielle Mitgliedschaften in Verbänden entwickeln. Austauschforen zu Kompetenzen, Erfahrungen und Selbstverständnissen organisieren.

8.1.3 Die Zusammenhänge mit anderen Worten

- Selten haben Charismatiker eine der Größe ihrer Ideen angemessene Projektstruktur, in der sie geweckte Mitwirkungsangebote einbinden können.

- Benötigte Kompetenzen, Drehbücher, Rollen, sinnvolle Besetzungen oder Regiefunktionen sind ungeklärt, können also weder im eigenen Projekt noch als Vorlage für Interessierte weitergegeben werden.

- Stattdessen wird auf Begeisterung gesetzt. Die Ideen sollen solche Strukturen und Prozesse in Eigenschöpfung derer, die zum Engagement bereit sind, nach sich ziehen.

- Charismatiker übernehmen selbst wenige Intendanten-Funktionen und stellen kein Kristallisierungsprinzip für sinnvolle Multiplikation bereit. Sie nehmen Mithilfe gerne an. Diese wird aber in erster Linie zur besseren organisatorischen Bewältigung weiterer Begeisterungswellen genutzt.

- Engagement für ernsthaftes Aufbauen von nachhaltigen Strukturen und Prozessen und das Aufbauen dafür notwendiger Intendanz-Strukturen oder wenigstens einer Vernetzung von komplementären Funktionen und Partnern fällt im Konkreten schwer und landet chronisch als zweite Priorität.

- Von ihrer Persönlichkeit her suchen sie eher Bekanntheit und Einfluss und verbinden sich gerne mit anderen dieser Art. Daher liegt ihnen auch eher Lobbyismus. Die Eignung potenzieller Partner wird am eigenen Profil gemessen und weniger an komplementären Neigungen und Kompetenzen. Fälschlicherweise orientieren sich Partner in ungeeigneter Identifikation selbst am Profil der Charismatiker, anstatt sich auf ihren komplementären Beitrag zu besinnen.

- Kooperation zwischen Charismatikern und Menschen mit Sinn für den Aufbau nachhaltiger Strukturen und mit einem Selbstverständnis und mit Kompetenz als Intendanten sind ohnehin anspruchsvoll, weil die Unterschiedlichkeit von Gestaltungsprinzipien und Wirkungszeiten und Vorstellungen von Würdigung von Engagement und Kompetenzen im Konkreten sehr unterschiedlich sind.

- Daraus erwachsen Beziehungsfrustrationen. Charismatiker fühlen sich nicht richtig unterstützt und Intendanten fühlen sich leicht missachtet oder gar missbraucht und entwickeln resignierte Haltungen gegenüber deren Ideen.

- Nach solchen Begeisterungswellen und deren glücklosem Verebben sind gerade bei Menschen mit hohen Idealen Frustration und Resignation oft größer als zuvor. Sie nächstes Mal zu begeistern, wird schwerer: Kollateralschäden, die verantwortet werden müssen.

8.2 Professionalität und Ehrenamt

- Wir brauchen eine Integration von Ehrenamt und Honoraramt bezahlter Tätigkeit, von Professionalität und Dilettantismus (aus Freude tun). Von Professionellen und Laien.

- Wir können in vielen Gesellschaftsbereichen eh nicht finanzieren, was an gegenseitiger Schaffung von Hilfeleistung und Mehrwert erforderlich ist. Daher stimmen wir in den Chor derer ein, die das Ehrenamt preisen.

- Doch scheint eine gewisse Zweiklassen-Mentalität in vielen Organisationen zu herrschen, deren Leistung letztlich durch Ehrenamtliche erbracht werden.

- Dilettanten können sehr wohl qualifiziert sein, doch erfordert dasselbe als Profession anderes.

- Professionelle sollten nicht unbedingt dasselbe wie Laien nur besser tun, sondern sich zumindest in Gesellschaftsbereichen, in denen die wesentliche Wirkung nur durch Laien erzeugt werden kann, zu den Würdigern, Unterstützern von Laien, zu Fermenten ihrer professionellen Qualität in deren Handeln und Lernen machen, deren Rahmen pflegen, sie gesellschaftlich positionieren, also jede Menge Intendantenqualität einbringen. Laien sollte man auf die Bühne lassen, damit sich andere Laien identifizieren und weder sie selbst noch ihre »Kunden« durch Expertise geblendet werden.

- Bottom-up-Prozesse sind Sisyphus-Prozesse. Immer wird das Rad neu erfunden. Das macht die Prozesse für Profis so verachtenswert langweilig. Das trennt die Welten. Was muss geschehen, dass Profis interessiert bleiben, dass Laien nicht immer von vorne anfangen?

- Dazu müssen Professionelle andere Selbstverständnisse erwerben und ihre Kerntätigkeiten müssen anders ausgerichtet werden, es gelten mehr didaktische Gütekriterien.

- Parallelen sind: Trendwende von der bildungsteiligen zur bildungsintegrierenden Policy, von Coaching als separate Dienstleistung zu Coaching als Qualität und Perspektive für Organisationskulturentwicklung, von Psychosomatik zu Leib-Seele-Medizin, vom Seminar zu Werten, Gesundheit, Spiritualität etc. zu Integration in andere Perspektiven.

- Warum ist es so schwer, Menschen in Dialog zum eigenen Wirken zu bringen? Warum suchen sie stattdessen Entertainment oder Verehrung von Ikonen?

8.3 Kybernetischer Humanismus (Schmid 2011d)

»Man muss Kybernetiker werden, um Humanist bleiben zu können.«
(Peter Sloterdijk 2007)

8.3.1. Eine Hinführung

Gemäß Sloterdijk ist nach den Zeitaltern des Animismus und des Maschinismus gepaart mit abmilderndem Personalismus jetzt das kybernetische Zeitalter ausgerufen. Jedes neue Zeitalter muss zunächst das vorige in seinem Selbst- und Weltverständnis kränken. Dann aber muss es die Perspektiven der vorigen Zeitalter auch würdigen und integrieren (Sloterdijk 2007).

In diesem Text möchte ich aufzeigen, wie ein systemischer Bezug und eine neue Einordnung bzw. Neubewertung bisheriger Beschreibungen und Begründungen den Weg freimacht, animistische, personale und kybernetische Weltsichten zu integrieren. Hierzu werde ich unten 99 Thesen anbieten. Diese habe ich 2006 in Auseinandersetzung mit dem Neurobiologen Gerald Hüther spontan geschrieben. Mit diesen Thesen wollte ich in unserem Diskurs meine Position bestimmen. Die gemeinsame Veröffentlichung folgt dann allerdings einem anderen Duktus (Schmid/Hüther 2009). Eine humanistische sollte es allemal sein, aber eben ein Humanismus, der nicht nur eine herausgegriffene Sphäre in großer Schönheit entfaltet, sondern einer, der sich vielen Perspektiven stellt, an die wir zumindest anschlussfähig sein sollten, wenn wir dem Verdacht, Treibhauskulturen zu pflegen, etwas entgegensetzen wollen. Dazu war mir wichtig, Verengungen des humanistischen Denkens der 1970er-Jahre zu benennen und durch Infragestellung aufzulösen. Bei der Entwicklung der Thesen habe ich den Bogen von Fragen der Intuition (von denen auch die Entwicklung der Transaktionsanalyse ihren Ausgangspunkt genommen hat) über einen Ansatz für Professionen und Organisationen (die multidisziplinär ihren Kurs in unübersichtlichen Zeiten suchen) bis hin zu einem spirituellen Selbstverständnis als Professioneller geschlagen.

Ich versuche durch Themen wie Persönlichkeitsarbeit, persönliche Identitätsentwicklung, biografische Sinnstiftung, persönliche Professionalität und Kompetenz die personalen Traditionen zu integrieren. Integrieren bedeutet ein Kombinieren mit Fragen der Organisationsbeziehungen, der Wirkung von gesellschaftlichen Kräften wie etwa von Milieuentwicklungen, Organisation des Wissenschaftssystems, des Politsystems, des Wirtschaftssystems usw. Im Organisationsbereich tätig sehe ich mich mindestens als Zehnkämpfer, der nicht durch Optimierung in einer Disziplin, sondern nur durch die intelligente Kombination von Disziplinen gewinnen kann. Hierzu gehört, viele gesellschaftliche Kräfte zu berücksichtigen und mit personalen Fragen und der Kraft von Imaginationen zu verbinden.

Ich habe 2006 dafür den Begriff ›*Integrativer Humanismus*‹ gewählt, weil mir die separatistische Organisation von Schulen und Weltverständnissen als ein Haupthindernis auf dem Weg zu einem modernen Humanismus erschien. Wahrscheinlich trifft dies weniger bei den Vordenkern und in der gelebten Praxis zu, aber leider immer noch in der gebotenen Programmatik. Duales und oft auch polares Argumentieren stabilisieren die Fragmentierung unserer Gesellschaft. Das ist auch durch verschwommene Ganzheitlichkeitsrhetoriken nicht aufzulösen. Hingegen potenziert Unfähigkeit zu integrativen Bemühungen die Desintegration, die den Wettlauf gegen den Aufbau von Problemlösungsfähigkeit und Ressourcen zu gewinnen droht. Daher sehe ich alle Menschen, unabhängig von ihren sonstigen Standpunkten, in einer Integrationsverantwortung (Schmid 2008c). Das ist emotional und intellektuell durchaus anspruchsvoll: die Spannung auszuhalten zwischen scheinbar inflationär ausgeweiteten Perspektiven, die keine einfachen Positionierungen mehr zulassen, und dem immer wieder neuen und fragmentarischen Bemühen, die Dinge zueinander zu führen, nicht nur in der Praxis, sondern auch in der Programmatik.

Sloterdijk hat auf die Brückenbauverantwortung aller hingewiesen. Wir brauchen Mathematiker, die gleichzeitig Künstler sind, Physiker, die gleichzeitig Schamanen sind, Musiker, die gleichzeitig Politiker sind, usw. Viele reichern längst ihr Leben und ihr Berufsverständnis so an. Programmatische Integration ist allerdings noch mehr als gelebtes Neben- und Miteinander verschiedener Identitäten.

Sloterdijk würde wahrscheinlich anstelle von Integrativem Humanismus eher von ›kybernetischem Humanismus‹ sprechen. Kybernetik meint Steuermannskunst. Auch Berne machte Ansätze, die sich entwickelnde TA als kybernetischen Ansatz zu formulieren, doch trat Kybernetik damals noch in recht mechanistischen Anfängen in Erscheinung. Das industrielle Zeitalter ließ uns noch die Hoffnung auf Beherrschbarkeit. Man konnte sich noch eine auf den Weltmeeren kreuzende, verbesserte Titanic vorstellen und sich auf dieser ganz auf die Befreiung des Menschen von den Eierschalen belasteter persönlicher Entwicklung zu wahrer Autonomie konzentrieren. Heute sind diese Illusionen geplatzt und wir müssen uns fragen, ob nicht schon solche Heilungsvorstellungen Ausfluss von Machbarkeitsfantasien sind und, zumindest was die breite gesellschaftliche Wirkung betrifft, ebenfalls illusionär (Hillman/Ventura 1999).

Aber es ist viel schlimmer: Wir finden uns eher in einer Nussschale im endlosen und unbeherrschbaren Ozean wieder. Oft ist die See ruhig, dann hofft eine Minderheit von Privilegierten doch noch auf eine Luxusfahrt. Zeigen jedoch die

Elemente ihre Kraft, so herrscht an Bord erhebliche Verwirrung, wie und wohin man entkommen und vorankommen könnte. Wer versteht es dann, Orientierung zu bieten und wem sollte welche Rolle an Bord eingeräumt werden? Ob diejenigen auf der Brücke kompetent sind, ist fragwürdig geworden, doch ob andere zu Recht Führung beanspruchen ebenso. Der unter diesem Schiff unergründliche Ozean, von dem wir eh nur ca. fünf Prozent wirklich wissen, und über uns das Weltall, für das die Aufklärungsquote nicht besser ist, sind die Genetik in uns, die wir entschlüsselt glaubten, bis wir bemerkten, dass die 95 Prozent der Geninformationen, die wir für Müll hielten, vermutlich die Software sind. Jetzt wird begonnen, sie unter dem Etikett der Epigenetik zu erforschen.

Um uns herum ist ein Naturgeschehen, dem wir erschütternd wenig wirklich entgegensetzen können. Selbst die in den Bereich animistischer Mythen verbannten Monsterwellen gibt es nachweislich doch. Da es sie nach klassischer Physik gar nicht geben dürfte, sind selbst die Giganten der Meere nicht unverwundbar. Täglich verschwindet spurlos mindestens ein Schiff.

Dennoch: Das Schiff muss gesteuert werden, soweit im Spiel dieser Kräfte Steuerung möglich ist. Und vielleicht ist es gar nicht so schlimm, wenn Machbarkeits- und Sicherheitsfantasien platzen. Dann können wir dem Diktat der Beherrschbarkeit ein neues aufgeklärtes Weltbild entgegenstellen, das kreative Gestaltung, Aufeinander-angewiesen-Sein und Sich-Anheimstellen neu integriert. Da Expertokratien unsere Probleme offensichtlich nicht lösen, müssen und dürfen wir unser Schicksal wieder beherzt in die eigenen Hände nehmen. Regressionen in illusionäre Spielarten animistischer und personalistischer Traditionen würden uns die Kraft dafür rauben und an der heute möglichen Menschenwürde zehren. Fundamentalismus jeder Couleur gießt nur Öl ins ohnehin kaum zu begrenzende Feuer. Wir brauchen eine neue Aufklärung und neue Koalitionen und Kooperationen auf allen Ebenen der Gesellschaft, wenn wir eine Chance haben wollen. Ein Zurück gibt es nicht. Vielleicht werden wir auf längere Zeit nicht bestimmen können, wo wir uns wirklich befinden und wie der neue Kurs sein soll. Was wir aber tun können, ist an Bord eine neue Kultur einzuüben, die das Aushalten von Unsicherheit, den Abschied von überkommenen Traditionen und die gemeinsame Entwicklung neuer Selbstverständnisse und Beziehungen integriert.

Brennende Themen haben wir also genug. Wir leben in Umbruchzeiten, beunruhigend und faszinierend zugleich. Wir kennen die Antworten auf die meisten großen Fragen nicht. Daher besteht die Gefahr, dass wir uns an den alten Antworten zu orientieren versuchen, vergleichbar der Kerbe, die wir uns in die eigene Reling geschnitzt haben, um uns die Richtung zu merken. Wir müssen aber die alten Antworten zur Disposition stellen, um neue Fragen zu stellen, neue Positionen finden zu können. Schon davon geht eine Kraft aus.

Ich meine, dass die folgenden Thesen zentral mit dem Thema »Leben in Beziehungen – Beziehungen im Leben« zu tun haben. Entscheidend ist hierbei die Ausweitung der Perspektive auf eine kompetenz- und vernunftbasierte Vorstellung menschlicher Beziehungen und Humanität, die darauf beruht, dass man realisiert, dass es in der heutigen Welt die Anderen nicht mehr wirklich gibt. Zumindest nicht so, dass man denken könnte, durch Imperialismus und Kolonialismus oder durch fundamentalistische Notwehrreflexe die eigene Wohlfahrt dauerhaft bewahren zu können. Es gibt auch nicht mehr wirklich die Umwelt, die man benutzen könnte, ohne die Konsequenzen zu erleiden.

Ein erneuter Blick auf Ganzheitlichkeit tut not. Daher kommt hier auch eine Vorstellung vom Wirtschaften zum Zuge, die nicht auf einer Ausbeutung von Ressourcen, sondern auf intelligenten Synthesen begründet ist, die wirklich Werte schöpfen. Unsere Probleme können nicht vorrangig durch Verzicht gelöst werden. Ein intelligenter Gebrauch der Welt ist kein Problem, wenn wir eine Recyclingwirtschaft entwickeln. Dazu müssen wir uns auch wirtschaftlich in die Schöpfung eingliedern, anstatt sie uns durch Ausbeutung und Verschmutzungsanspruch untertan zu machen. Michael Baumgart geht davon aus, dass Bevölkerungswachstum dann nicht zu Inhumanität führen muss: »Der Kalorienverbrauch aller Ameisen entspricht dem von 30 Milliarden Menschen und das Ökosystem verkraftet sie auch.« (Baumgart 2009) Sie sind keine Zumutung für den Planeten, denn sie machen keinen Müll.

Im Gegensatz zum Modell des kalt kalkulierenden Homo Öconomicus spielen eben auch Fairness- und Gerechtigkeitsvorstellungen für das Verständnis wirtschaftlicher Beziehungen eine wichtige Rolle (Copray 2010). Überhaupt wird neuerdings Evolution auch als Kooperation von Anfang an gesehen (Bauer 2008a, 2008b). Auf der anderen Seite zeige ich auf, dass ideale Beziehungen in der Kindheit nicht vor inhumaner Einstellung und Verhalten gegenüber solchen, die als »andere« definiert werden, schützen. Wir müssen uns also vor Idealisierungen entwicklungspsychologisch beschreibbarer Grundlagen für Humanität hüten. Beste Eltern-Kind-Beziehungen gibt es auch in der Mafia. Auch dürfen wir die Funktion von vertrauensvoller Nähe, Empathie und Intuition in der Beziehungsgestaltung und als Grundlagen von Schöpfergeist nicht verklären. Ich führe da auch schon länger eine freundschaftliche Kontroverse mit Gerald Hüther, der im Geiste der 1970er-Jahre Kreativität hauptsächlich auf ideale Kindheitsbeziehungen zurückführt. Ich sehe sie mit anderen zumindest gleichwertig auch als Antwort auf Bedrängnis und Hadern. Als Therapeuten an der Studentenberatungsstelle der Uni Heidelberg boten wir vor ca. 40 Jahren der Kunsthochschule Heidelberg eine psychotherapeutische Betreuung ihrer Studenten an. Dies wurde resolut abgelehnt mit dem Hinweis, dass die Studenten aus ihren existenziellen

Problemen künstlerisch schöpfen sollten. Therapie würde die dafür notwendige Spannung stören. Dies fand ich damals absurd, heute nicht mehr unbedingt.

8.3.2 99 Thesen zum Integrativen (kybernetischen) Humanismus (IH)

Humanismus als Evolutionsvorteil

1. Evolution bedeutet ein Sich-Entwickeln in Zusammenhängen und daher Kooperation. Humanistische Haltungen und Kompetenzen basieren vermutlich auf dem Evolutionsvorteil der Kooperation in zusammengehörigen Gruppen. Insofern wird Humanismus als Mechanismus evolutionärer Vernunft, nicht als moralischer Gegenspieler von Egoismus angesehen.

2. Bei genügend vielschichtigem Begreifen der Zusammenhänge kann man Humanismus gleichzeitig als kulturellen Mechanismus menschlicher Vorteilsnahme begreifen und als daraus erwachsene altruistische Werthaltung. Die Akzentuierung des Humanismus als Integrativen Humanismus verfolgt diesen Gedanken weiter.

Empathie und Bindung

3. Empathie, Bindung und Autonomie können als eng verbunden mit Kooperation, Solidarität und Kreativität angesehen werden. Wir haben es mit Grundbegriffen des Humanismus zu tun.

4. Empathie verhilft zum Verständnis der Selbststeuerung anderer und verschafft uns die Möglichkeit, direkt davon und bezogen darauf zu lernen. Empathie erleichtert also Kooperation. Und sie ermöglicht Mitgefühl und Einfühlung anderen gegenüber.

5. Bindung sichert Schutz in der Gemeinschaft und das Interesse, voneinander zu lernen. So entsteht die Bereitschaft, auch dann aufeinander Rücksicht zu nehmen, wenn dies nicht unmittelbar von Nutzen ist. Geben und Nehmen in den unterschiedlichsten Währungen müssen über die Zeit aber eine Balance finden.

6. Kreativität wird als eigener Drang betrachtet, sich selbst und die eigene Umwelt gestaltend weiterzuentwickeln, über sich und den bisherigen Weltbezug hinauszuwachsen.

7. Aus den beschriebenen Evolutionsvorteilen sind erst sekundär generalisierte Haltungen und kulturelle Werte geworden. Entstehende Selbstverständlichkeiten können als Kultur bezeichnet werden.

8. Dabei bleibt der Mensch auch Raubtier und kann leicht zum Unmensch werden. Dies geschieht als primitive Reaktion bei Bedrängnis oder bei ideologischer Freisetzung durch Autoritäten. Unmenschentum kann leicht in Räumen ausgelebt werden, die nicht zum Kulturraum der eigenen Sippe zählen, oder wenn kultivierende Mechanismen außer Kraft gesetzt werden.

Die kleinere Übung: Humanität und Sippschaft

9. Der Mensch ist primär auf die eigene Sippe orientiert. Sein Interesse gilt zunächst der Umwelt, deren Bedeutung für sein Wohlergehen er direkt erlebt oder erkennt. Kreativität, Empathie und Bindung gelten in diesem Kreis.

10. Empathie und Bindung werden vielleicht auf Haustiere und andere Elemente der unmittelbaren Umwelt ausgedehnt. Sie werden als heimatliche Umgebung intuitiv verstanden oder animistisch besetzt. So kann man sich besser auf sie beziehen.

11. Empathie (intuitives Begreifen der Selbststeuerung anderer) kann auch bei Tieren, Menschen oder sonstigen Erscheinungen, die nicht der Sippe oder eigenen Welt zugerechnet werden, versucht werden. Vermutlich geschah dies ursprünglich, um ihre Nützlichkeit oder Gefährlichkeit abschätzen zu können, vielleicht auch, um sie weitergehend dem eigenen Weltbezug verfügbar zu machen.

12. Wer oder was zur Heimatumwelt gehört, wird kulturell erfahren oder definiert. Dort gelten die Gesetzmäßigkeiten, die Umgangsweisen und Austauschverhältnisse des eigenen Kulturraumes.

13. Wer oder was nicht zur Heimatumwelt gehört, wird ohne Rücksicht auf dessen Eigengesetzlichkeit und Eigeninteresse ausgebeutet und beherrscht. (Das Gastrecht bietet einen vorübergehenden Einbezug in die Sippschaft.)

14. Je größer aufgrund verschiedener Entwicklungen (mentale Horizonterweiterung, politische Verhältnisse, Handel, Verkehr) die Horizonte wurden, umso größer wurden die Heimatumwelten. Immer mehr Menschengruppen wurden in den eigenen Kulturraum einbezogen.

15. Zugehörigkeit wegen eines Merkmals (z. B. regionale Zugehörigkeit) schützte allerdings nicht vor Ausschluss wegen anderer Merkmale. Die Exkommunikation von Menschengruppen aus der Zugehörigkeit ist bis in die Gegenwart hinein entscheidend dafür geblieben, um sie aus dem Geltungsbereich humaner Werte auszugliedern (und damit der einseitigen Beherrschung, Ausbeutung oder gar Vernichtung auszuliefern). Dies war auch in Zeiten des Humanismus nicht anders. Ein solcher Humanismus kann exklusiver Humanismus genannt werden.

Vom Sippschaftshumanismus zum globalen Humanismus

16. Globales Denken und entsprechende weltanschauliche Normen fördern die weltweite Aufgabe von Kirchturmpolitik jeder Art. Aber erst wirtschaftliche und politische Globalisierung lässt die Grenzen eines exklusiven Humanismus erkennbar werden und erzwingt eine Neubesinnung auf einen Integrativen Humanismus. (Aus exklusivem Humanismus muss ein Integrativer Humanismus werden.)

17. Ein Integrativer Humanismus ist notwendig, und er ist geboten nicht in erster Linie aus moralischen Werten, sondern aus evolutionärer Vernunft. Hierauf ist im Zweifel mehr Verlass, da es sehr verschiedene Vorstellungen von moralischen Werten gibt.

18. Neben dem gelebten »Sippschaftshumanismus« gab es immer wieder Kosmopolitentum und Panhumanismus. Dieser blieb aber meist abstrakt oder führte ein Nischendasein (Orden, Sekten) oder war Schönwetterideologie, die der Konkurrenz von Macht- und Bereicherungsinteressen nicht viel entgegenzusetzen hatte.

19. Jetzt geht es darum, diesen als Integrativen Humanismus in einer pragmatischen, ›wetterfesten‹ Weise neu zu konzipieren.

20. Insofern beruht ein Integrativer Humanismus auf Einsicht in Implikationen und Konsequenzen komplexer Zusammenhänge. Denn wir

erkennen immer mehr, dass Menschen und Welten zu den Anderen gehören, mit denen wir uns abstimmen müssen, um in der Evolution erfolgreich zu sein.

21. Wir erkennen immer mehr, dass Menschen und Kräfte außerhalb unseres Zeit- und Welthorizonts zu unserer Sippe (zur Sippschaft/Gesellschaft/Menschheit) gehören. Wir erkennen die schicksalhafte Sippen-Haft, in der wir uns nun durch unsere Weltgestaltungspotenz unausblendbar befinden.

22. Insofern ist Integrativer Humanismus ein Etikett für humane Vernunft zwischen gesellschaftlichen Kräften in Wissenschaft, Wirtschaft, Bildung und Politik.

Integrativer Humanismus als Geisteshaltung und Denkstil

23. Ein Integrativer Humanismus ist auch eine Frage der Geisteshaltungen und des Denkstils.

24. Wir brauchen ein offenes humanistisches Denken, also unvollständige Kataloge humanistischer Perspektiven statt des umfassenden Erklärungssystems (Scheinwerfermetapher).

25. Das heißt notgedrungen, schnell die Ebene der großen und vollständigen Entwürfe zu verlassen und (nach einer gewissen Programmatik) Prozess- und Kulturmerkmale einer Bewegung dorthin zu definieren.

26. Ein offenes humanistisches Denken kombiniert randscharfes und kernprägnantes Denken, kombiniert bewusst-methodische Vorgehen mit unbewusst-intuitivem, kombiniert vordergründige Rahmensetzungen und Transparenz für vielschichtige, vieldeutige Hintergründe.

27. Ein neuer Humanismus darf kein Extrathema neben dem gesellschaftlichen Vollzug sein (Sonntagsreden), sondern eine immanente oder transzendente Dimension gesellschaftlichen Vollzugs.

28. Seine Steuerungsimpulse sind in die Handlungssteuerungen nach anderen Kriterien (zum Beispiel monetäre) zu integrieren.

29. Zum Integrativen Humanismus gehört auch die Integration von dualen Sichtweisen aus übergeordneten Sichtweisen und holografischen Betrachtungen des Ganzen, von welcher Seite aus man auch in das Hologramm schaut.

30. Dabei brauchen wir diese Haltung als eine prozessuale, weil keiner weiß, wie das ganze Bild ausschaut, und wir immer damit rechnen müssen, dass hinter den derzeit vordergründigen Betrachtungen neue entscheidende Hintergründe auftauchen, die wir bisher nicht sehen konnten mangels geeigneter Wahrnehmungsinstrumente oder mangels psychischer Bewusstheit. Wahrnehmung ist eben auch ein kulturell geprägter Prozess.

31. Wir brauchen also einen neuen Humanismus nicht nur der Handlungen und Haltungen, sondern auch der Beschreibungen (integrationsgeeignete oder komplimentaritätsgeeignete Beschreibungen der Menschen und ihrer Welten).

Überwinden von Haltungen des Imperialismus und des Kolonialismus

32. Ein Integrativer Humanismus wirkt evolutionsfeindlichem Imperialismus und Kolonialismus entgegen. Ein exklusiver Humanismus verträgt sich offenbar mit Imperialismus und Kolonialismus, wie die Geschichte lehrt.

33. Warum sind Imperialismus und Kolonialismus evolutionsfeindlich? Imperialismus versucht, die Welt unter Kontrolle zu bekommen, Kolonialismus, sie auszubeuten. Beide sind zukunftsdumm, weil sie bei Misslingen Chaos und bei Gelingen tödliche Uniformierung hinterlassen. Beides verstößt gegen die Schutznotwendigkeit von Vielfalt, auch Kulturvielfalt. Uniformität ist für die Evolution lebensgefährlich.

34. Vertreter eines Integrativen Humanismus verstehen menschliche Gruppierungen als Notlösungsgemeinschaft. Sie kooperieren, um entscheidende Mechanismen der Evolution zu beschützen.

35. Statt Vernichtungsgegnerschaft braucht es kooperative Konkurrenz: Konkurrenten werden nicht als Feinde oder Gegner betrachten, sondern als Gegenspieler oder Wettbewerber im schöpferischen Wettstreit (in der

Bedeutung von lat. *concurrere*: miteinander laufen, um im Wettbewerb zu Bestleistungen zu kommen).

36. Humanismus soll integrativ sein, d. h. alles, was Scheren weiter aufgehen lässt, wird kritisch betrachtet (arm – reich, gebildet – ungebildet, chancenreich – chancenarm). Integration von Polaritäten geschieht nicht durch Gesundbeterei und Gleichmacherei, sondern durch kreativen, vernünftigen und friedfertigen Umgang mit Unterschieden.

37. Ein neuer Humanismus muss ein realistischer Humanismus sein. Idealistische Gefühlsromantik ist fehl am Platz. Sonst ist Brutalität die Folge, denn Sentimentalität und Brutalität sind Geschwister. Wir brauchen einen nüchternen Humanismus, bei dem die Ideale durch das gestalterisch Mögliche transzendieren.

38. In einem Integrativen Humanismus ist Platz für Religiosität, die nicht an Glaubensgebote gebunden ist. Jeder darf seine Überzeugungen leben, so weit sie nicht mit Wahrheiten verwechselt werden und als Legitimation für Kolonialismus und Imperialismus oder Fundamentalismus dienen. Vielleicht ist Integrativer Humanismus selbst eine Ausdrucksform von Religiosität.

39. Integrativer Humanismus ist evtl. die spirituelle Dimension von Gott als schöpferischem Prinzip, der nicht uns, sondern den wir erlösen müssen.

Privilegien und gesellschaftliche Verantwortung

40. Ein Integrativer Humanismus stellt jedem Individuum und jeder Institution die Frage der gesellschaftlichen Verantwortung. Die Tauglichkeit von Ideen für Zukunft und gegenseitigen Nutzen muss realistisch geprüft werden, sonst bekommen wir wieder das Bequemlichkeits- und gleichmacherische Sozialstaatssyndrom, das die heutigen Probleme in vielen Teilen der Welt kennzeichnet.

41. Wir brauchen also eine humane Leistungs- und Nützlichkeitsphilosophie neben der unbedingten Bejahung von Menschen (bis hin zur Caritas). Durch nicht differenzierende Unterstützungssysteme haben wir dieselben ruiniert. Also fördern und fordern, Leistung und Caritas,

bedingte und unbedingte Bejahung (die Töpfe, aus denen alle essen wollen, müssen auch von allen gefüllt werden).

42. Zum gesellschaftlichen Miteinander müssen alle beitragen können und dafür gewürdigt werden. Diese Formen von Menschenwürde sind Bestandteil eines Integrativen Humanismus.

43. Wer mehr einbringt, soll auch Privilegien erwerben können. Doch sollen sich Privilegien auch nicht von Beiträgen zur Evolution ablösen.

44. Die Privilegierten dürfen ihre Privilegien nicht für eine einseitige Beherrschung und Ausbeutung anderer ausnutzen. Sie sollten dem Ganzen dienen und die anderen fordern und fördern, ohne sich über sie zu erheben (Sozialpflicht von Kapital und Privilegien).

Wirtschaften

45. Wirtschaften im Integrativen Humanismus wird nicht mit jeglicher Nutzung von Bereicherungschancen gleichgesetzt.

46. Wirtschaften darf insbesondere nicht mit Marktbeherrschung durch Wirtschaftskolonialismus oder Maximierung von Ressourcenausbeutung gleichgesetzt werden.

47. Wirtschaften meint in erster Linie die Erzeugung von Mehrwert. Die monetäre Bewertung von Mehrwert ist sekundär (Elternschaft / alle Arten von Gesellschaftsbeiträgen).

48. Mit Mehrwert ist die Erhöhung der Wohlfahrt von Menschen gemeint. Dies gilt für direkt und indirekt Betroffene.

49. Dies gilt sowohl für die Produkte als auch für den Produktionsprozess.

50. Wirtschaftskultur sollte als Teil der Gesellschaftskultur der Wohlfahrt der darin tätigen und davon betroffenen Menschen dienen.

51. Wachstum wird nur dann als gerechtfertigt betrachtet, wenn es der Erhöhung dieser Wohlfahrt dient.

52. Es muss eine Form der kulturellen Evolution gelernt werden, die nicht auf quantitatives Wachstum angewiesen ist. Prinzipiell soll so gewirtschaftet werden, dass stationäres Wirtschaften möglich ist. Insbesondere soll Wachstum nicht der Kompensation von Misswirtschaft in diesem Sinne dienen.

53. Wirtschaften soll letztlich umweltneutral werden: Nur solches Wirtschaftsgeschehen ist legitim, das ohne dauerhafte Belastung der Biosphäre auskommt.

54. Wertschöpfung wird neu begriffen als intelligente Ressourcenkombination, durch Vielfachnutzung, Miniaturisierung, Verdichtungen aller Art, Recycelbarkeit, qualitatives Wachstum bei quantitativer Reduktion des Ressourcenverbrauchs.

55. Das fordert einen sorgsamen Umgang mit Ressourcen – auch mit der Ressource Mensch. Wobei zumindest der Mensch eben nicht nur als Ressource, sondern auch als sich verwirklichendes Wesen begriffen werden soll (Kant'sche Imperativ / Buber'sches DU).

56. Insbesondere soll Unternehmenskultur so gestaltet sein, dass die Menschen ihren persönlichen Lebenssinn im Unternehmen finden und sich entsprechend ihrer Entwicklung neuen Formen anpassen können.

57. Das fordert auch eine Wertschätzung der Ressourcen und seiner Quellen, soweit möglich Pflege der Quellen. Das bedeutet auch Verantwortung für den in Verteilungskämpfen erlangten Ressourcenzugriff. Schließlich fehlen ergatterte Ressourcen an anderer Stelle, weshalb dieser Mangel mitverantwortet werden muss.

58. Neue Modelle einer globalen sozialen Marktwirtschaft müssen entwickelt und ein entsprechendes Wirtschaften geübt werden.

59. Jeder sollte sich daran messen lassen, ob er sich der Banalität des Bösen (Hannah Arendt) hingibt oder sich in der Banalität des Guten (Paul Watzlawick) übt.

Wettbewerb

60. Wettbewerb dient der Verbesserung evolutionären Strebens und der Ressourcenallokation. Sinnvollerweise sollten Ressourcen dorthin fließen, wo sie optimal und verantwortlich genutzt werden.

61. Wettbewerb sollte über intelligentere Ressourcenkombinationen, über Steigerung der menschlichen Wohlfahrt und verantwortlicheren Ressourcenverbrauch ausgetragen werden.

62. Dieser Wettbewerb sollte nicht durch Kolonialismus und Imperialismus ausgeschaltet, sondern als Evolutionsferment von allen gepflegt werden.

63. Insofern ist der Verantwortungsdialog ein wichtiger Bestandteil eines Integrativen Humanismus. Es geht nicht nur um Antworten auf Fragen, die uns unmittelbar betreffen oder für deren Beantwortung wir zuständig sind, sondern um aktives Fragen nach Zusammenhängen über Zeit, Raum und Zuständigkeiten hinweg.

Frühkindlich begründete Bindungs- und Beziehungsfähigkeit

64. Kindheitsorientierte Beschreibungen stehen bei dieser Diskussion von Integrativem Humanismus, im Unterschied etwa zu den meisten Psychotherapien, nicht im Vordergrund.

65. Psychologische Betrachtungen von Biografie sind neben anderen systemischen Zusammenhängen für das Selbstverständnis und Verhalten Einzelner und von Gruppen wichtig.

66. Wichtige Prozesse in Beziehungen und in der persönlichen Entwicklung können durch Angst gestört werden. Menschen können durch übermäßige Belastung nachhaltig geschädigt und traumatisiert werden. Menschen mit günstigen Erfahrungen in ihrem Werdegang können sich leichter auf Unsicherheiten, Belastungen und Risiken von Entwicklung einlassen.

67. Menschen können durch Traumata und fehlleitende Sozialisation von ihrer Sinnfähigkeit, dem Finden einer geeigneten Rolle in der Gesell-

schaft und erst recht in ihrem Interesse und ihrer Fähigkeit, humane Entwicklungen mit anderen voranzutreiben, behindert werden. Psychotherapeutische Behandlungen solcher Belastungen können für die Beziehungsfähigkeit und auch für die Lernfähigkeit und Kreativität von Bedeutung sein.

68. Ist ein Mensch, bei dem die biografische Entwicklung leidlich gutgegangen ist oder dessen Belastung therapeutisch versorgt wurde, nun der humane, kreative Mensch? Müssen wir uns, wenn alle erfolgreich therapiert sind, um Humanität und kulturelle Evolution und um die Übernahme von Verantwortung in einer globalen Welt keine Sorgen mehr machen? Vielleicht braucht es gar nicht so viel Befreiung von Belastungen, sondern eine engagierte Auseinandersetzung mit Kultur?

69. Wir kennen Menschen, die im Angesicht biografischer Belastungen und ohne Therapie unter widrigen Umständen besondere Kulturleistungen auch in Richtung Integrativer Humanismus erbringen. Resilienzforschung und der Einbezug vieler weiterer gesellschaftlicher Faktoren erhellen diesen Umstand allmählich besser.

70. Sind es nicht oft Charaktergestörte, Angst-, Empathie- und Bindungsgestörte gewesen, die entscheidende zivilisatorische Risiken eingegangen sind, die innovative Reformen durchgesetzt haben? Ist es nicht die genutzte Störung (auch Persönlichkeitsstörung), die mehr Fortschritt bringt als die saturierten Normalen?

71. Gibt es nicht genug Menschen, deren biografische Entwicklung wenig belastet war, ja positiv verlaufen ist oder die reichlich Psychotherapie erfahren haben, die aber nicht durch ein besonders sinnvolles Leben oder engagierte Beiträge zur Evolution auffallen? Geht es hier nicht um Dimensionen, die über die Befreiung von privaten Entwicklungsstörungen weit hinausgehen?

72. Gibt es da nicht eine Entwicklungskultur, die neben der individuellen Störungsbeseitigung und unabhängig von ihr verfolgt werden sollte? Ich denke da an Professions-, Organisations-, Wirtschafts- und Bildungskultur. Biografische und psychotherapeutische Gesichtspunkte könnten dort integriert werden.

73. Wie sehr ist das Nachreichen positiver biografischer Erfahrung durch Therapie wirklich Voraussetzung für Integrativen Humanismus? Voraussetzung dafür, dass Belastungen ertragen, dass Risiken übernommen und getragen werden, auch die Risiken des Unvertrauten?

74. Dann heilen schöpferische Erfahrung, persönliches Wirksamkeitserleben und Selbstfindung in gesellschaftlichen Rollen sogar mehr als Störungsbeseitigung (eine gute Organisationsentwicklung oder Personalentwicklung ist oft die beste Therapie!).

75. Bindung ist ja nicht an sich gut. Familien- und Heimatverbundenheit verträgt sich mit Borniertheit und Arroganz nach außen. Wie kann Bindungsfähigkeit mit Weltoffenheit und Innovationsfreude gepaart werden? Wie Emotionalität mit Intellektualität, wie Verbundenheit mit dem Vertrauten einer Solidarität oder zumindest mit Respekt vor dem Fremden?

76. Es gibt auch eine Bindung an vertraute Denk- und Verhaltensmuster. Hier brauchen wir Entbindung und Verfremdung. Hier brauchen wir Talente und Passionen, die sich auch aus Störungen ergeben.

77. Psychotherapie darf hier nicht vorrangig als Reparatur frühkindlich eingestufter Defekte verstanden werden. Wir brauchen diese Störungen, sollten aber helfen, sie schöpferisch zu nutzen (wie die *hopeful monsters* – so die Bezeichnung durch Evolutionsforscher: Abweichler, die nach üblichen Normalitätvorstellungen fehlerhaft sind, sich jedoch zu zukunftsweisenden Mutanten entwickeln).

78. Heilend ist nicht unbedingt die Reparatur, also die Wiederherstellung bekannter Funktionen (obwohl auch dies ein Segen sein kann), sondern anstehende persönliche Ergänzung und gesellschaftliche Entwicklung, die notwendig ist, um gesund zu bleiben.

79. Gesundheit einer Gesellschaft entsteht nur begrenzt durch Gestaltung von separaten Therapiewelten. Vielleicht sind gelungene Kooperationserfahrungen, gemeinsames Lernen, Eingebundenheit in gute Organisations- und Professionskultur und gemeinschaftliche gesellschaftliche Mitgestaltung im Endeffekt eher sinnstiftend und heilend.

80. Anstatt gesellschaftliche Ressourcen in »Reparaturbetriebe« wie Therapie, Coaching etc. zu leiten und solche separaten Erfahrungen als Heilswege und Maßstäbe zu empfehlen, sollten Fachleute zu einer Verbesserung der Alltagskultur beitragen. Nicht dass solche Maßnahmen falsch wären. Sie sollten aber nur begrenzt zum Selbstverständnis der entsprechenden Professionen beitragen.

81. Brauchen wir da nicht eher differenziertere Betrachtungen, anstelle von Gewohnheitsannahmen der jeweiligen Berufsstände? Brauchen wir nicht deren Wissen als Ferment in gesellschaftlichen Institutionen mehr als eigene gesellschaftliche Felder?

82. Wir brauchen den interdisziplinären und den gesellschaftlichen Dialog auf Augenhöhe, im Bemühen, einander und dem übergeordneten Anliegen dienlich zu sein. Wir brauchen eine Diskussion um verantwortlichen Ressourceneinsatz und Integrationsverantwortung.

83. Hierzu müssen wir unsere Hochburgen verlassen und uns unters Volk mischen, müssen unsere Expertise einbringen, ohne die Prozesse um unser Wirken herum zu organisieren. Dazu müssen wir unsere Konzepte und Vorgehensweisen integrierbar, zumindest aber komplementär leicht nutzbar machen. Dazu müssen wir eine geeignete Expertensprache nach innen und eine leichtverständliche Amateursprache nach außen entwickeln und ineinander bruchlos übersetzbar machen.

84. Ein integrierter Humanismus sieht den Menschen nicht nur in seiner biografischen Entwicklung, sondern in seiner Bezogenheit an der Schnittstelle vieler Zusammenhänge. Dementsprechend ist er auf die Integration vielfältiger Perspektiven ausgerichtet. Dabei ist er aber auch personal, d. h. er sieht den handelnden Menschen und dessen Entwicklung im Geflecht gesellschaftlicher Kräfte.

Ausflug in eine spirituelle Perspektive

Gott ist nicht allmächtig, sondern erlösungsbedürftig. Und wir dürfen die Erlöser spielen. Jeder ist also nicht nur ein potenzieller Buddha (Erwachter), sondern auch ein potenzieller Erlöser.

85. In einem Integrativen Humanismus ist Platz für Religiosität, die nicht an Glaubensgebote gebunden ist. Jeder sollte seine Überzeugungen leben, sie nicht mit Wahrheiten verwechseln und nicht zu einer Legitimation für Kolonialismus, Imperialismus oder Fundamentalismus stilisieren.

86. Vielleicht ist Integrativer Humanismus selbst eine Ausdrucksform von Religiosität.

87. Gott kann als das schöpferische Prinzip angesehen werden und Schöpfung als ein offener Prozess. Gott weiß auch nicht, was daraus werden wird. Und er ist nicht allmächtig, auch nicht schöpfungsallmächtig, sondern als Potenzialität auf den schöpferischen Menschen angewiesen und damit auf schöpferische Beziehungen.

88. Dadurch dass der Mensch sich an der Schöpfung verantwortlich beteiligt, hat er Anteil am Göttlichen. Gelingende schöpferische Beziehungen sind göttliche Beziehungen. Das Werden der Gottheit ist unabdingbar an den evolutionsbezogenen und -kompetenten Menschen gebunden.

89. Spirituelle Haltungen sollen helfen, mit der Verantwortung eines engagierten Menschseins umzugehen. Dafür dürfen diese nicht animistischer Naivität und egozentrierter Selbstgenügsamkeit Vorschub leisten, sonst schaffen sie Schicksalsergebenheit oder Überheblichkeit statt Kulturkompetenz und globaler Anstrengungen.

90. Heilig hat mit heil sein zu tun und meint vielleicht die Anteilnahme am großen Ganzen, das durch unsere Ergänzungsbemühungen hindurchscheint.

91. Je mehr man dabei die heilsnotwendige Partnerschaft mit dem Anderen/Fremden in den Lebensprozessen der Mitwelt erkennt, umso besser.

92. Da reichen pauschale Gedanken, Gefühle und Worte in Richtung Ganzheitlichkeit nicht aus, sondern es muss konkrete Integrationsarbeit von einem sich ausweitenden Selbstverständnis heraus geleistet werden.

93. So kommen sich eine heilende Persönlichkeitsentwicklung und eine heilende Gesellschaftsentwicklung entgegen.

94. Dorthin muss man zu Fuß gehen. Viele beamen sich fiktiv dorthin. Sie erfahren und leisten dabei wenig, was ihre Würde als Mensch und Spiritualität nähren könnte.

95. Zu den täglichen Übungen gehört der Verzicht auf Wirklichkeitsimperialismus und der Verzicht auf Ausbeutung bzw. das Pflegen von Vielfalt und von Ressourcen.

96. Die Pflege einer darauf bezogenen Beziehungskultur ist Evolutions-, Gottes- und Liebesdienst.

97. Liebe meint einen immer größer werdenden Kreis von Lebensarten um ihretwillen in das Verständnis von Sippe und Zugehörigkeit einzubeziehen.

98. Insofern ist Liebe auch eine persönliche Kompetenz und Kultur in Beziehungen, für die es gesellschaftlich begünstigende oder erschwerende Bedingungen gibt.

99. Liebe ist nicht nur eine existenzielle und transzendente Erfahrung, sondern auch eine Evolutionsnotwendigkeit für unsere Spezies.

9. Literatur

Zitierte Literatur

Antonovsky, A. (1997): Salutogenese. Zur Entmystifizierung der Gesundheit. Erweiterte deutsche Ausgabe von A. Franke, Tübingen: Dgvt. Siehe dazu auch: http://de.wikipedia.org/wiki/Salutogenese [19.01.12]

Barth, Karl (2005): Einführung in die evangelische Theologie. Tübingen: TVZ, 6. Auflage

Bauer, Joachim (2008a): Prinzip Menschlichkeit. Warum wir von Natur aus kooperieren. München: Heyne

Bauer, Joachim (2008b): Das kooperative Gen. Abschied vom Darwinismus. Hamburg: Hoffmann und Campe

Baumgart, Michael (2009): Ohne schlechtes Gewissen konsumieren. Prof. Dr. Baumgart im Gespräch. Er ist der Entwickler des Cradle to Cradle Designkonzepts. Veröffentlicht in: greenbuilding, 06/09, 50/51. Verfügbar unter: http://greenbuilding-planning.schiele-schoen.de/zeitschrift/allgemein/archiv/preview.asp?f=gb20906050.pdf&s=14277 [19.01.12]

Beck, Ulrich (1986): Risikogesellschaft. Auf dem Weg in eine andere Moderne. Frankfurt am Main: Suhrkamp

Berne, Eric (1964): Games People Play. New York: Grove Press Inc.

Berne, Eric (1970): What do you say after you say hello? Transworld Publ. Ltd UK. Dt. (1983): Was sagen Sie, nachdem Sie Guten Tag gesagt haben? Frankfurt am Main: Fischer

Berne, Eric (2005): Transaktionsanalyse der Intuition: Ein Beitrag zur Ich-Psychologie. Paderborn: Junfermann, 4. Aufl. (Original: Berne, E. [1957]: Intuition and ego States. San Francisco, TA – Press)

Bleckwedel, Jan (2006): Zur Diskussion: Jenseits von Richtungen und Schulen wartet die Vernunft. Ein Beitrag zur Debatte um die Zulassung von psychotherapeutischen Verfahren und Methoden. Verfügbar unter: http://www.medhochzwei-verlag.de/fileadmin/medhochzwei/ptv/archiv/ptj_2006-4.pdf [24.01.2012]

Boeckhorst, Frans (1994) Theoretische Entwicklungen in der Systemtheorie II: Die narrative Denkrichtung In: *Systhema*, 8. Jg., H. 2, 2-22

Bolles, Richard Nelson (2002): Durchstarten zum Traumjob: Das ultimative Handbuch für Ein-, Um- und Aufsteiger. Frankfurt am Main: Campus

Copray, Norbert (2010): Fairness. Der Schlüssel zu Kooperation und Vertrauen. Gütersloher Verlagshaus

Deutscher Bundesverband Coaching e. V. (Hrsg.) (2007): Leitlinien und Empfehlungen für die Entwicklung von Coaching als Profession. Kompendium mit den Professionsstandards des DBVC. Bezug der Druckversion über die DBVC Geschäftsstelle, Osnabrück. Ein kostenloser Download in pdf-Format unter: http://www.dbvc.de/dbvc_coaching-kompendium.pdf

Deutscher Bundesverband Coaching e. V. (2008): Welche Rolle spielt der Coach? Kompendium anlässlich des Coaching-Kongresses 2008 (www.dbvc.de). Osnabrück: mumbo jumbo media

Dürr, Hans-Peter u. Marianne Oesterreicher (2005): Wir erleben mehr als wir begreifen. Quantenphysik und Lebensfragen. Freiburg: Herder, 6. Aufl.

English, Fanita (1976): Transaktionale Analyse und Skriptanalyse. In H. Petzold u. M. Paula (Hg.). Hamburg: Altmann

English, Fanita (2010): It takes a lifetime to play out a script. In: Life Scripts: A Transactional Analysis of Unconscious Relational Patterns. Richard G. Erskine (Ed.). London: Karnac

Erickson, Milton H. (1985): Meine Stimme begleitet Sie überallhin. Hrsg. von Jeffrey K. Zeig. Stuttgart: Klett-Cotta

Erikson, Erik H. (1973): Identität und Lebenszyklus. Drei Aufätze. Berlin: Suhrkamp

Flemming, Hans-Curt (1984): Ein Zettel an meiner Tür. Gedichte. Schorndorf: Windhueter Kollektiv

Frankl, Viktor E. (1979): Der Mensch vor der Frage nach dem Sinn. München: Piper

Frisch, Max (1986): Unsere Gier nach Geschichten. In: Homo Faber. Gesammelte Werke, Band 4. Frankfurt am Main: Suhrkamp, 262-264; orig. 1960

Gérard, Christiane (unveröffentlicht): Erfahrungsbericht »Übergänge«

Hillman, James (1996): Charakter und Bestimmung. Eine Entdeckungsreise zum individuellen Sinn des Lebens. München: Arkana

Hillman, James u. Michael Ventura (1999): Hundert Jahre Psychotherapie, und der Welt geht's immer schlechter. Olten/Freiburg: Walter

Hüther, Gerald (2010): Bedienungsanleitung für ein menschliches Gehirn. Göttingen: Vandenhoeck & Ruprecht, 9. Aufl.

Klein, Rudolf u. Andreas Kannicht (2007): Einführung in die Praxis der systemischen Therapie und Beratung. Heidelberg: Carl-Auer

Kottwitz, Gisela u. Vincent Lenhardt (1991): Integrative Transaktionsanalyse: Wege zur Orientierung und Autonomie; Bd. 1. Berlin: Institut für Kommunikationstherapie

Kraus, Wolfgang (1996) Das erzählte Selbst. Die narrative Konstruktion von Selbst in der Spätmoderne. Pfaffenweiler: Centaurus

Lenhardt, Vincent (1991): Ein Stufenmodell zur Entwicklung von Autonomie. In: Kottwitz u. Lenhardt (1991)

Luhmann, Niklas (1988): Die Wirtschaft der Gesellschaft. Frankfurt a. M.: Suhrkamp

Maturana, Humberto u. Francisco J. Varela (1980): Autopoiesis and Cognition: The realization of the living. Dordrecht: Springer

Maturana, Humberto u. Francisco J. Varela (1987): Der Baum der Erkenntnis. Die biologischen Wurzeln menschlichen Erkennens. München: Goldmann

Mohr, Günther (2006): Vier-Welten-Modell: Im Spannungsfeld der Kontexte. In: ders. (2006): Systemische Organisationsanalyse. Band V der Handbuchreihe *Systemische Professionalität und Beratung*, hrsg. von Bernd Schmid. Bergisch Gladbach: Edition Humanistische Psychologie (EHP), Kap. 2.2.4.

Peichl, Jochen (2010): Jedes Ich ist viele Teile - Die inneren Selbst-Anteile als Ressource nutzen. München: Kösel

Peichl, Jochen (2011): Ego-States, Seiten, Parts, Teile: nur Metaphern oder neuronale Netzwerke? Auditorium-Netzwerk. Verfügbar unter: http://www.auditorium-netzwerk.de/Fachbereiche/Psychologie-und-Psychotherapie/Ego-State-Therapie/Peichl-Jochen-Ego-States-Seiten-Parts-Teile-nur-Metaphern-oder-neuronale-Netzwerke::5426.html [22.01.2012]

Precht, Richard David (2007): Wer bin ich - und wenn ja wie viele? Eine philosophische Reise. München: Goldmann

Richards, Dick (1999): Weil ich einzigartig bin. Dem inneren Genius folgen. Der eigenen Stärke Raum geben. Herder: Freiburg

Schellenbaum, Peter (1992): Die Wunde der Ungeliebten. Blockierungen und Verlebendigungen der Liebe. München: DTV

Schmid, Bernd (1986): Theorie, Sprache und Intuition. *Zeitschrift für Transaktionsanalyse* 3, 2, 73-77

Schmid, Bernd (1988a): - zusammen mit Peter Fauser: Teilnehmerbefragung zu den Therapie-Intensiv-Seminaren am Institut für systemische Therapie und Transaktionsanalyse, Dr. Bernd Schmid. Manuskript des Institut für systemische Beratung, Studienschrift Nr. 600.1. Verfügbar unter: http://www.systemische-professionalitaet.de/isbweb/component/option,com_docman/task,doc_download/gid,1442/ [10.01.12]

Schmid, Bernd (1988b): – zusammen mit Peter Fauser: Empirische Evaluation von 3 Jahren Intensiv-Therapie-Seminaren. Manuskript des Institut für systemische Beratung, Studienschrift Nr. 600.2. Verfügbar unter: http://www.systemische-professionalitaet.de/isbweb/component/option,com_docman/task,doc_download/gid,1443/ [10.01.12]

Schmid, Bernd (1989): Acceptance Speech: Programmatische Überlegungen anlässlich der Entgegennahme des l. EATA-Wissenschaftspreises für Autoren (Blackpool 1988). *Zeitschrift für Transaktionsanalyse* 6,4, 1941-1963

Schmid, Bernd (1991): Intuition of the Possible and Transactional Creations of Reality. *Transactional Analysis Journal*, 3/1991, 144-154

Schmid, Bernd (1992): Die dreizehn bunten Fäden des Dr. Bernd Schmid – MDI-Seminar Persönlichkeitsentwicklung meeting – *Kongress-, Messe- und Seminarjournal, Fachmagazin für Weiterbildung*, Perchtoldsdorf bei Wien, Oktober 1992, 41-43

Schmid, Bernd (1996a): Besser! Schneller! Schlanker! Teurer! Effizienzfallen für Professionelle im Bereich Humanressourcen. Das Audio ist verfügbar im Podcast des ISB 06/2008: »Mensch bleiben«. Verfügbar unter: http://www.systemische-professionalitaet.de/isbweb/content/view/222/170/ [16.01.2012]

Schmid, Bernd (1996b): Kulturverantwortung. *perspektive: blau – ein Online-Wirtschaftsmagazin* (April 2009). Veröffentlichungstitel: Kulturverantwortung in Unternehmen. Als Studienschrift des ISB (Nr. 19) verfügbar unter: http://www.systemische-professionalitaet.de/isbweb/component/option,com_docman/task,doc_download/gid,421/ [19.01.2012]

Schmid, Bernd (1998a): Originalton. Sprüche aus dem Institut für systemische Beratung, Wiesloch. Bezug des Heftes dort möglich. Verfügbar über: http://www.systemische-professionalitaet.de/berndschmid/spruechesammlung.html [19.01.12]

Schmid, Bernd (1998b): Umgang mit einschränkenden Identitätsüberzeugungen. In: Schmid (2004), Kap. 10.

Schmid, Bernd (2001a): Persönlichkeit im Beruf als Erzählung. In: ders. (2004), Kap. 18.

Schmid, Bernd (2001b): Überblick über psychologische Schulen. Studienschrift des ISB. Verfügbar unter: http://www.systemische-professionalitaet.de/isbweb/component/option,com_docman/task,doc_download/gid,521/ [25.01.2012]

Schmid, Bernd (2001c): Portraitinterview: »Ich lerne, also bin ich.« *LO – Lernende Organisation. Zeitschrift für systemisches Management und Organisation*, Nr. 4/November, Dezember 2001, 59-61

Schmid, Bernd (2002): Organisationskultur und Professionskultur – Überlegungen zu Zeichen am Horizont. In: *Profile – Internationale Zeitschrift für Veränderung, Lernen, Dialog / International Journal for Change, Learning, Dialogue*, 04/2002. bzw. Schmid u. Messmer (2005), Kap. 13.

Schmid, Bernd (2003): Systemische Professionalität und Transaktionsanalyse. Band I der Handbuchreihe *Systemische Professionalität und Beratung*, hrsg. von Bernd Schmid. Bergisch Gladbach: Edition Humanistische Psychologie (EHP)

Schmid, Bernd (2004a): Systemisches Coaching. Konzepte und Vorgehensweisen in der Persönlichkeitsberatung. Band II der Handbuchreihe *Systemische Professionalität und Beratung*, hrsg. von Bernd Schmid. Bergisch Gladbach: Edition Humanistische Psychologie (EHP)

Schmid, Bernd (2004b): Identität und Abgrenzung. *Die DownloadBar – Das E-Publishing Angebot des Carl-Auer-Verlags*. Verfügbar über: http://www.systemische-professionalitaet.de/isbweb/component/option,com_docman/task,doc_download/gid,551/ [19.01.2012]

Schmid, Bernd (2004c): Zwischen Kult und Kultur – oder: ist »Coaching-Qualität« sicherungsfähig? *LO - Lernende Organisation. Zeitschrift für systemisches Management und Organisation*, Nr. 19, Mai/Juni 2004, 34-39

Schmid, Bernd (2004d): Scheuklappen-Ansichten. Aus den Vignetten von Bernd Schmid. Verfügbar unter: http://www.systemische-professionalitaet.de/berndschmid/index.php?option=com_docman&task=doc_download&gid=19 [19.01.2012]

Schmid, Bernd (2007a): Milieu – ein wenig beachteter Faktor im Coaching. Veröffentlicht über *perspektive: blau – ein Online-Wirtschaftsmagazin*. Verfügbar über: http://www.perspektive-blau.de/artikel/0708a/0708a.htm

Schmid, Bernd (2007b): Chancen für Innovationen? Eine Anfrage für Change-Management-Beratung. Veröffentlicht über: *perspektive: blau – ein Online-Wirtschaftsmagazin*. Verfügbar unter: http://www.perspektive-blau.de/artikel/0706a/0706a.htm [15.01.12]

Schmid, Bernd (2007c): Wenn Organisationen desintegrieren – Weiche Themen mit knallharten Auswirkungen. Beitrag zum Diskussionsforum des forum humanum (2007). *perspektive: blau – Ein Online-Wirtschaftsmagazin* (Februar 2008) Als Studienschrift des ISB (Nr. 118) verfügbar unter: http://www.systemische-pro fessionalitaet.de/isbweb/component/option,com_docman/task,doc_download/gid,1064/ [19.01.2012]

Schmid, Bernd (2008a): Systemische Professionalität – Konzepte für Beratung, Organisation und Psychotherapie. ISB-Konzepte kompakt – ein einmaliges 3-tägiges Seminar von Dr. Bernd Schmid im November 2008 in Bad Homburg. Gesamtvideo bestellbar unter: http://www.auditorium-netzwerk.de/AutorInnen/S-T/Schmid-Bernd/Schmid-Bernd-Systemische-Professionalitaet::3147.html [22.01.2012]

Schmid, Bernd (2008b): Intensitätsverstärker und Intensitätsverminderer. Aus: Schmid 2008a. Videosequenz als Erläuterung des Konzepts verfügbar unter: http://www.systemische-professionalitaet.de/isbweb/content/view/398/384/ [22.01.2012]

Schmid, Bernd (2008c): Zeitalter der Integrationsverantwortung. Blog vom 09.05.2008. Verfügbar unter: http://www.systemische-professionalitaet.de/berndschmid/berndschmids-blog/blog2.html

Schmid, Bernd (2008d): »Biografie, Lebensentwürfe und seelische Bilder«; verfügbar über http:://www.auditorium-netzwerk.de/

Schmid, Bernd (2009a): Einführung in die sytemische Transaktionsanalyse. Auditorium Netzwerk. Verfügbar unter: http://www.auditorium-netzwerk.de/AutorInnen/S-T/Schmid-Bernd/Schmid-Bernd-Einfuehrung-in-die-Systemische-Transaktionsana lyse::4058.html [22.01.2012]

Schmid, Bernd (2009b): Reflexionen zum Generationendialog. In: Thomas Gutknecht, Thomas Polednitschek, Thomas Stölzel (Hg.): »Philosophische Lehrjahre – Beiträge zum kritischen Selbstverständnis Philosophischer Praxis«. Reihe: *Schriften der Internationalen Gesellschaft für Philosophische Praxis (IGPP)* Bd. 1, 225-241

Schmid, Bernd (2009c): Spinner und Funktionäre. Blog 37 von Bernd Schmid. Verfügbar unter: http://www.systemische-professionalitaet.de/berndschmid/bernd-schmids-blog/blog-37-spinner-und-funktionare-von-bernd-schmid-09.11.2009.html [19.01.2012]

Schmid, Bernd (2009d): Pragmatische Konzepte im Coaching. In: Bernd Birgmeier (Hg.): »Coachingwissen. Ansätze, Betrachtungen, Konzepte und Entwürfe zur Theorie- und Wissenschaftsorientierung im Coaching«. VS-Verlag, Wiesbaden 2009. Als Studienschrift des ISB (Nr. 129) verfügbar unter: http://www.systemische-professionalitaet.de/isbweb/component/option,com_docman/task,doc_download/gid,1394/ [19.01.2012]

Schmid, Bernd (2009e): Die Würde des Managers ist antastbar. *Coaching-Magazin* 01/2009

Schmid, Bernd (2010a): Aus dem Bauch heraus. Intuition im professionellen Umfeld. *Perspektive: blau – ein Online-Wirtschaftsmagazin* 05/2010. Verfügbar unter: http://www.systemische-professionalitaet.de/isbweb/component/option,com_docman/task,doc_download/gid,1634/ [22.01.2012]

Schmid, Bernd (2010b): Priming – Prägende Einflüsse, Innere Bilder und Schlüsselerzählungen. Studienschrift Nr. 136 des ISB. Verfügbar unter: http://www.systemische-professionalitaet.de/isbweb/component/option,com_docman/task,doc_download/gid,1736/ [22.01.2012]

Schmid, Bernd (2011a): Wer ist viele – und wer ist er dann? Vortrag anlässlich des Symposiums der Milton-Erickson-Gesellschaft: »Viele sind wir – Viele sein als schöpferische Kraft«, Heidelberg, 18.-20. März 2011 Verfügbar unter: http://www.auditorium-netzwerk.de/AutorInnen/S-T/Schmid-Bernd/Schmid-Bernd-Wer-ist-viele-Und-wer-ist-er-dann-%238211%3B-hemdsaermelige-Ueberlegungen::5428.html [22.01.2012]

Schmid, Bernd (2011b): Zu seinen biografische Daten: http://de.wikipedia.org/wiki/Bernd_Schmid [22.01.2012]. Zu Grundgedanken der Transaktionsanalyse: http://de.wikipedia.org/wiki/Transaktionsanalyse [22.01.2012]

Schmid, Bernd (2011c): Die Milieu-Perspektive im Coaching – Betrachtungen einer beruflichen Partnerschaft und ein Fragebogen. In: Buer/Schmidt-Lellek 2011 (Hrsg.): »Life-Coaching in der Praxis« Göttingen: Vandenhoeck & Ruprecht

Schmid, Bernd (2011d): Kybernetischer Humanismus – weite Horizonte für Beziehungen. Eine Hinführung und 99 Thesen zu einem Integrativen Humanismus. In: Leben in Beziehungen – Beziehungen im Leben. Reader zum 32. Kongress der DGTA. Pabst Science Publisher, Lengerich 2011, 17-35; als Schrift des ISB (Nr. 329) verfügbar unter: http://www.systemische-professionalitaet.de/isbweb/component/option,com_docman/task,doc_download/gid,1743/ [19.01.2012]

Schmid, Bernd u. Arnold Messmer (2005): Systemische Personal-, Organisations- und Kulturentwicklung. Konzepte und Perspektiven. Band III der Handbuchreihe *Systemische Professionalität und Beratung*, hrsg. von Bernd Schmid. Bergisch Gladbach: Edition Humanistische Psychologie (EHP)

Schmid, Bernd u. Christiane Gérard (2008): Intuition und Professionalität. Systemische Transaktionsanalyse in Beratung und Therapie. Heidelberg: Carl-Auer

Schmid, Bernd u. Joachim Hipp (1999): Individuation und Persönlichkeit als Erzählung. *Zeitschrift für systemische Therapie* 01/99, 33-42

Schmid, Bernd u. Joachim Hipp (2002): Anwesenheit und Kraftfeld. In: Schmid (2003), Kap. 10.

Schmid, Bernd u. Gerhard Portele (1976): Brechts Verfremdungseffekt und soziales Lernen. *Gruppendynamik – Forschung und Praxis*, Heft 6, 7. Jahrgang, 454-464

Schmid, Bernd u. Gerald Hüther (2009): Der Innovationsgeist fällt nicht vom Himmel. Kreativität in Menschen und Organisationen aus neurobiologischer und systemischer Sicht. In: Astrid Schryögg & Christoph Schmidt-Lellek (Hrsg.): Die Organisation in Supervision und Coaching. Sonderausgabe der Zeitschrift *OSC - Organisationsberatung Supervision Coaching* 03/2009, 126-142

Schmid, Bernd u. Katja Wengel (2001): Die Theatermetapher: Perspektiven für Coaching und Personalentwicklung. *Profile – Internationale Zeitschrift für Veränderung, Lernen, Dialog / International Journal for Change, learning, Dialogue,* 01/01, 81-90

Schmid, Bernd u. Sabine Caspari (1998): Merkmale der Jung'schen Psychologie. Studienschrift des ISB. Verfügbar unter: http://www.systemische-professionalitaet.de/isbweb/component/option,com_docman/task,doc_download/gid,430/ [25.0.2012]

Schmid, Bernd u. Susanne Meyer (2010): Organisation 2.0 – Plädoyer für die durch Kultur gesteuerte Organisation. In: Auf dem Weg in die Organisation 2.0 – Mut zur Unsicherheit, herausgegeben von Prof. Dr. Jutta Rump, Frank Schnabel und Stephan Grabmeier. Verlag Wissenschaft und Praxis, Sternfels, 38-52

Schmid, Bernd, Thorsten Veith u. Ingeborg Weidner (2010): Einführung in die kollegiale Beratung. Heidelberg: Carl-Auer

Schmid, Bernd u. Wolfram Jokisch (1998): Ich-Du und Ich-Es-Typen. In: Schmid (2004), Kap. 2.

Schmidt, Gunther (2003): Wer bin ich, und wenn ja, wie viele? Hypnosystemische Utilisationskonzepte für Arbeit mit der inneren Familie. Auditorium Netzwerk. Verfügbar unter: http://www.auditorium-netzwerk.de/AutorInnen/S-T/Schmidt-Gunther/Schmidt-Gunther-Wer-bin-ich-und-wenn-ja-wie-viele-Hypnosystemische-Utilisationskonzepte-fuer-Arbeit-mit-der-inneren-Familie::482.html [22.01.2012]

Schmidt, Gunther (2004): Liebesaffären zwischen Problem und Lösung. Hypnosystemisches Arbeiten in schwierigen Kontexten. Heidelberg: Carl-Auer

Schmidt-Lellek, Christoph (2007): Die Entwicklung von Coaching als Profession. In: Deutscher Bundesverband Coaching 2007, 11-17

Schrott, Raoul u. Arthur Jacobs (2011): Gehirn und Gedicht. Wie wir unsere Wirklichkeit konstruieren. München: Carl Hanser

Siegenthaler, Hansjörg (2009): Lang soll die Wut sein. Beitrag in: *Die Wochenzeitung WOZ Zürich* vom 30.04.2009. Verfügbar unter: http://www.woz.ch/artikel/archiv/17881.html [19.01.2012]

Sloterdijk, Peter (2007): Optimierung des Menschen? Audio-Vortrag Sendung des Vortrags am 16.01.2011 in der SWR Tele-Akademie. Verfügbar unter: http://www.tele-akademie.de/begleit/ta110116.htm [31.01.2011]

Watkins, John G. u. Helen H. Watkins (2003): Ego States. Theorie und Therapie. Heidelberg: Carl-Auer

Watzlawik, Paul, Beavin, Janet H. u. Don D. Jackson (1969): Menschliche Kommunikation. Formen, Störungen, Paradoxien. Zürich: Hans Huber

Weizsäcker, Carl Friedrich von (1992): Die Philosophie eines Physikers. Vortrag am 22. Juni 1992 in der Universität Bamberg. Video des Vortrags beziehbar unter: http://www.quartino.de/programm/produkt.asp?IDProduct=49 [24.01.2012]

Weizsäcker, Carl Friedrich von (1995): Zeit und Wissen. München: DTV

10. Veröffentlichungen von Bernd Schmid

I. Schriften zur Nationalökonomie

1970: [Arbeitsbuch zu *Stobbe*] Volkswirtschaftliches Rechnungswesen. Berlin u. a.: Springer; 2. neu bearbeitete Auflage 1972

1973: [zusammen mit W. Ross und E.J. Thien] Arbeitsbuch Makro-ökonomische Theorie. Berlin u. a.: Springer

1973: [zusammen mit B. Engel und F. Häuser] Arbeitsbuch Geld und Kredit. Berlin u. a.: Springer

1973: [zusammen mit Jürgen Thiel] Preistheorie. Berlin u. a.: Springer

II. Pädagogische, psychologische und organisationsbezogene Themen

1972: Zwei Beiträge in der Zeitschrift *Gruppendynamik* im Bildungsbereich
- einer zum sozialen Lernen in der Gruppendynamik
- einer zur Didaktik praxisfeldorientierter Gruppendynamik.

1973a: Lernfragen – eine Möglichkeit zum Abbau von Konsumentenhaltung in Lehrveranstaltungen. In: Arbeitsgemeinschaft für Hochschuldidaktik – AHD (Hrsg.): *Information zur Hochschuldidaktik, 5,* Hamburg, 50-53

1973b: Zur Verwendung gruppendynamischer Methoden bei der Erarbeitung vorstrukturierten Pflichtlehrstoffs in Kleingruppen. In: Arbeitsgemeinschaft für Hochschuldidaktik – AHD (Hrsg.): *Information zur Hochschuldidaktik,* 6, Hamburg, 82-88

1973c: [zusammen mit W. Zöller] Lernfragen – Erfahrungen mit dem hochschulmethodischen Konzept der Heidelberger Arbeitsbücher. Berlin u. a.: Springer

1973d: Schwierigkeiten mit dem Thema – Sachliche Diskussion im themenzentrierten Training. *Gruppendynamik* – Forschung und Praxis, 4, 261-265

1973e: Gruppendynamische Betreuung lehrstofforientierter Arbeit – Konzept und Material für den Hochschulunterricht. *Gruppendynamik,* 6, 408-421

1976a: [zusammen mit Gerhard Portele] Brechts Verfremdungseffekt und soziales Lernen. *Gruppendynamik* – Forschung und Praxis, Heft 6,7: Jahrgang, 454-464

1976b – Arbeitsstiländerungen durch ein gruppendynamisches Übungsprogramm und Auswirkungen auf die lehrstofforientierte Gruppenarbeit im wissenschaftlichen Grundstudium. Dissertation zur Erlangung des akademischen Grades eines Doktors der Philosophie. Universität Mannheim, *Privatdruck*

1976c: [zusammen mit Gerhard Portele] Verminderung von Entfremdung durch praxisfeld-orientierte Gruppendynamik. *Gruppendynamik* im Bildungsbereich 3, 1, 1-26

1980: TA ist vielseitig und nützlich. *Gruppendynamik im Bildungsbereich,* l, 20-27

1984a: Theory, Language and Intuition. In: TA – The State of the Art – a European Contribution, Erika Stern (Editor), Foris-Publications, Dordrecht/Holland – Cinnaminson/USA, 61-65 (deutsch 1986a)

1984b: [zusammen mit Klaus Jäger] Breaking through the Dilemma-Circle. In: TA – The State of the Art – a European Contribution, Erika Stern (Edt.), Foris-Publication, Dordrecht/Holland -Cinnaminson/USA, 107-118 (deutsch 1986b)

1984c: Die Ausbildung in Transaktionsanalyse. *Zeitschrift für Transaktionsanalyse 1,* 1, 50-55

1986a: Theorie, Sprache und Intuition. *Zeitschrift für Transaktionsanalyse 3,* 2, 73-77

1986b: [zusammen mit Klaus Jäger] Zwickmühlen. Oder: Wege aus dem Dilemma-Zirkel. *Zeitschrift für Transaktionsanalyse 3,* 1, 5-16

1986c: Systemische Transaktionsanalyse – Anstöße zu einem erneuten Durchdenken und zur Diskussion transaktions-analytischer Konzepte aus systemischer Sicht. Wiesloch, *Privatdruck*

1986d: [zusammen mit Gunthard Weber] Systemische Therapie. In: T. Seifert/A. Waiblinger (Hrsg.): Therapie und Selbsterfahrung – Einblick in die wichtigsten Methoden, Kreuz-Verlag Stuttgart, 341-348

1986e: Die Rolle der Eigentherapie in der Ausbildung zum Transaktionsanalytiker. In: R. Frühmann und H. Petzold (Hrsg.): Lehrzeit der Seele. Paderborn (Junfermann) 1994, 108-120

1986f: Skriptmuster – Tonaufzeichnung aus der Ausbildungsgruppe für Transaktionsanalytiker/innen. Transkribiert von Klaus Röscher.

1987: Gegen die Macht der Gewohnheit. Systemische und wirklichkeitskonstruktive Ansätze in Therapie, Beratung und Training. *Zeitschrift für Organisationsentwicklung* 4/87, 21-42; wieder in: *Zeitschrift für Transaktionsanalyse (ZTA)* 2-3/88, 68-91

1988a: Überlegungen zur Identität als Transaktionsanalytiker. *Zeitschrift für Transaktionsanalyse* 5, 2, 75-77

1988b: Soziale Netzwerk-Intervention und zirkuläres Fragen am Beispiel des gallischen Dorfes Klein-Bonum. COLPORTAGE, Internationale Gesellschaft für systemische Therapie, Ausgabe 5,1988, 9-13

1988c: Theory and Identity in the TA-Community. Newsletter European Association for Transactional Analysis (Edt), Newsletter no. 33, cont. p 5, cont. no. 34, p 5 and 7, cont. no. 36, p 7 and 8, cont. no. 37 (1990) p 8 and 10 (deutsch 1989)

1988d: [zusammen mit Gunthard Weber] Fallbeispiel, Transkript einer Sitzung und Therapieverlauf. In: Simon, F.B. (Hrsg.): Lebende Systeme – Wirklichkeitskonstruktion in der systemischen Therapie, Springer-Verlag, Heidelberg, Berlin, New York, 66-80

1988e: [zusammen mit H. von Foerster, N. Luhmann, H. Stierlin und G. Weber] Diskussion des Fallbeispiels. In: Simon, F.B. (Hrsg.): Lebende Systeme – Wirklichkeitskonstruktion in der systemischen Therapie, Springer-Verlag, Heidelberg, Berlin, New York, 81-94

1988f: [zusammen mit Gunthard Weber] Familientherapie mit einer »Psychose-Familie«: ein kasuistischer Beitrag zum Problem von Deutung und Beziehung in der systemischen Familientherapie. In: T. Reinelt und W. Dattler (Hrsg.): Beziehung und Deutung im psychotherapeutischen Prozeß, Springer-Verlag, Berlin, Heidelberg, New York, 238-250

1988g: The Toblerone Model of Competence for Transactional Analysis *Newsletter European Association for Transactional Analysis* (Ed.)

1988h: [zusammen mit Peter Fauser] Teilnehmerbefragung zu den Therapie-Intensiv-Seminaren am Institut für systemische Therapie und Transaktionsanalyse, Dr. Bernd Schmid; Manuskript des Institut für systemische Beratung, Wiesloch

1988i: [zusammen mit Peter Fauser] Empirische Evaluation von 3 Jahren Intensiv-Therapie-Seminaren. Manuskript des Institut für systemische Beratung, Wiesloch

1988k: Gedankensammlung Sinnvoll managen. Manuskript des Institut für systemische Beratung, Wiesloch

1989a: [zusammen mit Peter Fauser] Kontextbewusstsein und Fokusbildung in einem Trainingsseminar. *Zeitschrift für Transaktionsanalyse* 6, l, 33-45

1989b: Gegen die Macht der Gewohnheit. *Zeitschrift für Transaktionsanalyse* 6,2/3, 68-91

1989c: Acceptance Speech: Programmatische Überlegungen anläßlich der Entgegennahme des 1. EATA-Wissenschaftspreises für Autoren (Blackpool 1988). *Zeitschrift für Transaktionsanalyse* 6,4, 1941-1963

1989d: Acceptance Speech: Een concept om met theorie en identiteit in de T.A.-gerneenschap om te gaan. *STROOK, Tydschrift voor Transactionele Analyse 2,* 49-58

1989e: Unternehmenskultur: Man muß Macht, Verantwortung und Können richtig zuordnen. Titelgespräch der KOM, Hauszeitschrift der SEL-Gruppe, Nr. 4,39. Jahrgang, 3-6

1989f: Die wirklichkeitskonstruktive Perspektive – Systemisches Denken und Professionalität morgen. *Zeitschrift für Organisationsentwicklung (ZOE)* 2/89,49-65

1989g: Die reife Führungskraft – geschätzt oder geduldet? In: *PLANSEE* 3/89 (Werkszeitung der Metallwerke Plansee) 14

1989h: Geschlechtsidentität – eine seelische Perspektive. Studienschrift des Instituts für systemische Beratung, Wiesloch

1989i: Der Einfluss von Mannsein oder Frausein auf das therapeutische System. Die Therapeuten-Persönlichkeit. 2. Weinheimer Symposion 1989, E. J. Brunner, D.

Greitemeyer (Hrsg.), Wildberg: Bögner-Kaufmann; wieder in: *Themenzentrierte Interaktion/Theme-centered Interaction,* 73-80, Heft 1, Frühjahr 1994 (8. Jahrgang)

1989k: Impact of being a man or being a woman on the therapeutic system. Vortrag anlässlich des 2. Weinheimer Symposions des Instituts für Familientherapie e. V. Weinheim (IFW) in Tübingen 1989

1990a: Professionelle Kompetenz für Transaktionsanalytiker – Das Toblerone-Modell. *Zeitschrift für Transaktionsanalyse 7,* 1, 32-41

1990b: [zusammen mit Peter Fauser] Supervision nach dem Toblerone-Modell im Praxisfeld Organisation. *Zeitschrift für Transaktionsanalyse 7,* 2, 61-74

1990c: Eine neue TA: Leitgedanken zu einem erneuerten Verständnis unseres professionellen Zugangs zur Wirklichkeit. *Zeitschrift für Transaktionsanalyse* 4, 7, 156-172

1990d/2002: Persönlichkeits-Coaching – Beratung für die Person in ihrer Organisations-, Berufs- und Privatwelt. *Hernsteiner* 1, Wien, 12-15. Neu in: *Coaching-Magazin. Artikel von und für Coachs* (www.coaching-magazin.de)

1990e: Management-Training, Personal- und Organisationsentwicklung als Linien- und Projektmanagementaufgabe. *Hernsteiner* 2, Wien, 25-29

1990f: (Letzte Mahnungen) Vor dem Auftritt. *Story – Menschen erfahren und erzählen 1/2007 – eine Zeitschrift für die Erzählkultur*

1990g: Zwickmühlenkonzept. Studienschriften des Institut für systemische Beratung, Wiesloch

1991a: Kritische Gedanken zu Eric Bernes Aufsätzen über Intuition, klinische Diagnosen, Ich-Zustände und Transaktionen. In: Berne, E., *Transaktionsanalyse der Intuition.* Herausgegeben von Heinrich Hagehülsmann. Paderborn: Junfermann, 201-220

1991b: Kaum Unterschiede, die Unterschiede machen. *Zeitschrift für systemische Therapie 1,* 9. Jahrg., 93-99

1991c: Die professionelle Begegnung – Nachdenken aus der systemischen Perspektive. *Zeitschrift für Transaktionsanalyse* 3, 8, 140-151

1991d: Auf der Suche nach der verlorenen Würde – Kritische Argumente zur Ethik und zur Professionalität in Organisationen. *Zeitschrift für Organisationsentwicklung* 3/91, 47-54; wieder in: *perspektive: blau – ein Online-Wirtschaftsmagazin* (Februar 2009)

1991e: Intuition of the Possible and Transactional Creations of Reality. *Transactional Analysis Journal,* 3/1991, 144-154

1991f: [zusammen mit Peter Fauser] Teamentwicklung im Bildungswesen. Studienschrift des Instituts für systemische Beratung, Wiesloch

1992a: Herstellen und Erhalten eines Rapports. *Zeitschrift der Deutschen Gesellschaft für Transaktionsanalyse,* 1/92, 3f.

1992b: Ganzheitlichkeit und Komplexitätssteuerung. *Zeitschrift für systemische Therapie,* 2/92, 135-138

1992c: Wirklichkeitsverständnisse und die Steuerung professionellen Handelns in der Organisationsberatung. In: *Managerie – Systemisches Denken und Handeln im Management.* 1. Jahrbuch, Hrsg. Christof Schmilz, Peter-W. Gester, Barbara Heitger, Carl-Auer-Systeme-Verlag, Heidelberg 1992, 116-128; wieder in: *Die DownloadBar – Das E-Publishing Angebot des Carl-Auer Verlag* (2006)

1992d: Plagegeister. In: *Ganz. Schön. Einfach. Jahrbuch des Management Center Vorarlberg,* Dornbirn 1993, 78-79

1993a: [zusammen mit Peter Boback] Gedanken zur Kulturbegegnung und Wirtschaftszusammenarbeit mit Rußland. *Außenpolitik – Zeitschrift für internationale Fragen,* Hamburg, Jg. 44/1. Quartal, 88-96

1993b: Professionelle Kompetenz und verantwortliches Management. *I.I.D. Innovationsdienst für Unternehmer, Führungskräfte und Trainer,* Hamburg, 2/93, 63-87

1993c: Menschen, Rollen und Systeme – Professionsentwicklung aus systemischer Sicht. *Zeitschrift für Organisationsentwicklung (ZOE),* 4/93, 19-25

1993d: Dilemmata, Ökonomie und Ökologie im Umfeld unserer Profession. Studienschrift des Instituts für systemische Beratung, Wiesloch; wieder in: *Die DownloadBar – Das E-Publishing Angebot des Carl-Auer Verlags* (2006); u. d. T. ›Lernen in Organisationen: Mehr Lebensqualität bei der Arbeit‹ in: *perspektive: blau – Ein Online-Wirtschaftsmagazin* (März 2009)

1994a: Die Rolle der Eigentherapie in der Ausbildung zum Transaktionsanalytiker. In: *R. Flühmann und H. Petzold (Hrsg.): Lehrzeit der Seele.* Paderborn 1994. (Erstmals in 1986c, 108-120)

1994b: [zusammen mit Peter Fauser] Systemlösungen im Bereich Humanressourcen. Studienschrift des Instituts für systemische Beratung, Wiesloch

1994c: Wo ist der Wind, wenn er nicht weht? Professionalität und Transaktionsanalyse aus systemischer Sicht. Junfermann, Paderborn; als ebook bei active-books.de (Junfermann) ab 08/2009 verfügbar

1994d: Der Einfluss von Mannsein oder Frausein auf das therapeutische System. *Die Therapeutenpersönlichkeit; Zweites Weinheimer Symposion 1989.* Herausgegeben von E. J. Brunner und D. Greitmeyer. Wildberg: Mona Bögner-Kaufmann, Wildberg 1990; wieder in: *Themenzentrierte Interaktion,* 8. Jahrgang, Heft 1/1994, 73-80

1994e Transactional Analysis and Social Roles. *The Maastricht Papers, Selection from the 20th EATA Conference. 10.-14. July 1994. Maastricht, the Netherlands,* 30-44; wieder in: *In: G. Mohr/ Th. Steinert (Eds.): TA for organizations – new developments 1995-2006.* 2006

1994f: Systemische Transaktionsanalyse – Anstöße zu einem erneuten Durchdenken und zur Diskussion transaktions-analytischer Konzepte aus systemischer Sicht. In: *R. Flühmann und H. Petzold (Hrsg.): Lehrzeit der Seele.* Paderborn 1994

1995: Wege in die Zukunft? – Gedanken zur Situation im Bereich Personal- und Organisationsentwicklung, Training und Beratung. *Zeitschrift für Organisationsentwicklung (ZOE)*, 01/95, 44-53; wieder in: *Coaching-Magazin* (www.coaching-magazin.de)

1996a: Kulturverantwortung. Studienschrift des Instituts für systemische Beratung, Wiesloch; u.d.T. ›Kulturverantwortung in Unternehmen‹ in: *perspektive: blau – ein Online-Wirtschaftsmagazin* (April 2009)

1996b: The Reality-Constructive Perspective. – Systemic Thinking And Professionalism Tomorrow. In: *Transactional Analysis In Organizations; 1st volume of selected articles 1974-1994: edts. Drs. Sari van Poelje, Dr. Thomas Steinert.* San Francisco: International Transactional Analysis Association, S.. 53-68. Hagen: Kulturpolitische Gesellschaft e. V.

1996c: Segel-Team – eine geleitete Phantasie von Bernd Schmid. Studienschrift des Instituts für systemische Beratung, Wiesloch

1997a: TA – auch eine professionenübergreifende Qualifikation – Stellungnahme zu *Leonhard Schlegels* Aufsatz »Was ist Transaktionsanalyse?« *Zeitschrift für Transaktionsanalyse*, Heft 1-2 1997 (14. Jahrgang), 31-42

1997b: [zusammen mit Sabine Caspari] Wege zu einer Verantwortungskultur oder symbiotische Beziehungen. Studienschrift des Instituts für systemische Beratung, Wiesloch

1997c: [zusammen mit Joachim Hipp] Innovationen in Szene setzen – Design und Regie für Management und Beratung am Beispiel integrierter Personalarbeit. Studienschrift des Instituts für systemische Beratung, Wiesloch

1997d: Lifespenders Value – oder: Hat die Personalarbeit den Menschen aus den Augen verloren? *Zeitschrift für Transaktionsanalyse*, 04/97, 180-193; wieder in: *perspektive: blau – ein Online-Wirtschaftsmagazin* (Sept. 2008)

1997e: »Besser – schneller – schlanker –teuerer – Effizienzfallen für Professionelle im Bereich Humanressourcen«. Themenreferat GWS-Fachtagung »Effizienz und Menschenorientierung«

1998a: [zusammen mit Joachim Hipp] Macht und Ohnmacht in Dilemmasituationen. Studienschrift des Instituts für systemische Beratung, Wiesloch

1998b: Arbeit mit geleiteten Phantasien. Studienschrift des Instituts für systemische Beratung, Wiesloch

1998c: [zusammen mit Sabine Caspari] Merkmale der Jung'schen Psychologie. Studienschrift des Instituts für systemische Beratung, Wiesloch

1998d/neue Fassung veröffentl. 2003: [zusammen mit Sabine Caspari] Ebenen der Wirklichkeitsbegegnung. Studienschrift des Instituts für systemische Beratung, Wiesloch; u.d.T. ›Organisationsberatung als Begegnung von Wirklichkeiten und Kulturen‹ in: *Organisationspsychologie aktuell,* Heft 01/2003

1998e/neue Fassung veröffentl. 2002: [zusammen mit Sabine Caspari] Beziehung und Begegnung. *In: Coaching-Magazin (www.coaching-magazin.de)*

1998f: [zusammen mit Joachim Hipp] Fünf Perspektiven für Organisations- und Personalentwicklung. Studienschrift des Instituts für systemische Beratung, Wiesloch

1998g. [zusammen mit Wolfram Jokisch] ICH-DU und ICH-ES-Typen. Studienschrift des Instituts für systemische Beratung, Wiesloch; wieder in: *Coaching-Magazin*

1998h: [zusammen mit Reiner Hehmann] Vertikale Teamentwicklung als ein Beitrag zur Organisationsentwicklung. Studienschrift des Instituts für systemische Beratung, Wiesloch

1998i/überarbeitet und veröffentl. 2002: [zusammen mit Joachim Hipp] Anwesenheit und Kraftfeld. *Connection spezial* (www.connection-medien.de)

1998j/überarbeitet und veröffentl. 2002: [zusammen mit Stefan Wahlich] Beratung als kulturorientierte und sinnschöpfende Kommunikation. *Coaching Magazin* (www.coaching-magazin.de)

1998k/überarbeitet und veröffentl. 2002: [zusammen mit Joachim Hipp] Anforderungen an Persönlichkeit und Dienstleistungen in einer komplexen Welt; u.d.T. ›Anforderungen an Kultur und Persönlichkeit in einer komplexen Welt‹ in: *LO – Lernende Organisation. Zeitschrift für systemisches Management und Organisation,* Nr. 8, Juli/August 2002, 20-22

1998m: [zusammen mit Joachim Hipp] Gedanken zu Möglichkeiten der Dynamisierung von Wandel in Organisationen. Studienschrift des Instituts für systemische Beratung, Wiesloch

1998n: [zusammen mit Joachim Hipp] Vertikale und horizontale Fokussierungen. Studienschrift des Instituts für systemische Beratung, Wiesloch; wieder in: *Die DownloadBar – Das E-Publishing Angebot des Carl-Auer Verlags*

1998p: Die Generationenperspektive in der Kulturentwicklung. Manuskript des Instituts für systemische Beratung, Wiesloch

1998q: [zusammen mit Sabine Caspari] Professionalität im Bereich Humanressourcen. Manuskript des Instituts für systemische Beratung, Wiesloch

1998r: [zusammen mit Joachim Hipp] Fraktale Beratung. Manuskript des Instituts für systemische Beratung, Wiesloch; u.d.T. ›Perspektiven fraktaler Beratung‹ in: *LO – Lernende Organisation. Zeitschrift für systemisches Management und Organisation,* Nr. 10, Nov./Dez. 2002, 20-23

1998s: [zusammen mit Sabine Caspari] Zugänge zur Wirklichkeit. Manuskript des Instituts für systemische Beratung, Wiesloch

1998u: Umgang mit einschränkenden Identitätsüberzeugungen. Manuskript des Instituts für systemische Beratung, Wiesloch

1998v: [zusammen mit Joachim Hipp] Antreiber-Dynamiken. Studienschrift des Instituts für systemische Beratung, Wiesloch; u.d.T. ›Antreiber-Dynamiken – Persönliche Inszenierungsstile und Coaching‹ in: *Zeitschrift für systemische Therapie,* Heft 2 April 2001, 82-92

1998w: Originalton. Sprüche aus dem Institut für systemische Beratung, Wiesloch, Privatdruck

1990x: [zusammen mit Stefan Liebig] Systemische Beratung und Supervision im Gespräch. Manuskript des Instituts für systemische Beratung; wieder als e-book bei active-books, Paderborn, Junfermann (2009)

1999a: [zusammen mit Joachim Hipp] Individuation und Persönlichkeit als Erzählung. *Zeitschrift für systemische Therapie*, Heft 1 Januar 1999, 33-42

1999b: [zusammen mit Sabine Caspari und Joachim Hipp] Intuition in der professionellen Begegnung. *Zeitschrift für systemische Therapie*, Heft 2 April 1999, 101-111; u.d.T. ›Aus dem Bauch heraus. Intuition im professionellen Umfeld‹ in: *perspektive: blau – ein Online-Wirtschaftsmagazin* (05/2010)

1999c: [zusammen mit Joachim Hipp] Metamorphosen der Teamentwicklung. *Zeitschrift für Organisationsentwicklung (ZOE)*, 03/99, 66-72; u.d.T. ›Metamorfosis del desarollo de equipos‹ in: *Perspectivas Degestion*, 01/00, 46-52

2000a: Der systemische Ansatz in Training und Beratung. *Trainer – Kontakt – Brief* Nr. 30, 03/00

2000b: [zusammen mit Arnold Messmer] Macht und Autorisierung. Studienschrift des Instituts für systemische Beratung, Wiesloch

2000c: Auf dem Tennisplatz. Studienschrift des Instituts für systemische Beratung, Wiesloch; wieder in: *Das gepfefferte Ferkel – Online Journal des IBS-Aachen*. 20/ Mai 2006

2000d: 230 Fragen für die Arbeit mit seelischen Bildern. Arbeitspapier für das Symposion des ISB »Seelische Leitbilder und berufliche Wirklichkeiten« (2000); u.d.T. ›Coaching-Fragen zur Inszenierung von Lebensthemen in beruflichen Wirklichkeiten‹ in: *LO – Lernende Organisation. Zeitschrift für systemisches Management und Organisation* Nr. 56, Juli/August 2010, 26-29

2001a: [zusammen mit Katja Wengel] Die Theatermetapher: Perspektiven für Coaching und Personalentwicklung. *Profile.Internationale Zeitschrift für Veränderung, Lernen, Dialog / International Journal for Change, Learning, Dialogue*, 01/2001, 81-90

2001b: [zusammen mit Joachim Hipp] Antreiber-Dynamiken – Persönliche Inszenierungsstile und Coaching; (zuerst: 1998v; in: *Zeitschrift für systemische Therapie*, Heft 2 April 2001, 82-92

2001c: [zusammen mit Peter Boback] Wirklichkeitskonstruktive Traumarbeit – der schöpferische Dialog anhand von Träumen. *Zeitschrift für systemische Therapie*, Heft 1, 2004, 15-26

2001d: Internet und Begegnung. Erfahrungen in einem Beraternetzwerk. *Profile. Internationale Zeitschrift für Veränderung, Lernen, Dialog / International Journal for Change, Learning, Dialogue*, 02/2001, 85-87

2001e: Persönlichkeit im Beruf als Erzählung, Vortrag anläßlich des Weltkongresses für systemisches Management, 1.-6. Mai in Wien. Studienschrift des Instituts für systemische Beratung, Wiesloch; wieder in: *Die DownloadBar – Das E-Publishing Angebot des Carl-Auer Verlags* (2006)

2001f: Professionelle Begegnung und Persönlichkeitsentwicklung im Beruf – eine systemische Sicht. *Zeitschrift für systemische Therapie,* Heft 4, 2002, 209-220

2001g [veröffentl. 2002] Persönlichkeitsentwicklung, Professionelle Begegnung und Kulturentwicklung. *LO – Lernende Organisation. Zeitschrift für systemisches Management und Organisation,* Nr. 6, März/April 2002, 6-15

2002a: Das Eigene finden – Professionelle Begegnung und Persönlichkeitsentwicklung im Beruf – eine systemische Sicht. In: *Coaching-Magazin;* (Auszug aus Schrift 2001f [Nr. 42])

2002b: [zusammen mit Joachim Hipp] Fünf Perspektiven für erfolgreiches Coaching. In: *Coaching-Magazin*

2002c: [zusammen mit Joachim Hipp] Varianten des Coachingbegriffs. In: *Coaching-Magazin*

2002d: Organisationskultur und Professionskultur – Überlegungen zu Zeichen am Horizont. *Profile. Internationale Zeitschrift für Veränderung, Lernen, Dialog / International Journal for Change, Learning, Dialogue*, 04/2002, 58-67

2002e: [zusammen mit Joachim Hipp] Perspektiven fraktaler Beratung. *LO – Lernende Organisation. Zeitschrift für systemisches Management und Organisation,* Nr. 10, Nov./Dez., 20-23; wieder in: *Die DownloadBar – Das E-Publishing Angebot des Carl-Auer Verlags*; wieder in: *perspektive: blau – ein Online-Wirtschaftsmagazin* (10/2009)

2002f: [zusammen mit Joachim Hipp] Kontraktgestaltung im Coaching. *Organisationsberatung, Supervision, Coaching (OSC)*, 01/03; wieder in: *Coaching-Magazin* 2003

2002g: Coaching im Bereich von Organisationen – Integration ist Trumpf. *Coaching-Newsletter* 11/02 und 12/02; wieder in: *Coaching-Magazin*

2002h: Stimmungsbalance. Manuskript des Instituts für systemische Beratung, Wiesloch; u.d.T. ›Stimmt die Stimmungs-Balance‹ in: *BusinessVillage Online-Magazin* (Dezember 2007)

2002i: Am Zaun. In: *Festschrift des Odenwald-Instituts anlässlich seines 25-jährigen Bestehens im Jahre 2003*; wieder in: *Story – Menschen erfahren und erzählen – eine Zeitschrift für die Erzählkultur*

2003a: Ebenen der Begegnung in der Beratung. Studienschrift des Instituts für systemische Beratung, Wiesloch; u.d.T. ›Organisationsberatung als Begegnung von Wirklichkeiten und Kulturen‹ in: *Wirtschaftspsychologie* 01/03, 18-25

2003b: [zusammen mit Arnold Messmer] Perspektiven von Systemlösungen im Bereich OE/PE. *LO – Lernende Organisation. Zeitschrift für systemisches Management und Organisation,* Nr. 12, März/April 2003, 34-39

2003c: Wissensmanagement – eine Kulturperspektive. *Profile. Internationale Zeitschrift für Veränderung, Lernen, Dialog / International Journal for Change, Learning, Dialogue*, 06/2003, 3-6

2003d: [zusammen mit Arnold Messmer] Perspektiven von Teamentwicklung. *LO – Lernende Organisation. Zeitschrift für systemisches Management und Organisation,* Nr. 13, Mai/Juni 2003, 30-36

2003e: [zusammen mit Arnold Messmer] Metaperspektiven und Arbeitsformen der Teamentwicklung. *LO – Lernende Organisation. Zeitschrift für systemisches Management und Organisation,* Nr. 14, Juli/August 2003, 36-42

2003f: Systemische Professionalität und Transaktionsanalyse. Mit einem Gespräch mit Fanita English. *EHP-Handbuch systemische Professionalität und Beratung.* Hrsg. von Bernd Schmid. Bergisch Gladbach: Edition Humanistische Psychologie (EHP)

2003g: [zusammen mit Arnold Messmer] Dialogische Kommunikation – die Ausbalancierung von Sach- und Beziehungsorientierung im Unternehmen. *LO – Lernende Organisation. Zeitschrift für systemisches Management und Organisation,* Nr. 15, September/Oktober 2003, 44-49

2003h: Gegenwart und Zukunft der Beratung. *LO – Lernende Organisation. Zeitschrift für systemisches Management und Organisation,* Nr. 15, September/Oktober 2003, 24-29

2003i: [zusammen mit Arnold Messmer] Die Passung von Person und Organisation. *LO – Lernende Organisation. Zeitschrift für systemisches Management und Organisation,* Nr. 16, November/Dezember 2003, 36-43

2003j: Persönlichkeit und Kommunikation – der Umgang mit Modellen im Coaching. Vortrag anlässlich des ersten Coaching-Kongresses in Wiesbaden, 2003. Bezug möglich über: www.systemische-professionalitaet.de. *Die DownloadBar – Das E-Publishing Angebot des Carl-Auer Verlag* (2006) Veröffentlichungstitel: Coaching als Perspektive – vom Umgang mit Modellen im Coaching. *Wirtschaftspsychologie* 02/2004

2003k: Management und Beratung – Künftig ein Fall für zwei? *Coaching-Magazin – Artikel von und für Coachs.* (www.coaching.magazin.de); auch in: *Coaching-Newsletter des Coaching-Magazins* 12/03; wieder in: *Die DownloadBar – Das E-Publishing Angebot des Carl-Auer Verlags* (2006)

2003l: Marathon. Manuskript des Instituts für systemische Beratung, Wiesloch; wieder in: *Connection Spezial* II/04 (April/Mai 2004); wieder in: *Salon von Systemagazin – Online Journal für systemische Entwicklungen* (Mai 2006); wieder in: Beitrag zum Diskussionsforum des forum humanum (2008)

2003m: Kontrolldynamik, Treibsand und fiktive Wirklichkeiten. Studienschrift des Instituts für systemische Beratung, Wiesloch; wieder in: *Die DownloadBar – Das E-Publishing Angebot des Carl-Auer Verlags* (2006)

2003n:[zusammen mit Cornelia von Velasco, vorm. Knobling]: Unterstützung der Ko-Operation innerhalb eines (festen) Führungsteams. Manuskript des Instituts für systemische Beratung, Wiesloch

2004a: [zusammen mit Arnold Messmer] Krisenphasen diagnostizieren und damit umgehen. *LO – Lernende Organisation. Zeitschrift für systemisches Management und Organisation*, Nr. 17, Januar/Februar 2004, 36-42

2004b: [zusammen mit Arnold Messmer] Auf dem Weg zu einer Verantwortungskultur im Unternehmen. *LO – Lernende Organisation. Zeitschrift für systemisches Management und Organisation*, Nr. 18, März/April 2004, 44-50

2004c: Der Einsatz der Theatermetapher in der Praxis. *LO – Lernende Organisation. Zeitschrift für systemisches Management und Organisation*, Nr. 18, März/April 2004, 56-63

2004d: [zusammen mit Arnold Messmer] Macht und Politik in Unternehmen. *LO – Lernende Organisation. Zeitschrift für systemisches Management und Organisation*, Nr. 20, Juli/August 2004, 48-55

2004e: Systemisches Coaching und Persönlichkeitsentwickung – ausgewählte Konzepte und Vorgehensweisen. EHP-Handbuch Systemische Professionalität und Beratung. Hrsg. von Bernd Schmid. Bergisch Gladbach: Edition Humanistische Psychologie (EHP)

2004f: [zusammen mit Peter Fauser] Teamberatung aus systemischer Perspektive. EHP-PRAXIS. Hrsg. von Andreas Kohlhage. Bergisch Gladbach: Edition Humanistische Psychologie (EHP)

2004g: – zusammen mit Arnold Messmer: Innovationen definieren und steuern mit dem Perspektiven-Ereignismodell. *LO – Lernende Organisation. Zeitschrift für systemisches Management und Organisation*, Nr. 21, September/Oktober 2004, 42-47

2004h: Zwischen Kult und Kultur – oder: ist »Coaching-Qualität« sicherungsfähig? *LO – Lernende Organisation. Zeitschrift für systemisches Management und Organisation*, Nr. 19, Mai/Juni 2004, 34-39; u.d.T. ›Cult or Culture? – What happens during Coaching?‹ in: *Newsletter 2007-06/07 des Coaching-Magazins* (2007)

2004i: Bis hierhin gerne! Doch wie weiter? In: Klaus G. Deissler, Kenneth J. Gergen (Hg.): Die Wertschätzende Organisation. Transcript-Verlag Bielefeld 2004, 148-155

2004j: Sinnstiftende Hintergrundbilder professioneller Szenen. In: Coaching Tools. Erfahrene Coaches präsentieren 60 Interventionstechniken aus ihrer Coaching-Praxis. ManagementSeminare

2004k: Rituale – Nicht ganz ernst gemeinte Einfälle zum Thema. Anlässlich des Kongresses »Ritual & Grenzerfahrung« – Der Kongress zur Dynamik und Wirksamkeit von Ritualen des SFB 619 der Ruprecht-Karls-Universität Heidelberg vom 14.-17. Oktober 2004. *Zeitschrift für Transaktionsanalyse*, 3/2005

2004l: Identität und Abgrenzung. Studienschrift des Instituts für systemische Beratung, Wiesloch; in: *Die DownloadBar – Das E-Publishing Angebot des Carl-Auer Verlags* (2006); wieder in: *perspektive: blau – ein Online-Wirtschaftsmagazin* (November 2009); s.a. Identity and Differentiation (2007)

2004m: Systemische Lernkultur und systemische Didaktik – 12 Thesen zur Integration von Lernen und Arbeiten. Ein Manifest. Studienschriften des Institut für systemische Beratung

2005a: Störungen – Beeinträchtigung oder Entwicklungsanreiz? Einige Sichtweisen aus Therapie und Beratung. *Profile. Internationale Zeitschrift für Veränderung, Lernen, Dialog / International Journal for Change, Learning, Dialogue*, 09/2005, 42-53; auch: Studienschrift des Instituts für systemische Beratung, Wiesloch; wieder in: *Die DownloadBar – Das E-Publishing Angebot des Carl-Auer Verlags* (2006)

2005b: Rezension zu »Liebesaffären zwischen Problem und Lösung – hypnosystemisches Arbeiten in schwierigen Kontexten« von Gunther Schmidt. *Profile. Internationale Zeitschrift für Veränderung, Lernen, Dialog / International Journal for Change, Learning, Dialogue*, 09/2005, 97

2005c: Rezension zu »Fanita English – über ihr Leben und die Transaktionsanalyse« von Sigrid Röhl. *Profile. Internationale Zeitschrift für Veränderung, Lernen, Dialog / International Journal for Change, Learning, Dialogue*, 09/2005, 98

2005d: Was ist eigentlich Teamcoaching? – Vortrag anlässlich des Kongresses für systemisches Coaching vom 18.-20.10.2004 in Wien; u.d.T.: ›Perspektiven des systemischen Teamcoachings‹ in: *LO – Lernende Organisation. Zeitschrift für systemisches Management und Organisation*, Nr. 27, September/Oktober 2005

2005e: Coaching und Team-Coaching aus systemischer Perspektive – überarbeiteter Text auf der Basis von Was ist eigentlich Team-Coaching? – Vortrag anlässlich des Kongresses für systemisches Coaching vom 18.-20.10.2004 in Wien; in: Handbuch Coaching. Hrsg. von Christopher Rauen, 3. Aufl.; wieder in: *LO – Lernende Organisation. Zeitschrift für systemisches Management und Organisation*, Nr. 27, Sept./ Okt. 2005

2005f: Seelische Bilder und berufliche Beziehungen – Vortrag anlässlich des Kongresses für Tiefenpsychologie in Lindau vom 24.-28.10.2004. Einander anerkennen – Eine neue Beziehungskultur. Hrsg. von Christiane Neuen. Düsseldorf: Patmos

2005g: Träume im Coaching – ein Beispiel und ein Leitfaden für kollegiale Traumdialoge. *OSC. Organisationsberatung, Supervision, Coaching* 04/2005. wieder in: *LO – Lernende Organisation. Zeitschrift für systemisches Management und Organisation*, Nr. 32, Juli/August 2006, 53-63; wieder in: *Das gepfefferte Ferkel – Online Journal für systemisches Denken und Handeln.* Ausgabe 22/Juni 2007; s.a. Dreams in organizational coaching (2007)

2005h: Beziehungskultur in Organisationen – eignet sich das Modell von Viktor Frankl? *Das gepfefferte Ferkel – Online Journal für systemisches Denken und Handeln*, Ausgabe 19/Juni 2005; wieder in: *Die DownloadBar – Das E-Publishing Angebot des Carl-Auer Verlags* (2006)

2005j: Verzweifeln – eine professionelle Kompetenz? – Bernd Schmid und Matthias Varga von Kibéd im Gespräch; u.d.T. ›Mit Dilemmata einfach umgehen‹ in: *LO – Lernende Organisation. Zeitschrift für systemisches Management und Organisation*, Nr. 26, Juli/August 2005, 52-57.

2005k: [zusammen mit Arnold Messmer] Systemische Personal-, Organisations- und Kulturentwicklung – Konzepte und Perspektiven. EHP-Handbuch Systemische

Professionalität und Beratung. Hrsg. von Bernd Schmid. Bergisch Gladbach: Edition Humanistische Psychologie (EHP)

2005l [zusammen mit Arnold Messmer] On the Way to a Culture of Responsibility in Organisations. *Transactional Analysis Journal* Vol. 35, no. 4, 324-332

2005m: Inspiring background images and the use of the »theatre metaphor« in professional coaching. Paper for the 12th European Mentoring and Coaching Conference, 30.11.-01./02.12.2005 in Zürich (10 p.). Included in participants package on CD Ed. Julie Hay

2005n: Sinnstiftende Hintergrundbilder und die Theatermetapher im Coaching. Vortrag anlässlich des Symposions des Milton-Erickson-Instituts Heidelberg »Die Kraft innerer Bilder und Visionen« vom 30.09.-01.10.2005. *Bibliothek von Systemagazin-Online-Journal für systemische Entwicklungen*; wieder in: *Die DownloadBar – Das E-Publishing Angebot des Carl-Auer Verlags*

2005p: Innere Bilder und unternehmerisches Handeln – Herr Müssig – eine Fallstudie. Eine Ergänzung zu 2005n und thematische Verdeutlichung der Arbeit mit seelischen Bildern. *Bibliothek von Systemagazin- Online-Journal für systemische Entwicklungen*; wieder in: *Die DownloadBar – Das E-Publishing Angebot des Carl-Auer Verlags*; wieder in: *OSC – Organisationsentwicklung Supervision Coaching* 01/10

2006a: Generationendialog durch Mentoring als Maßnahme gesellschaftlicher Entwicklung. Studienschriften des Instituts für systemische Beratung; wieder in: *Newsletter Coaching-Magazin*, Ausg. 2006-05 bis 2006-07

2006b: Passungsdialog anhand innerer Bilder – ein Tool für Berater und Coachs. In: ChangeTools. Hrsg. von Armin Rohm. Bonn: ManagerSeminare, Oktober 2006, 83-94; s.a. Matching dialogues using inner images (2007)

2006c: Die Macht der (schöpferischen) Beziehung – Vortrag anlässlich des DGTA-Kongresses vom 12.-14. Mai 2006 in Hannover. Studienschriften des Instituts für systemische Beratung

2006d: [zusammen mit Thorsten Veith] »Dialog und Teamentwicklung« – Dialogorientierte Teamentwicklung und Supervision. OE im Bankenbereich. In: Beratung und Weiterbildung – Fallstudien, Aufgaben und Lösungen. Hrsg. von Markus Pohlmann und Thorsten Zillmann. Oldenbourg 02/2006

2006e: Mentoring and Expertise-sharing – an integrated approach. Artikel anlässlich der 13. Jahreskonferenz des European Mentoring and Coaching Council (EMCC); 1.-3.11.2006, Köln

2006f: Tuning into background levels of communication. Artikel anlässlich der 13. Jahreskonferenz des European Mentoring and Coaching Council (EMCC); 1.-3.11.2006, Köln

2006g: Learning by working. Artikel anlässlich der 13. Jahreskonferenz des European Mentoring and Coaching Council (EMCC); 01.-03.11.2006, Köln

2006h: Anleitung zum Glücklichsein. Studienschriften des Instituts für systemische Beratung; s.a. How to be happy (2007)

2006i: Personality in professions – a story – Übersetzung von »Persönlichkeit im Beruf als Erzählung«, 2001. Vortrag 1. Weltkongress für systemisches Management, 1.-6. Mai 2001, Wien

2006k: Formulierungen für und methodische Hinweise zu Bilderinterviews – Ein Leitfaden zum Interview »Seelische Bilder« von Bernd Schmid. Zusammengestellt von Lisa Wagner. Studienschriften des Instituts für systemische Beratung, Wiesloch

2007a:[zusammen mit Klaus-Dieter Hohr] Senior-Experten und andere Antworten auf die demografische Entwicklung in der Rhein-Neckar-Region. In: Demografischer Wandel in der unternehmerischen Praxis. Mit Best-Practice-Berichten. hersausgegeben von Guido Happe. Wiesbaden: Gabler

2007bv Betriebliches Gesundheitsmanagement. Ein Interview mit Christian Deutsch, geführt am 22.03.2007. *WirtschaftsMagazin der Rhein-Neckar-Zeitung* 17. April 2007; u.d.T. ›Im Spannungsfeld von Unternehmenskultur, Bildung und Gesundheit – ein Interview‹ in: *perspektive: blau – Ein Online-Wirtschaftsmagazin* (Februar 2008)

2007c: Milieu – ein oft wenig beachteter Faktor. Studienschriften des Instituts für systemische Beratung; wieder in: *OSC – Organisationsentwicklung Supervision Coaching* 01/10; u.d.T. ›Vom Tellerwäscher zum Millionär – ein Mythos?‹ in: *perspektive-blau – ein Online-Wirtschaftsmagazin* (August 2007); u.d.T. ›Mit den besten Voraussetzungen vom Tellerwäscher zum Millionär‹ in: *BusinessVillage-Onlinemagazin*

2007d: Gehirn + Organisation – Betrachtungsweisen im Dialog – Der Eröffnungsvortrag von Bernd Schmid zur Starttagung des forum humanum; zum Inhalt der Tagung: Gegenstände, Betrachtungsweisen, Betrachter und Dialoge

2007e: Einsicht- und Übertragungsfrequenzen – Kolumne. *LO – Lernende Organisation. Zeitschrift für systemisches Management und Organisation*, Nr. 39, September/Oktober 2007, 67

2007f: Entwicklungs-Geschichten-Erzählen. In: Coachingtools 2 – Erfolgreiche Coaches präsentieren Interventionstechniken aus ihrer Coaching-Praxis. Bonn: ManagerSeminare, Oktober 2007, 238-244; s.a. Telling inspiring stories (2007)

2007g: Chancen für Innovationen? Eine Anfrage für Change-Management-Beratung – Teiltranskript des Vortrags »Besser! Schneller! Schlanker! Teurer! Effizienzfallen für Professionelle im Bereich Humanressourcen« – anlässlich der GWS Fachtagung 1996 »Effizienz und Menschenorientierung«; u.d.T. ›Ein Fall für den Change Management Berater‹ in: *perspektive: blau – Ein Online-Wirtschaftsmagazin* (Juni 2007)

2007h: Wenn Organisationen desintegrieren – Weiche Themen mit knallharten Auswirkungen. Beitrag zum Diskussionsforum des forum humanum (2007). *perspektive: blau – Ein Online-Wirtschaftsmagazin* (Februar 2008)

2007i: Eine Frage der Perspektive – Meine Weihnachtsgeschichte 2007. Manuskript des Instituts für systemische Beratung

2007k: Michels richtiger Weihnachtsbaum (1987). Manuskript des Instituts für systemische Beratung

2007l: Selbstfindung und Sinn im Beruf und in der Organisation. Vortrag in der Reihe »Sinn im Beruf – Ich arbeite, also bin ich?« in Heidelberg. *perspektive: blau – ein Online-Wirtschaftsmagazin* (Mai 2008); wieder als: Beitrag zum Diskussionsforum des forum humanum (2008); wieder in: Markus Hänsel und Anna Matzenauer (Hrsg.): »Ich arbeite. Also bin ich?« – Sinnsuche und Sinnkrise im beruflichen Alltag. Mit einem Geleitwort von Rolf Verres. Göttingen: Vandenhoeck & Ruprecht 2009

2007m: Systemische Professionalität – Mit Menschen für Menschen wirtschaften. Studienschrift des Instituts für systemische Beratung; wieder als: Beitrag zum Diskussionsforum des forum humanum (2009)

2008a: Lösungsorientierte Traum-Dialoge – Übung im schöpferischen Dialog. In: Dr. Peter Röhrig (Hg.): Solution Tools. Bonn: ManagerSeminare 2008, 263-269; s.a. The solution-focused orchestration of dreams, 2008b

2008b: The solution-focused orchestration of dreams. In: 57 SF activities for facilitators and consultants: »Putting solutions into action«. By Peter Röhrig and Jenny Clarke. Solution Books

2008c: The role concept of TA and other approaches to personality, encounter and co-creativity for all professional fields. Anlässlich der Verleihung des Eric Berne Memorial Awards in San Francisco (Aug. 2007). *Transactional Analysis Journal* Vol. 38, No. 01, January 2008; ndl. u.d.T.: ›Transactionele Analyse en Sociale Rollen. Strookdigital maart 2008 for the NederlandseVereniging voor Transactionele Analyse‹. (http://www.transactioneleanalyse.nl/Strook/Strookdigitaal/mei2008.aspx)

2008d: In Zukunft gehören Lernen und Arbeiten zusammen. *LO – Lernende Organisation. Zeitschrift für systemisches Management und Organisation*, Nr. 45 2008, 36-42.

2008e: [zusamen mit Thorsten Veith] Systemische Lernkultur und systemische Didaktik – 12 Thesen zur Integration von Lernen und Arbeiten. Studienschriften des Institut für systemische Beratung; wieder in: *perspektive: blau – ein Online-Wirtschaftsmagazin* (Februar 2010); als Auszug u.d.T. ›12 Thesen zur Integration von Lernen und Arbeiten‹ in: *LO – Lernende Organisation. Zeitschrift für systemisches Management und Organisation* Nr. 54 März/April 2010, 6-9

2008f: Drei Kommunikationsmodelle. Studienschriften des Institut für systemische Beratung

2008g: Coaching als Perspektive. In: »Welche Rolle spielt der Coach?« Offizieller Kongressband des DBVC anlässlich des Kongresses vom 17.-18. Oktober 2008. Mit 25 Beiträgen der Referenten; wieder in: *perspektive: blau – ein Online-Wirtschaftsmagazin* (Juli 2009)

2008h: Wenn der Coach in der Zwickmühle steckt. Über den Umgang mit Dilemmata. Auf der Basis von Zwickmühlenkonzept (1990g) überarbeitet von Thomas Webers. *Coaching-Magazin* 01/2008, 13-17

2008i: Kleine Sittengeschichte berufs- und lebensbezogener Bildung – Dinnerspeech von Dr. Bernd Schmid am 19.11.2008 in Wiesloch vor Bildungsfachleuten des Deutschen Maschinen- und Anlagenbaus. Studienschriften des Institut für systemische Beratung

2008k: [zusammen mit Christiane Gérard] Intuition und Professionalität. Systemische Transaktionsanalyse in Beratung und Thearpie. Heidelberg: Carl-Auer Verlag

2009a: Die Würde des Managers ist antastbar. *Coaching-Magazin* 01/2009

2009b: Pragmatische Konzepte im Coaching. In: Bernd Birgmeier (Hg.): »Coachingwissen. Ansätze, Betrachtungen, Konzepte und Entwürfe zur Theorie- und Wissenschaftsorientierung im Coaching«. Wiesbaden: VS

2009c: Reflexionen zum Generationendialog. In: Thomas Gutknecht, Thomas Polednitschek, Thomas Stölzel (Hrsg.): »Philosophische Lehrjahre- Beiträge zum kritischen Selbstverständnis Philosophischer Praxis«. Reihe: Schriften der Internationalen Gesellschaft für Philosophische Praxis (IGPP) Bd. 1, 225-241

2009d: Säkulare Seelsorge im systemischen Feld der Professionen und Organisationen. *Zeitschrift für systemische Therapie und Beratung*, Heft 03/2009, S. 154-162; wieder als: Beitrag zum Diskussionsforum des forum humanum (2009)

2009e: Umgang mit hysterischen Dynamiken – Schlüsselaussagen verschriftlicht von Marc Minor. Studienschriften des Institut für systemische Beratung

2009f: [zusammen mit Gerald Hüther] Der Innovationsgeist fällt nicht vom Himmel. Kreativität in Menschen und Organisationen aus neurobiologischer und systemischer Sicht. In: Die Organisation in Supervision und Coaching. Sonderausgabe der Zeitschrift *OSC – Organisationsberatung Supervision Coaching* 03/2009. Hrsg. von Astrid Schreyögg und Christoph Schmidt-Lellek. Wiesbaden: VS, 126-142.

2009g: Kollegiale Beratung und Kooperation am Arbeitsplatz. Thematische Einführung in: B. Schmid, Th. Veith u. I. Weidner *Einführung in die Kollegiale Beratung*. Heidelberg, Carl-Auer (Frühjahr 2010); wieder in: *perspektive: blau – ein Online-Wirtschaftsmagazin* (September 2009)

2010a: Lernende Organisation gibt es nicht?! – Kolumne. *LO – Lernende Organisation. Zeitschrift für systemisches Management und Organisation* Nr. 54 März/April 2010, 65

2010b: [zusammen mit Thorsten Veith und Ingeborg Weidner] *Einführung in die kollegiale Beratung. Heidelberg: Carl-Auer*

2010c: – zusammen mit Susanne Meyer: Organisation 2.0 – Plädoyer für eine durch Kultur gesteuerte Organisation. In: Auf dem Weg in die Organisation 2.0 – Mut zur Unsicherheit, herausgegeben von Prof. Dr. Jutta Rump, Frank Schnabel und Stephan Grabmeier. Verlag Wissenschaft und Praxis, Sternfels, 38-52

2010d: Marketing ist eine Kulturfrage – Pro und Kontra: Marketing für Coaching: dezent oder offensiv? *Coaching Magazin* 03/2010, 43

2010e: Coaching – Wunderwaffe oder Feigenblatt? *perspektive: blau – ein Online-Wirtschaftsmagazin* (12/2010)

2010f: Systemischer Umgang mit Schuld. Studienschriften des Instituts für systemische Beratung

2010g: Priming – *Prägende Einflüsse, Innere Bilder und Schlüsselerzählungen.* Studienschriften des Instituts für systemische Beratung

2010h: [zusammen mit Thorsten Veith und Ingeborg Weidner] Kollegiale Beratung – Lernen und Kooperieren im Arbeitsprozess. *Wirtschaftspsychologie aktuell* 04/2010, 15-17

2010k: Vom Freiberufler zum Unternehmer. Studienschrift des Instituts für systemische Beratung

2010m: Umgang mit Störungen – Systemische Ansätze. Studienschrift des Instituts für systemische Beratung

2011a: Kybernetischer Humanismus – Weite Horizonte für Beziehungen. Eine Hinführung und 99 Thesen zu einem integrativen Humanismus. In: »Leben in Beziehungen – Beziehungen im Leben.« Reader zum 32. Kongress der DGTA vom 13.-15. Mai 2011 in Passau. Lengerich: Pabst, 17-35

2011b: Intuition / Feedback – zwei Lexikonbeiträge in: Lexikon des systemischen Arbeitens. 101 Grundbegriffe der systemischen Praxis, Methodik & Theorie. Hrsg. von Heiko Kleve und Jan V. Wirth

2011c: Auf der Suche nach der verlorenen Verantwortung. Perspektiven für eine ganzheitliche Entwicklung von Verantwortungskultur. Studienschrift des Instituts für systemische Beratung; wieder in: *perspektive: blau – ein Online-Wirtschaftsmagazin* (10/2011)

2011d: Wie bin ich? Selbstempfinden und Identitätsbeschreibungen im Kontext. Vortragsmanuskript von Bernd Schmid zur Meihei-Tagung »Viele sind wir!« in Heidelberg am 19.3.2011 in überarbeiteter Form

2011e: Diversität und die Milieu-Perspektive. *perspektive: blau – ein Online-Wirtschaftsmagazin* (04/2011)

2011f: Der Rasputin-Effekt. Studienschrift des Instituts für systemische Beratung; wieder in: *Coaching-Newsletter 01 / 2012*

2011g: Das Fünf mal Fünf des Verantwortungsdialogs. Verantwortungskommunikation als Training – Gesichtspunkte und Schritte. Studienschrift des Instituts für systemische Beratung

2011h: Verantwortungskultur – Interaktionstraining. Studienschrift des Instituts für systemische Beratung

2011i: [zusammen mit Nele Haasen] Einführung in das systemische Mentoring. Heidelberg: *Carl-Auer*

2012a: Konflikt – ein Kulturthema – Kolumne. *Konfliktdynamik – Verhandeln, Vermitteln und Führen in Organisationen*, Heft 01/2012, 94

2012b: Konflikt und Verantwortung. *Konfliktdynamik – Verhandeln, Vermitteln und Führen in Organisationen*, Heft 02/2012

2012c: Wirklichkeitserzeugung in Therapie und Beratung. *Zeitschrift für Transaktionsanalyse* 01/2012

2012d: Organisationsentwicklungskonzept des ISB. Studienschrift des Instituts für systemische Beratung

2012e: OE oder Changemanagement? Übungen im gedanklichen Ordnen und systemischen Veratehen von Fachbegriffen. Studienschrift des Instituts für systemische Beratung

2012f: Orientierungspunkte für humanes Wirtschaften für Young Professionals. Studienschrift des Instituts für systemische Beratung

2012g: [zusammen mit Andrea Günter] Systemische Traumarbeit. Der schöpferische Dialog anhand von Träumen. Göttingen: Vandenhoeck & Ruprecht.

Interviews mit Bernd Schmid

1992: Die dreizehn bunten Fäden des Dr. Bernd Schmid – MDI-Seminar Persönlichkeitsentwicklung. *meeting – Kongress-, Messe- und Seminarjournal, Fachmagazin für Weiterbildung*, Perchtoldsdorf bei Wien, Oktober 1992, 41-43

2001: Portraitinterview mit Bernd Schmid: »Ich lerne, also bin ich.« *LO – Lernende Organisation. Zeitschrift für systemisches Management und Organisation*, Nr. 4/ November, Dezember 2001, 59-61

2004: Auf drei Beinen stehen – Interview zu Intuition als Basis von Kommunikations- und Führungskompetenz. *management & training 04/2004 –Magazin für Human Ressouces Development* (http://www.mwonline.de/)

2005: Eckpunkte für meinen systemischen Ansatz. Bernd Schmid im Interview mit Joana Krizanits. *Profile. Internationale Zeitschrift für Veränderung, Lernen, Dialog / International Journal for Change, Learning, Dialogue*, 09/2005, 10/2005, 70-84

2005: Coaching als Profession. Francis Müller interviewt Bernd Schmid für die Zürcher Wirtschaftszeitung am 02.12.2005 im Rahmen der 12. European Mentoring and Coaching Conference

2007.1: Dass sich unser Blick weitet … – Interview in der Reihe »Köpfe der Coaching-Szene« von Thomas Webers. *Newsletter 2007-04 des Coaching-Magazins – Online-Magazin*

2007.2: »Coaching« – Bernd Schmid zum Coachingbegriff. Wolfgang Schmidt (www.managementforumwiesbaden.de) interviewt Bernd Schmid beim Managementforum in Wiesbaden (03.07.2007) zum Coachingbegriff.

2007.3: Betriebliches Gesundheitsmanagement. Bernd Schmid und Thorsten Veith im Interview mit Christian Deutsch. *perspektive: blau – ein Online-Wrtschaftsmagazin* (Feb. 2008)

2008.1: Intuition braucht Dialog. Dr. Bernd Schmid im Interview mit Dr. Ulrike Felger (www.espresso-kommunikation.de) zum Thema »Intuition«

2008.2: Was hält Mitarbeiter gesund. Bernd Schmid im Interview mit »Erfahrung ist Zukunft« (www.erfahrung-ist-zukunft.de)

2008.3: Coaching in Unternehmen – mehr als die unendliche Vermehrung von 4-Augen Gesprächen. Bernd Schmid im Interview mit Helmut Schäfer, einem unternehmensinternen Coach.

2009: Wir müssen über die Art des Wirtschaftens nachdenken. Interview mit Thomas Veigel und Michael Zehender. *Rhein-Neckar-Zeitung* vom 11. 03. 09

Vignetten

Kurze, impressionistische Szenen, die auf einen Moment fokussieren oder einen Eindruck über eine Figur, eine Idee oder einen Ort vermitteln. Veröffentlicht auf Bernd Schmid Spezial (www.systemische-professionalitaet.de/berndschmid/literarisches_bss.html)

- Alles nur Biografie
- Der Mensch als Schöpfer
- Einsichts- und Übertragungsfrequenzen
- Elitäre Gespräche
- Kongress-Stories
- Lebendiges Lernen und Kultur
- Manchmal verliere ich den Mut
- Parallel-Welten
- Scheuklappen-Ansichten
- Schmid zitiert am liebsten sich selbst
- Sympathische Looser
- Vom Einfangen des Gedankenflusses
- Wachstum
- Warum ich schreibe

Blog – persönliche Ansichten, Informationen, Gedanken und Erfahrungen

Seit dem 16.04.2008 erscheint etwa alle 14 Tage Bernd Schmids Blog www.systemische-professionalitaet.de/berndschmid/bernd-schmids-blog/

Blog 76: Geben und Nehmen (03.02.2012)
http://www.systemische-professionalitaet.de/berndschmid/bernd-schmids-blog/blog-76.html

Blog 75: Selbsterzählung (13.01.2012)
http://www.systemische-professionalitaet.de/berndschmid/bernd-schmids-blog/blog75.html

Blog 74: Hoffen und Verdichten (16.12.2011)
http://www.systemische-professionalitaet.de/berndschmid/bernd-schmids-blog/blog74.html

Blog 73: Kreativ leben? (02.12.2011)
http://www.systemische-professionalitaet.de/berndschmid/bernd-schmids-blog/blog73.html

Blog 72: Schnelles Leben (18.11.2011)
http://www.systemische-professionalitaet.de/berndschmid/bernd-schmids-blog/blog72.html

Blog 1 – 71 sind zu finden auf der persönlichen Website von Bernd Schmid unter:
http://www.systemische-professionalitaet.de/berndschmid/bernd-schmids-blog/

Diskussionsbeiträge forum humanum (www.forum-humanum.eu)

Im Zuge des Gedanken- und Ideenaustauschs auf dem forum humanum sind neue Textformen entstanden. Dabei hat Bernd Schmid zum Teil frühere Texte eingebracht und weiterentwickelt. Das forum humanum (gegr. Jan. 2007) ist ein nicht kommerziell motiviertes Aktionsbündnis zur Neubelebung von Kreativität und Gestaltungskraft in menschengerechten Organisationen.

2007: Mensch und Organisation (Diskussion)

2007: Wachstum = Fortschritt? Was macht uns auch in stationärer Wirtschaft fit? (Diskussion)

2007: Warum desintegrieren Organisationen? (Diskussion)

2007: Strategie und Führung (Originaltext)

2008: Besser! Schneller! Schlanker! Teurer! Effizienzfallen für Professionelle (Audio-Datei)

2008: Marathon (Originaltext)

2008: Selbstfindung und Sinn im Beruf (Originaltext)

2009: Säkulare Seelsorge (Originaltext)

2009: Systemische Professionalität – mit Menschen für Menschen wirtschaften (Originaltext)

2009: Der Innovationsgeist fällt nicht vom Himmel (Originaltext)

2009: Intendanten – Professionalität für gesellschaftliche Projekte. Ein Thesenpapier. (Originaltext)

Bernd Schmid veröffentlicht auch über verschiedene Online-Plattformen

Das Coaching-Magazin (www.coaching-magazin.de) – das Magazin von und für Coachs. Herausgegeben von der Christopher Rauen GmbH

Das gepfefferte Ferkel (www.ibs-networld.de/ferkel) – Online-Journal für systemisches Denken und Handeln

Die DownloadBar (http://www.carl-auer.de/lesbar) – das e-publishing Angebot des Carl-Auer Verlags des Carl-Auer

Human Ressource Management (www.hrm.de) – das Online-Portal für Personaler

Managerseminare (www.managerseminare.de) – das Weiterbildungsportal

Organisation Supervision Coaching (www.osc-digital.de)

Perspektive: blau (www.perspektive-blau.de) – ein Online-Wirtschaftsmagazin

Systemagazin (www.systemagazin.de) – ein Online-Journal für systemische Entwicklungen. Herausgegeben von Tom Levold

active-books (www.active-books.de)

EHP-Handbuch Systemische Professionalität und Beratung

Diese Handbuchreihe wird herausgegeben von Bernd Schmid
Bisher sind erschienen:

- Bernd Schmid: Systemische Professionalität und Transaktionsanalyse (Schmid 2003f.)
- Bernd Schmid: Systemisches Coaching (Schmid 2004e)
- Bernd Schmid / Arnold Messmer: Systemische Personal-, Organisations- und Kulturentwicklung (Schmid/Messmer 2005k)
- Günther Mohr: Systemische Organisationsanalyse. Dynamiken und Grundlagen der Organisationsentwicklung. Bergisch Gladbach: EHP 2006